WOHNEN IN FRANKFURT AM MAIN

Ausschnitte aus der aktuellen Stadtgrundkarte

250 m

250 m

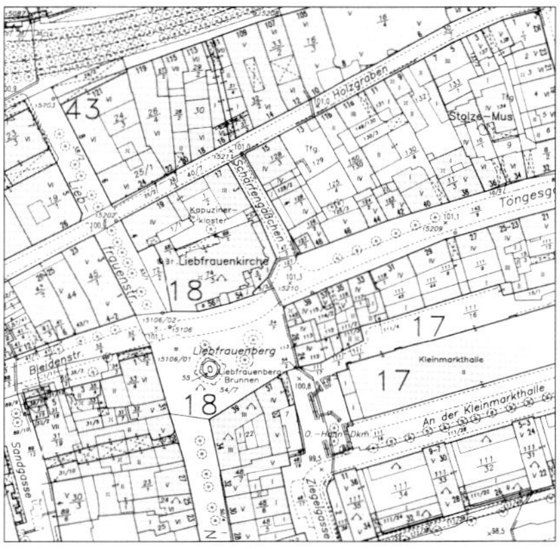

43
Holzgraben
Stolze-Mus
Töngesg
Kapuziner-kloster
Liebfrauenkirche
18
17
Liebfrauenberg
Liebfrauenberg-Brunnen
18
17
Kleinmarkthalle
An der Kleinmarkthalle
Ziegelgasse
Sandgasse

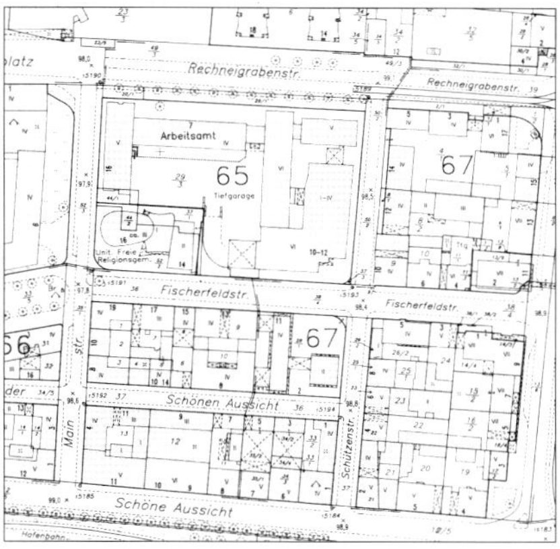

Rechneigrabenstr.
Rechneigrabenstr.
Arbeitsamt
65
Tiefgarage
67
Fischerfeldstr.
Fischerfeldstr.
67
Main-str.
Schönen Aussicht
Schützenstr.
Schöne Aussicht

Jürgen-Ponto-Pl.
77
71
Kaiserstr.
78
78
Münchener Str.
Elbestr.
Weißfrauen Kirche
79

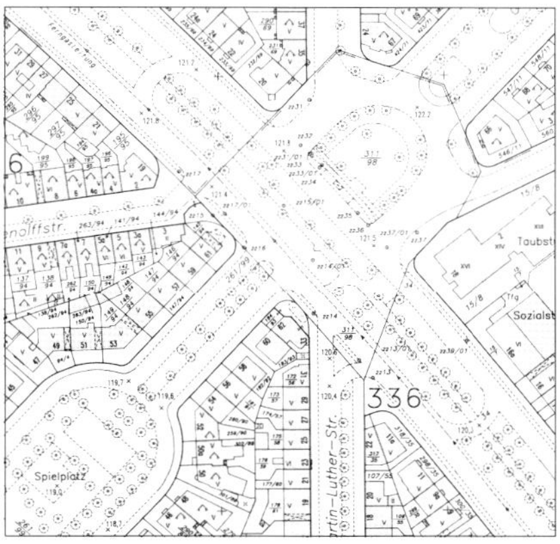

Taubstr.
Sozialst
336
Spielplatz
Martin-Luther-Str.

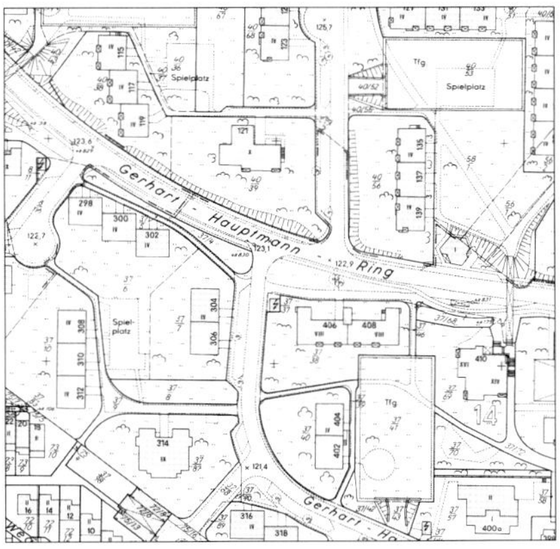

Spielplatz
Spielplatz
Gerhart-Hauptmann-Ring
Spiel-platz
Gerhart-H

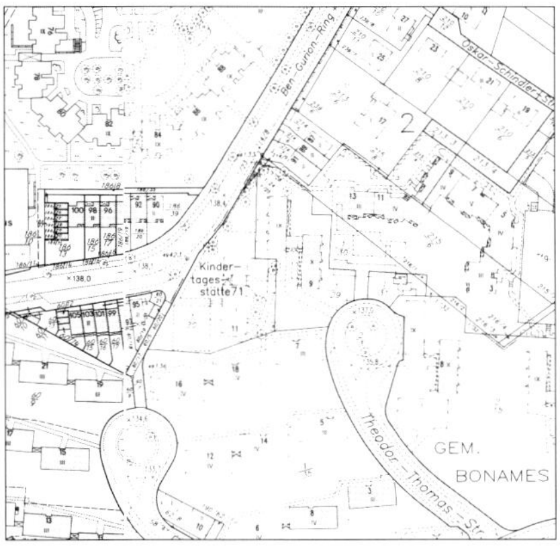

Ben-Gurion-Ring
Oskar-Schindler-Str.
2
Kinder-tages-stätte 71
Theodor-Thomas-Str.
GEM.
BONAMES

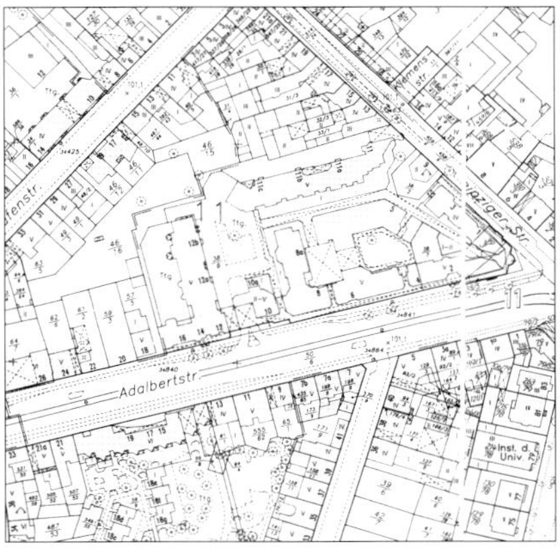

Adalbertstr.
Leipziger Str.
Inst. d. Univ. F.
11

DIE ZUKUNFT DES STÄDTISCHEN
FRANKFURTER BEITRÄGE BAND 8

Herausgegeben von Martin Wentz
Dezernat Planung der
Stadt Frankfurt am Main

WOHNEN IN FRANKFURT AM MAIN

WOHNFORMEN, QUARTIERE UND STÄDTEBAU IM WANDEL DER ZEIT

Christoph Mohr
Martin Hunscher

Campus Verlag
Frankfurt / New York

Die Deutsche Bibliothek
CIP-Einheitsaufnahme
Wohnen in Frankfurt am Main :
Wohnformen, Quartiere und
Städtebau im Wandel der Zeit /
Christoph Mohr ; Martin Hunscher. -
Frankfurt/Main ; New York :
Campus Verlag, 1995
(Die Zukunft des Städtischen; Bd. 8)
ISBN 3-593-35318-0
NE: Mohr, Christoph; Hunscher, Martin; GT

Gestaltung:
conceptdesign, frankfurt
Schrift:
Bodoni, Univers condensed
Lithos:
Lasertype, Darmstadt
Druck und Bindung:
Druckerei Adelmann,
Frankfurt am Main
Gedruckt auf säurefreiem und
chlorfrei gebleichtem Papier.
Printed in Germany.

INHALTSVERZEICHNIS

Der Band 8 der Frankfurter Beiträge begleitet die gleichnamige Ausstellung des Dezernates Planung der Stadt Frankfurt am Main, die ab Januar 1995 im Stadtgebiet Frankfurts gezeigt wird.

MARTIN WENTZ

WOHNEN IN FRANKFURT AM MAIN

Am Ende dieses Jahrtausends stehen wir vor der Herausforderung, den dringend benötigten Wohnungsneubau im eng gewordenen Stadtgebiet unterzubringen. Besondere Beachtung bedarf dabei die Frage der sinnvollen städtebaulichen Ordnung insbesondere auch im Kontext mit der vorhandenen Bebauung. Zur Lösung dieser Stadtentwicklungsaufgabe ist es notwendig, ein konsistentes planerisches Leitbild für neue Wohnquartiere und für die Planung einer sozialen und zugleich ökologischen Stadt zu entwickeln. Die Kenntnis der Genese der unterschiedlichen Wohnformen in der Stadt und ihrer Rahmenbedingungen sind dabei unerläßliche Voraussetzung für die Ableitung eines langfristig tragbaren Ansatzes für den Wohnungsbau der kommenden Jahrzehnte.

Eine Retrospektive auf zwölf Jahrhunderte Wohnbautätigkeit in Frankfurt am Main gründet somit auf der Überzeugung, daß die Analyse lokaler Bau- und Planungskulturen einen Ansatz für **die Zukunft des Städtischen** – für ein Leitbild des künftigen Wohnungs- und Städtebaus – bieten kann.

In einer Gesamtdarstellung bürgerlichen Wohnens in Frankfurt am Main seit den Anfängen durchdachter Siedlungstätigkeit bis zur Gegenwart wird der Wandlung des Städte- und Siedlungsbaus sowie der Bau- und Grundrißgestaltung vor dem Hintergrund der jeweiligen historischen Rahmenbedingungen nachgegangen. Nicht die kunsthistorische Dokumentation der herausragenden Leistungen und Meisterwerke der Stil- und Formengeschichte steht im Vordergrund dieser Betrachtung, sondern die bisher zumeist isoliert voneinander abgehandelten Teilbereiche des Wohnens – Städte- und Siedlungsbau, Bau- und Grundrißgestaltung, Wohnungs- sowie Gesellschaftspolitik – werden in ihrer wechselseitigen Abhängigkeit zusammengeführt. Die Periodisierung folgt dabei nicht einer einheitlichen zeitlichen Abfolge oder einer die kunsthistorische Literatur bestimmenden, chronologischen Abwicklung der Baustile, sondern orientiert sich an richtungsweisenden wirtschafts-, sozial- und planungspolitischen Prozessen im Spiegel der Stadtgeschichte. Dabei entspricht es der Zeitgeschichte, daß sich die Periodisierung mit Annäherung an die Gegenwart zunehmend verdichtet, wobei die theoretischen Wurzeln der Bauprozesse zumeist in der jeweils vorangegangenen Epoche zu finden sind.

Die Zeitabschnitte dokumentieren sich in ihren jeweils typischen Stadtraum- und Gebäudestrukturen. So war die historische Stadt Frankfurt am Main mittelalterlich eng und kannte zunächst keine repräsentativen Räume. Wohnen und Arbeiten in dieser eng bebauten, mittelalterlichen Handwerker- und Handelsstadt fanden sich unter einem Dach. Über Jahrhunderte stand nur der begrenzte Raum innerhalb der Befestigungsanlagen als geschützter und sicherer Siedlungs- und Lebensraum zur Verfügung. Er genügte selbst bei zunehmendem Wohlstand, bei gestiegenen Komfort- und Repräsentationsansprüchen und bei fortschreitender Emanzipation des Bürgertums den jeweils neuen Flächenbedürfnissen. Zwar entwickelten sich vor den Toren der Stadt bereits vor Niederlegung der Stadtmauern erste Außenstädte, doch erst mit der Entfestigung Frankfurts zu Beginn des 19. Jahrhunderts wurde die großflächige Entwicklung zwischen der Altstadt und den vorgelagerten Dorfkernen wie Bornheim oder Bockenheim eingeleitet.

Mit dem Gründerboom und der geplanten Entwicklung ganzer Quartiere seit 1870 wuchs die Stadt in ihrer baulichen Ausdehnung und Bevölkerungszahl erstmals binnen weniger Jahre rasant an. Strenge stadtgestalterische Richtlinien erbrachten in ihrer Umsetzung klar lesbare und überschaubare öffentliche Räume, aber auch deutlich abgetrennte private Bereiche. Die neuen Bau- und Wohnformen berücksichtigten zwar die sich grundsätzlich wandelnde familiäre Lebensform, die Wohnen und Arbeiten unter einem Dach nicht mehr vereinte. Die ökonomisch begründete, enorme bauliche Verdichtung der Quartiere führte aber nicht selten auch in diesen Stadtvierteln zu engen, licht- und luftarmen Wohnsituationen. Erst die „licht- und luftdurchfluteten" Wohnsiedlungen des „Neuen Frankfurt" der 20er Jahre unseres Jahrhunderts mit ihren innovativen Bau- und Siedlungsformen brachten einen entscheidenden Fortschritt im Städtebau und im Wohnkomfort für breite Schichten der Bevölkerung. Sie markierten aber auch den grundlegenden Wechsel weg vom nutzungsdurchmischten Qaurtier hin zum städtebaulichen Leitbild der Trennung von Wohnen und Arbeiten, Versorgung und Freizeit mit der Folge ständig zunehmender Verkehrsnotwendigkeiten. Dieses Leitbild sollte auch die umfassende Wiederaufbau- und Siedlungstätigkeit der Nachkriegsjahre bestimmen.

In der „aufgelockerten und gegliederten Stadt" der 50er und 60er Jahre entstanden zunächst neue Wohnsiedlungen an der Peripherie und später Entlastungs-Wohnstandorte vor den Toren der Stadt. Die Umsetzung der städtebaulichen Leitbilder verlor aber mehr und mehr den Menschen und seine sozialen Belange in den konzipierten Wohnsiedlungen aus dem Auge und mündete zu Beginn der 70er Jahre in monofunktionalen Trabantensiedlungen maßstabsloser Dimension. Sie waren gleichsam Anlaß und Auslöser eines deutlichen Bruchs mit diesen Wohn- und Siedlungsformen und beendeten das lineare Fortschrittsmodell des Städtebaus.

Nach einer Rückkehr in den städtischen Kontext und der Wiederentdeckung der innerstädtischen, belebten Quartiere und Wohnstandorte, der Stadtreparatur und Stadterneuerung mit nur geringer Wohnungsneubauleistung in den 80er Jahren zwingen die aktuellen sozio-demographischen Rahmenbedingungen heute wieder zu einer flächenhaften Erschließung neuer Wohngebiete. Die gesellschaftlichen, wirtschaftlichen und auch politischen Rahmenbedingungen weisen dabei durchaus Parallelen zur Historie der Stadt auf.

Welche Antworten wurden damals auf die Notwendigkeiten gefunden und wie sind diese Konzepte heute zu bewerten? Welche Wohn- und Siedlungsformen haben sich im Laufe ihrer Nutzungs- und Wohngeschichte bewährt und waren flexibel genug, um sich jeweils aktuellen Rahmenbedingungen des Lebens und des Wohnens in der Stadt anzupassen?

Die Analyse der sich über die Jahrhunderte zwar wandelnden, aber stets städtischen Wohnbautätigkeit will zur Beantwortung dieser Fragestellungen beitragen und mündet im Rahmen einer Vorausschau auf den künftigen Wohnungsbau in Frankfurt am Main in einem Plädoyer für das Wohnen in der Stadt und für die Wiedergewinnung von Urbanität.

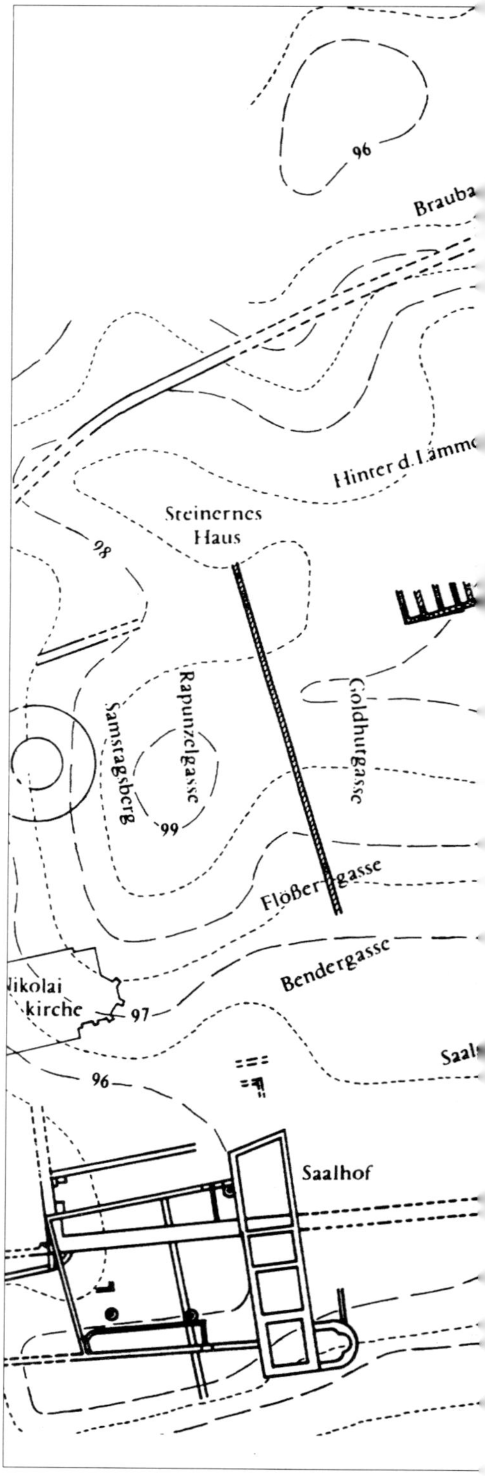

Mauerzüge gesichert - ergänzt
römisch
fränkisch
ottonisch bis staufisch

Ergebnisse der Altstadtgrabung
1946ff. nach Hundt/Fischer

FRÜHE ZEIT

FRÄNKISCHER KÖNIGSHOF
KAROLINGISCHE PFALZ
HANDWERKER- UND FISCHERSIEDLUNG
STADTWERDUNG

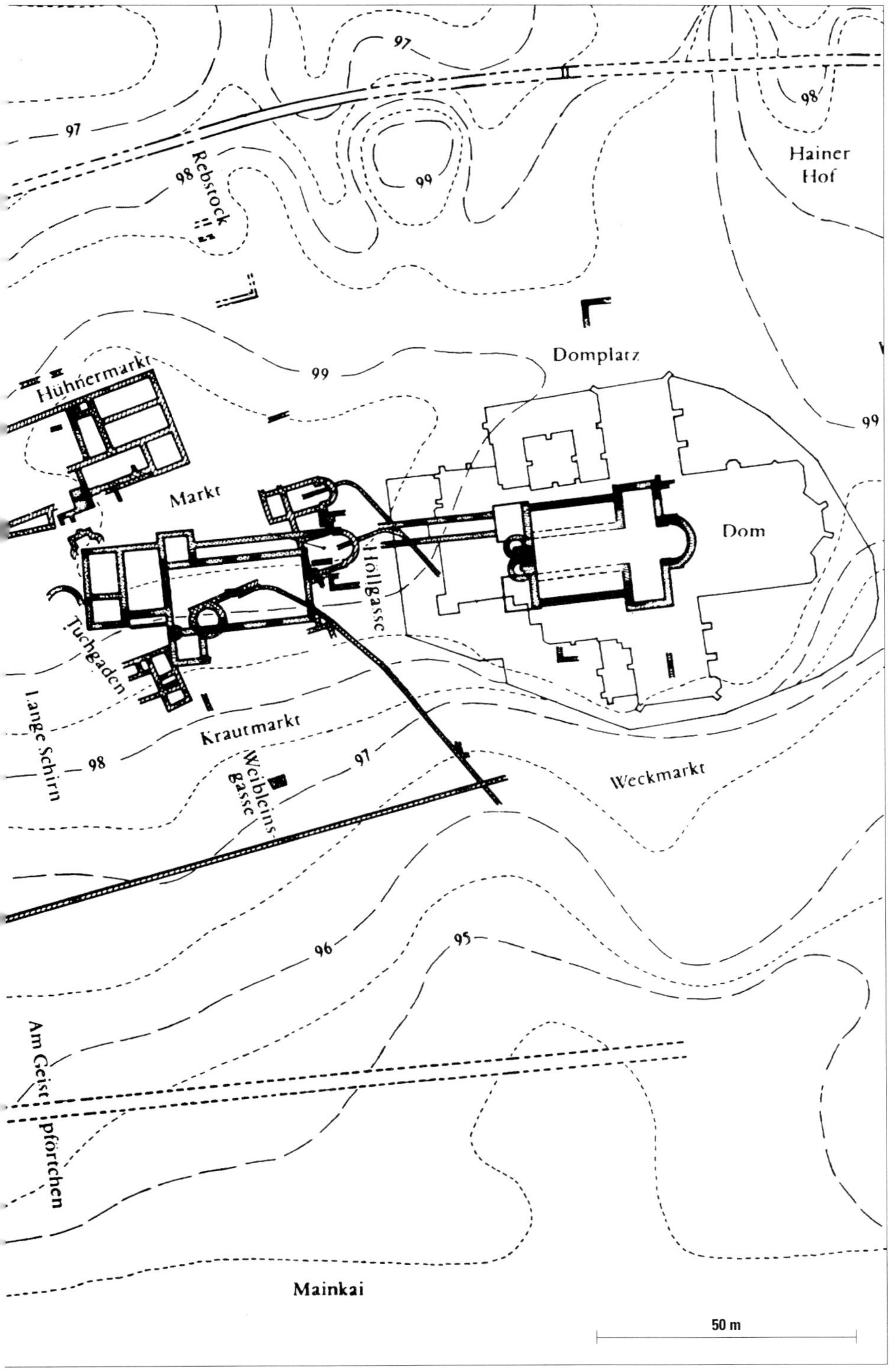

Die Anfänge. Die einzige natürliche Möglichkeit, den Main zwischen Spessart und Rhein zu überschreiten, bot sich an der Stelle, wo zwei mäßige Höhenzüge, der Röderberg und der Sachsenhäuserberg, dicht an den Fluß heranreichten und sein flaches Bett an dieser Stelle auf etwa 300 Meter Breite einengten. Schon die Römer hatten diesen Vorteil erkannt und auf dem späteren Domberg ein Gut (villa rustica) errichtet.

Diese natürliche Erhebung ragte inselartig zwischen dem breiten Bett des Mains und dem Braubach heraus, der etwa im Verlauf der heutigen Braubachstraße floß. Daß diese topographisch günstige Lage auch in nachrömischer Zeit zu einer Siedlungskontinuität geführt hatte, wurde durch die jüngste Domgrabung belegt. Die freigelegten Fundamente einer soliden Saalkirche aus Stein in Verbindung mit dem reichausgestatteten Grab eines vornehmen fränkischen Mädchens sprechen für eine bereits in der zweiten Hälfte des 7. Jahrhunderts vorhandene fränkische Königsmacht an dieser Stelle. Die Kirche war sicher Teil einer befestigten Gutsanlage, verwaltet durch einen Adligen in königlichem Auftrag. Es ist anzunehmen, daß mit diesem Herrschaftssitz auch eine Ansiedlung von unfreien Bauern, Handwerkern und Fischern verbunden war. Wo sich diese auf den befestigten Herrensitz bezogene Ansiedlung von Wohn- und Wirtschaftsgebäuden in Holzbauweise befand, ist nicht bekannt.

Ungefähr einhundert Jahre später tritt dieser Ort in das Licht der geschriebenen Geschichte, nachdem bereits 767 Bockenheim, 772 Ginnheim und 788 Rödelheim erwähnt worden waren. Die kleine Ursprungskirche auf dem hochwasserfreien Hügel wurde durch eine größere Saalkirche ersetzt. Sie war Teil der karolingischen Palastanlage (Pfalz = Palast), in die Karl der Große 794 alle Bischöfe des Reiches zur Reichssynode berief. Karls Sohn, Ludwig der Fromme, baute die Anlage aus und dessen Sohn, Ludwig der Deutsche, der Frankfurt zur Hauptstadt des Ostfränkischen Reiches gemacht hatte, stiftete 852 die Salvatorkirche, eine dreischiffige Basilika, die wiederum die zweite Saalkirche ersetzte.

Obwohl Frankfurt im 9. Jahrhundert schon ein ansehnlicher Ort gewesen sein muß, ist nichts über die Siedlung, ihre Form und Ausdehnung bekannt. Man kann vermuten, daß sich der Wirtschaftshof, der zur Pfalz gehörte, an der Stelle der späteren St. Leonhardskirche befand. Mit dem Wiederaufleben der Geldwirtschaft in karolingischer Zeit wird es bereits einen Markt gegeben haben. Für den Troß des umherziehenden Hofes und die Geistlichkeit mit ihrem Gefolge zu den Reichstagen muß es Unterkünfte gegeben haben.

Man kann davon ausgehen, daß ein Gassensystem zwischen der Pfalz auf dem Domhügel und dem heute noch ablesbaren Graben des Braubachs an der westlichen Seite des Römerberges entstanden war. Aufgrund der ausgereiften Konstruktionsformen der frühesten, erhaltenen Fachwerkkonstruktionen des 13. Jahrhunderts ist davon auszugehen, daß auch die Häuser des 9. und 10. Jahrhunderts in Frankfurt mehr waren als nur Holzhütten. Es waren wahrscheinlich mehrgeschossige, an Gassen aufgereihte Fachwerkbauten, deren Konstruktion im Detail unbekannt ist. Ausgehend von der fränkischen Bauweise, die die Wohn- und Wirtschaftsgebäude zu ‚L'- oder ‚U'-förmigen Höfen ordnete, werden die Gebäude hier auf dem begrenzten, befestigten und damit wertvollen Boden enger zusammengerückt gewesen sein.

Die Ausbildung zur Stadt im Hohen Mittelalter. Nachdem unter den Ottonen und Saliern die politische Bedeutung der Pfalz zurückgegangen war, wuchs Frankfurts Stellung unter den Staufern ab der Mitte des 12. Jahrhunderts. Erst mit der Befestigung der Hohenstaufenmauer, von der Reste an der Fahrgasse bis heute

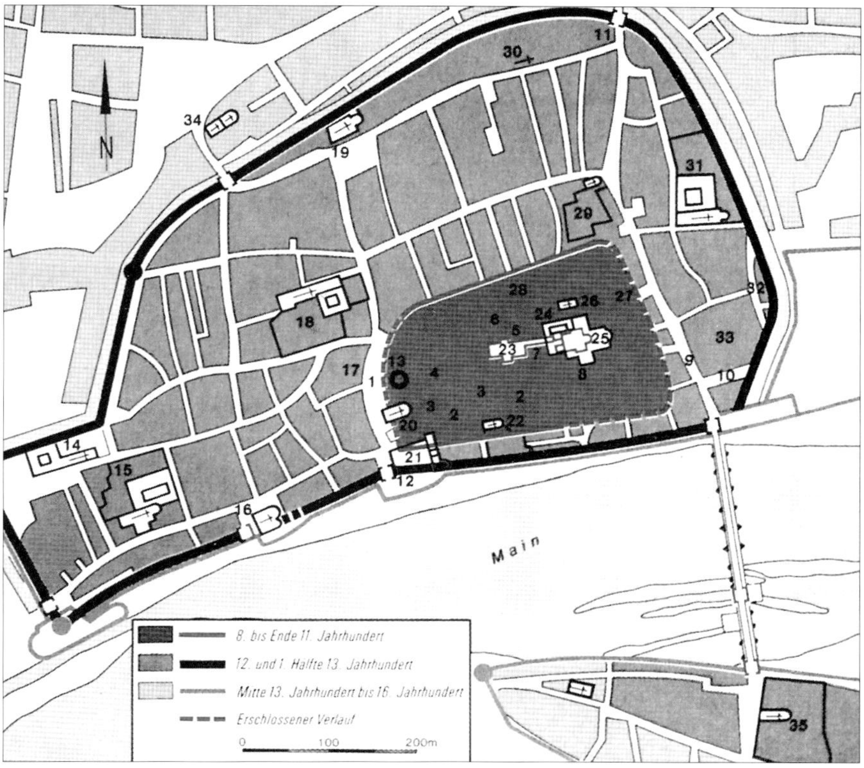

Frankfurt vom Frühen Mittelalter bis zum Beginn der Neuzeit nach F Schwind und M. Schalles-Fischer

erhalten sind, erfuhr die Ansiedlung die ihrer Bedeutung gemäße Erweiterung und äußere Form. Gleichzeitig begann sich das Gemeinwesen von den Königsleuten und Stiftsherren zu emanzipieren. 1189 wird eine freie Gemeinde mit Schultheißen – einer Art Bürgermeister – erwähnt, 1219 wird die königliche Vogtei beseitigt und der Schultheiß alleiniger Verwalter des Ortes. Im gleichen Jahr werden erstmals neben den Königsleuten auch „Bürger“ in den Niederschriften erwähnt. Gegen Ende des 13. Jahrhunderts erfolgten erste Zunftbildungen durch freie Handwerker. Frankfurt konnte sich jetzt Stadt nennen – eine Stadt, die keiner der umliegenden Herrschaften Rechenschaft ablegen mußte, sondern allein dem Kaiser untertan war. Seit 1266 ist ein Rat der Stadt belegt und seit 1311 zwei Bürgermeister als Vertreter der Bürger neben dem Schultheißen.

Im Gegensatz zu den steinernen Großbauten wie der neuen staufischen Pfalz am Main (Saalhof), der Stiftskirche St. Leonhard und der Nikolaikirche ist über die bürgerliche Wohnarchitektur des hohen Mittelalters in Frankfurt nur wenig bekannt. Neben den steinernen Adelshöfen westlich des Römerberges war die Architektur des Bürgerhauses weiterhin vom Holzbau bestimmt. Durch einen Glücksfall ist ein Gebäude auf der gegenüberliegenden Mainseite, in Sachsenhausen, dessen Erbauung in diese frühe Zeit zurückreicht, teilweise erhalten geblieben: das Haus Schellgasse 8.

Die Konstruktion der Wohngebäude des 13. Jahrhunderts in der Altstadt wird kaum anders gewesen sein. Sie waren mehrgeschossig, oft mit einer hohen Halle im Erdgeschoß, wobei die Konstruktion durch lange, vom Fundament bis zum Dach verlaufende Hölzer gekennzeichnet ist. Die Dächer waren mit Stroh oder Schiefer eingedeckt.

Staufermauer, Reste der Stadtbefestigung des 12. Jahrhunderts zwischen Börnestraße und Fahrgasse, durch Bomben 1944 freigelegt. Aufnahme 1950

Königlicher Saalhof der Stauferpfalz am Main, halbrunder Kapellenaufbau um 1200. Zustand nach Notsicherung um 1960

St. Leonhardskirche. Portal der ursprünglichen spätromanischen Basilika, um 1220 von Meister Engelbertus

Schellgasse 8

Dieser unscheinbare Bau belegt die hohe Qualität des Fachwerks schon im 13. Jahrhundert. Die Art der Verzimmerung, die Genauigkeit der Verbindungen und die Konstruktionsmethode insgesamt sprechen für eine bereits hochentwickelte Holzbaukultur, die gleichberechtigt neben der Steinarchitektur stand. Die siebenhundert Jahre alte Eichenkonstruktion ist in so großen Teilen ursprünglich, daß die Fällung der zum Bau verwendeten Eichenstämme anhand der Jahresringchronologie auf exakt 1291 datiert werden konnte. Da es damals üblich war, nur frisches Holz zu verzimmern, wird das Gebäude 1291 oder 1292 errichtet worden sein. Es handelt sich wahrscheinlich aber nicht um ein Wohngebäude, sondern um ein Wirtschaftsgebäude eines der in dieser Gegend gelegenen Adelshöfe, das erst in späterer Zeit zu Wohnzwecken umgebaut und umgenutzt wurde.

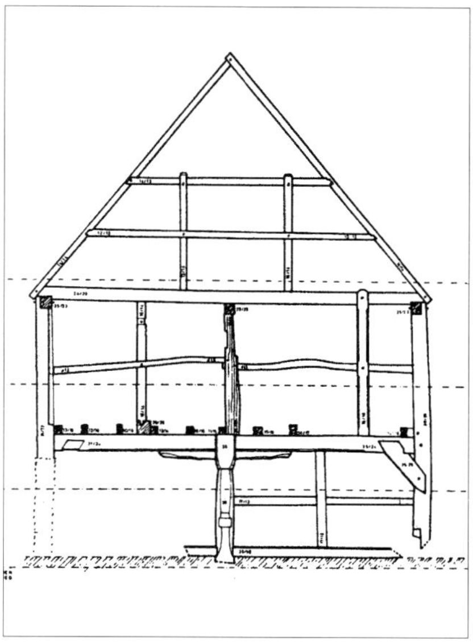

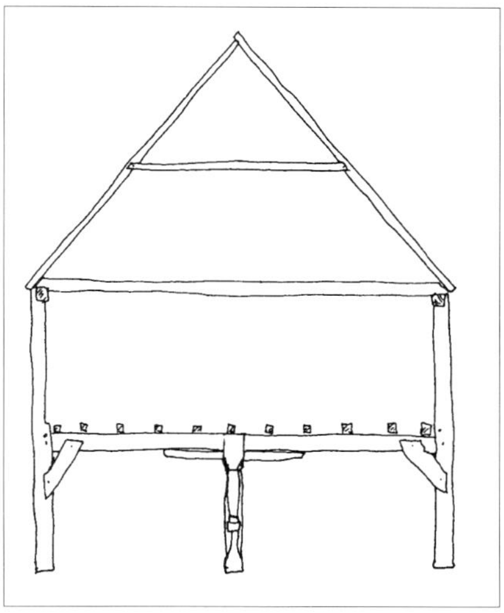

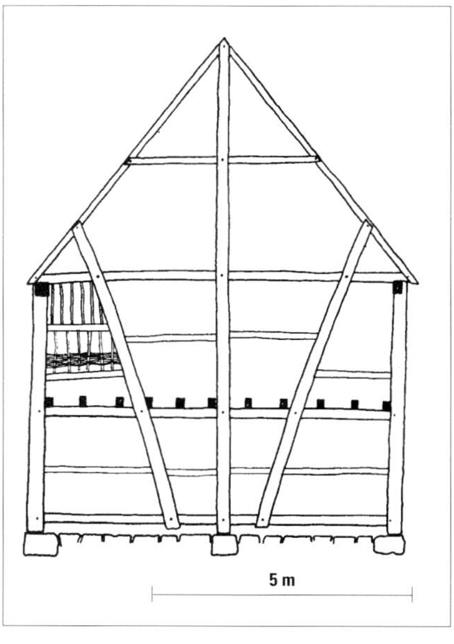

Frankfurt Sachsenhausen Schellgasse 8: Ansicht der Traufenseite, vor der Restaurierung und 1988 nach Fertigstellung

Zeichnungen: Südgiebel, Zustand 1979, Südgiebel, Rekonstruktion des ehemaligen Quergebindes (heute Giebelseite) Nordgiebel, Rekonstruktion

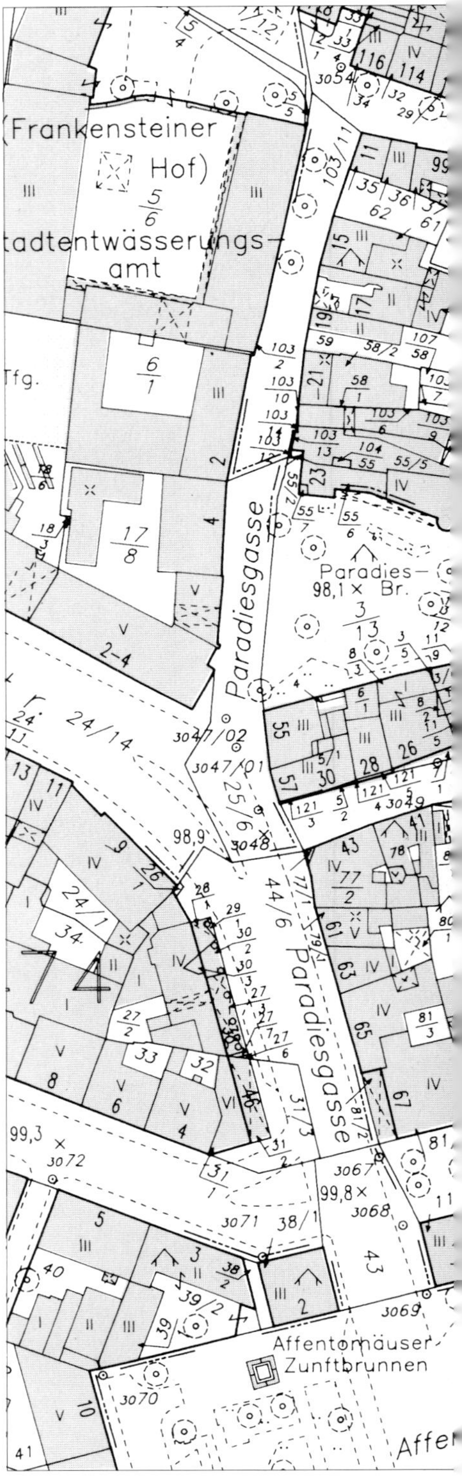

Kleine, zum Teil verschachtelte Parzellen, die auf die ursprüngliche Nutzung des von Fischern, Handwerkern und Gärtnern bestimmten Ortes Sachsenhausen schließen lassen.

SPÄTES MITTELALTER/ FRÜHE NEUZEIT

BÜRGERTUM UND HANDELSSTADT

DRITTE STADTERWEITERUNG

EINWOHNERZAHL: UM 10.000

Die Stadt. Die engbebaute Kernstadt zwischen Dom, Römer, Braubach und Main, die Oberstadt, war überwiegend von Handwerkern bewohnt. Es gab eigene Gassen und Quartiere, in denen sie nach Zünften getrennt wohnten und arbeiteten; so die Metzgergasse, die Bendergasse (Böttcher), Kannengießergasse, Schwertfegergasse. Wohnen und Arbeiten hatten Raum unter einem Dach, und die Zunftgenossen kontrollierten sich gegenseitig auf Einhaltung der Zunftgesetze.
Frankfurt war als Messestadt der Handelsmittelpunkt zwischen Nord- und Süddeutschland. Das Messegeschehen bestimmte im Frühjahr und im Herbst das Leben der Bürger von Oberstadt und Unterstadt westlich des Römerberges, wo die großen Handelshöfe angesiedelt waren.
Die Oberstadt war eine Mischung aus Handwerker- und Ackerbürgerstadt, denn die landwirtschaftliche Selbstversorgung prägte das Erscheinungsbild dieses Viertels. Die Gassen waren unbefestigt und entwässerten nur bei Regen in Rinnen, die das Abwasser dem Stadtgraben zuführten. Die Benennungen „Uf der Schweinemist“ oder „Stinkgässchen“ beschrieben den Stand der Stadthygiene.

Die Bendergasse, 1901

Straßensystem und öffentlicher Raum. Der Grundriß der Kernstadt des hohen Mittelalters innerhalb der Hohenstaufenmauer des 12. Jahrhunderts war bestimmt von einem relativ regelmäßigen System von Gassen. Sie verliefen parallel und – mit untergeordneter Bedeutung – senkrecht zum Main. Eine Ausnahme war die Fahrgasse, die alte Nord-Süd-Verkehrsstraße. Sie führte über die Alte Brücke als damals einzige Mainbrücke.
Die ältere Oberstadt zwischen Dom und Römerberg erscheint dabei im Gassensystem unregelmäßiger als die Unterstadt. Dieses Quartier westlich des Römerbergs bis zur Alten Mainzergasse mit seinen großen Patrizierhöfen zeichnete sich durch breitere und geradere Gassen aus.
Die so entstandenen Baublöcke waren bestimmt von langgezogenen Parzellen, an denen die ebenfalls langgestreckten Anlagen der Bürgerhäuser plaziert waren. Die hintereinandergeordneten Bauteile begannen mit der Giebelseite des Wohnhauses an der einen Gasse und endeten mit der Rückseite des Wirtschaftshofes an der nächsten Gasse. Größere Baublöcke wurden zum Teil durch untergeordnete, hakenförmige Gäßchen (Ellenbogengasse) oder durch teilweise überbaute Durchgänge erschlossen.

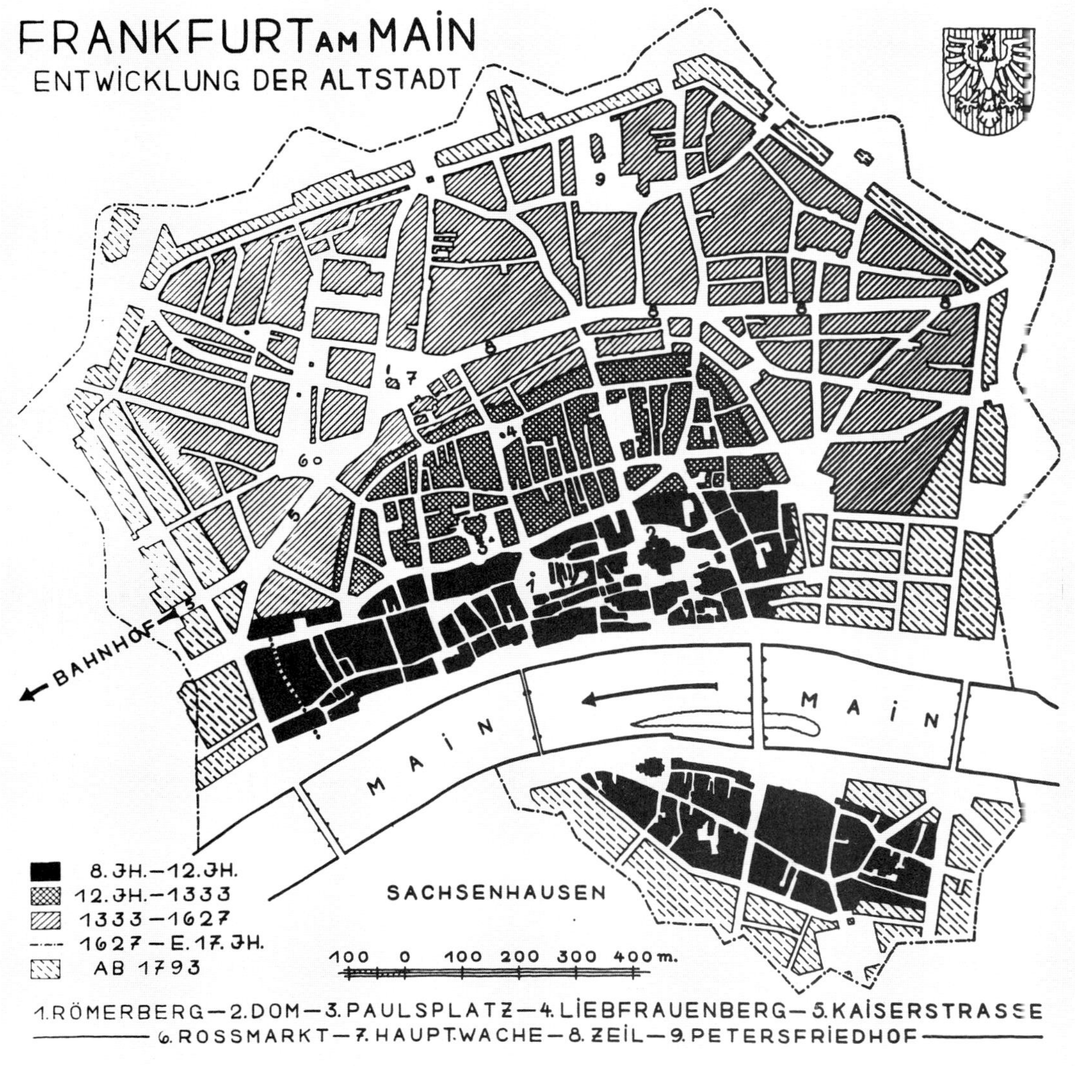

Die großangelegte Stadterweiterung des 14. und 15. Jahrhunderts hatte innerhalb des neuen, spätmitellalterlichen Befestigungssystems soviel Raum gebracht, daß noch auf Merians Plan von 1628 der Umfang der großen Bleich-, Nutz- und Ziergärten überrascht. Das damals gewonnene Areal reichte bis zur Niederlegung der Befestigungswerke Ende des 18. Jahrhunderts für die Bautätigkeit in der Stadt aus.

Der öffentliche Raum im Frankfurt des späten Mittelalters diente Markt- und Handelszwecken (Römerberg, Neue Kräme, Zeil). Zweimal im Jahr – im Frühjahr und im Herbst – war die gesamte Stadt dem Messehandel gewidmet, und auch außerhalb der Messezeit arbeitete die ganze Stadt auf diese Termine hin. Die Hausbesitzer hatten zudem gute Einnahmen durch logierende Messegäste. In den Gassen wurden nach einem geordneten System hölzerne, abschlagbare Messestände errichtet. Kurz: Der Messehandel war das ganze Jahr über der Motor des städtischen Wirtschaftslebens.

Die Messe am Römerberg, Stich 1696

Das Bürgerhaus

Das Frankfurter Bürgerhaus hat gemeinsame Wurzeln mit dem fränkischen Bauernhaus der Region, der „Fränkischen Hofreite“. Nur war diese Hofreite unter dem Organisations- und Raumzwang der befestigten Stadt Frankfurt auf in die Tiefe orientierte, schmale lange Grundstücksparzellen verschlankt. Die Haupt- und Nebengebäude waren nicht im Winkel, sondern hintereinander angeordnet.
Die Häuser waren überwiegend in Fachwerk errichtet, meist in Giebelstellung zur Gasse, um mittels einer Winde den Dachboden mit Feldfrüchten oder Messewaren beschicken zu können. Die steilen Dächer dieser einfachen Häuser waren zunächst strohgedeckt. 1397 wurde allerdings die Strohdeckung wegen der Brandgefahr bei Neubauten verboten.

Der kostbare städtische Boden innerhalb der Stadtmauern hatte eine in Frankfurt besonders ausgeprägte Konstruktionsform im Fachwerk begünstigt: die Gebäudeüberhänge. Mit diesen Geschoßüberständen wurde pro Geschoß ein Gewinn von bis zu einem halben Meter an Raumtiefe erreicht. Die Gassen verengten sich damit nach oben, wuchsen zu, was das malerische Bild steigerte, aber auch Licht und Luft abhielt. 1418 wurde die Zahl der zulässigen Überhänge auf zwei beschränkt, 1433 verbot der Rat die Überhänge in schmalen Gassen völlig. Dennoch wurden sie bis in das 18. Jahrhundert wegen des Raumgewinns immer wieder von den Bauherren durchgesetzt.

Tuchgaden No. 9, Aufnahme um 1900 heutige Lage: östlicher Flügel der Kunsthalle Schirn

Köpplerhöfchen 5, 4, 6, 8, Aufnahme um 1900 heutige Lage: zwischen Hasengasse und Fahrgasse, östlich der Markthalle

Ein Kleinbürgerhaus:
Allerheiligengasse 15

Allen Frankfurter Häusern innerhalb der Befestigung war der Drang nach maximaler Ausnutzung der Parzelle gemeinsam. Das Haus eines geringeren Handwerkers oder Kleinhändlers in der Allerheiligengasse 15, das bis 1944 bestand, vertritt (obwohl nur in das 17. Jahrhundert zurückreichend) den Typus des gestreckten, mehrfunktionalen Kleinbürgerhauses in seiner bescheidenen Ausprägung.

Das Erdgeschoß bestand aus Laden oder Werkstatt mit zwei Öffnungen zur Gasse, die durch Läden verschlossen werden konnten. Dahinter befand sich die Küche mit Feuerstelle. Der schmale, seitliche Flur mit eigenem Eingang führte zum längsorientierten Hofraum mit Galerie und Treppe. Der rückwärtige Teil der Parzelle schloß mit einem kombinierten Stall- und Wirtschaftsgebäude ab. Oft befand sich die Fassade solcher Rückgebäude wiederum an einer weiteren Gasse, so daß ein Grundstück von Gasse zu Gasse reichte. Im ersten Geschoß des Haupthauses befanden sich die Wohnräume und Stuben. Der First des traufständigen Hauses verlief parallel zur Gasse ungefähr in der Mitte des Grundstücks. Der riesige Dachraum zum Stapeln der Waren oder Vorräte war durch ein großes Zwerchhaus von der Gasse aus zugänglich.

Zentraler und wichtigster Teil des Hauses war der Hof mit Treppe und Galerie. Hier spielte sich das Leben der Handwerker- oder Kleinbürgerfamilie zwischen Produktion, Handel und Wohnen ab. Oft waren sogar in solchen bescheidenen Häusern Schlafstellen an eigentumslose Beisassen, sogenannte Schlafburschen, vermietet.

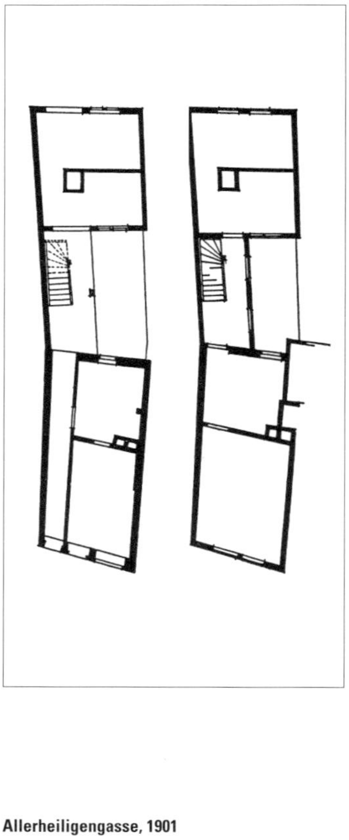

Allerheiligengasse, 1901
Hausnummer 15 ist das 4. Haus von links.

Grundriß Erdgeschoß und 1. Obergeschoß

Ein Patrizierhaus:
„Haus Lichtenstein", Römerberg 11

Die gleiche, der Tiefe der langen, schmalen Parzellen folgende Anordnung der Gebäude wie bei den kleinen Handwerkerhäusern lag auch vielen der aufwendigeren Bürgerhäuser zugrunde. So auch dem „Haus Lichtenstein" am Römerberg, das der Familie Glauburg und später der Familie Leerse gehörte.

Auch hier war das Erdgeschoß dem Gewerbe vorbehalten, in diesem Fall dem Handel. Laden, Kontor und der Flur hatten je einen eigenen Zugang vom Römerberg. Der längsgestreckte Hof war von Lagerräumen und Galerien umgeben, die, durch Treppen erschlossen, zu den beiden hohen repräsentativen Wohngeschossen führten. Die Rückseite des Lagergebäudes öffnete sich zur nächsten Gasse, der Kerbengasse. Unter dem Haus und dem Hof befanden sich große, gewölbte Lagerkeller.

Das „Haus Lichtenstein" als einer der bedeutenden Patrizierhöfe in der Stadt des 14./15. Jahrhunderts besaß quergestellte Treppengiebel und drei ungewöhnliche polygonale Dachhäuser auf der Traufe zum Platz hin. Diese Bauzier repräsentierte die wirtschaftliche und politische Macht der Eigentümer.

Bei ungefähr 3.000 Häusern im spätmittelalterlichen Frankfurt existierten annähernd 100 solcher Patrizierhöfe, die sich oft baulich als Festung in der Festung gerierten.

Auch das Leben dieser zu den führenden Geschlechtern der Stadt zählenden Patrizier-Kaufmannsfamilien mit dem Gesinde spielte sich – ähnlich wie das der Handwerkerfamilie in der Allerheiligenstraße – zwischen Kontor und Lager ab. Obwohl zwischen der gesellschaftlichen und ökonomischen Stellung der Bewohner und ihrer Häuser Welten lagen und die beiden Beispiele mehr als 250 Jahre auseinanderliegen, ist die prinzipielle Vergleichbarkeit der Grundrisse und inneren Funktionen doch überraschend.

Römerberg 11,
„Haus Lichtenstein"
Rekonstruktionszeichnung von Reiffenstein, Zustand um 1925, 1943 und 1945

Grundriß Erdgeschoß

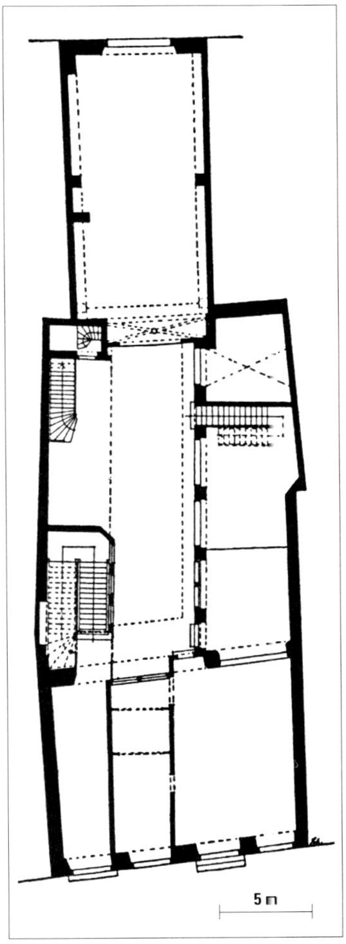

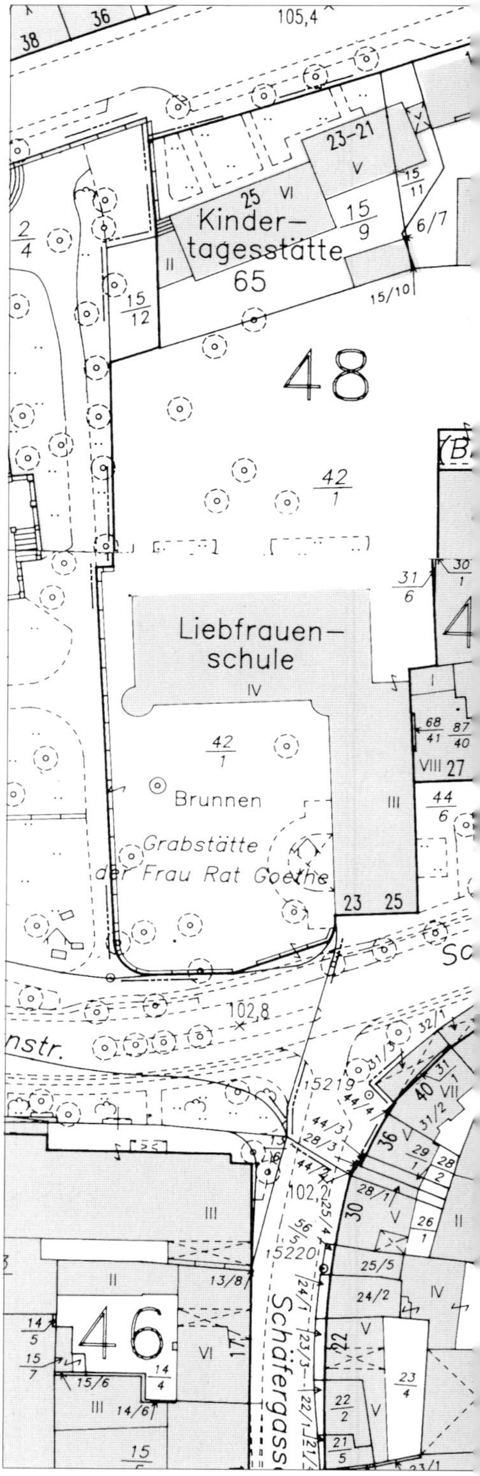

Reste von in die Tiefe gehenden, kleinteiligen Parzellenstrukturen des 17. Jahrhunderts, die auf Herbergen sowie auf Kleinhändler- und Handwerker-Nutzung schließen lassen.

17. JAHRHUNDERT

MESSE- UND HANDELSSTADT
BÜRGERLICHE WOHNKULTUR
EINWOHNERZAHL: UM 18.000

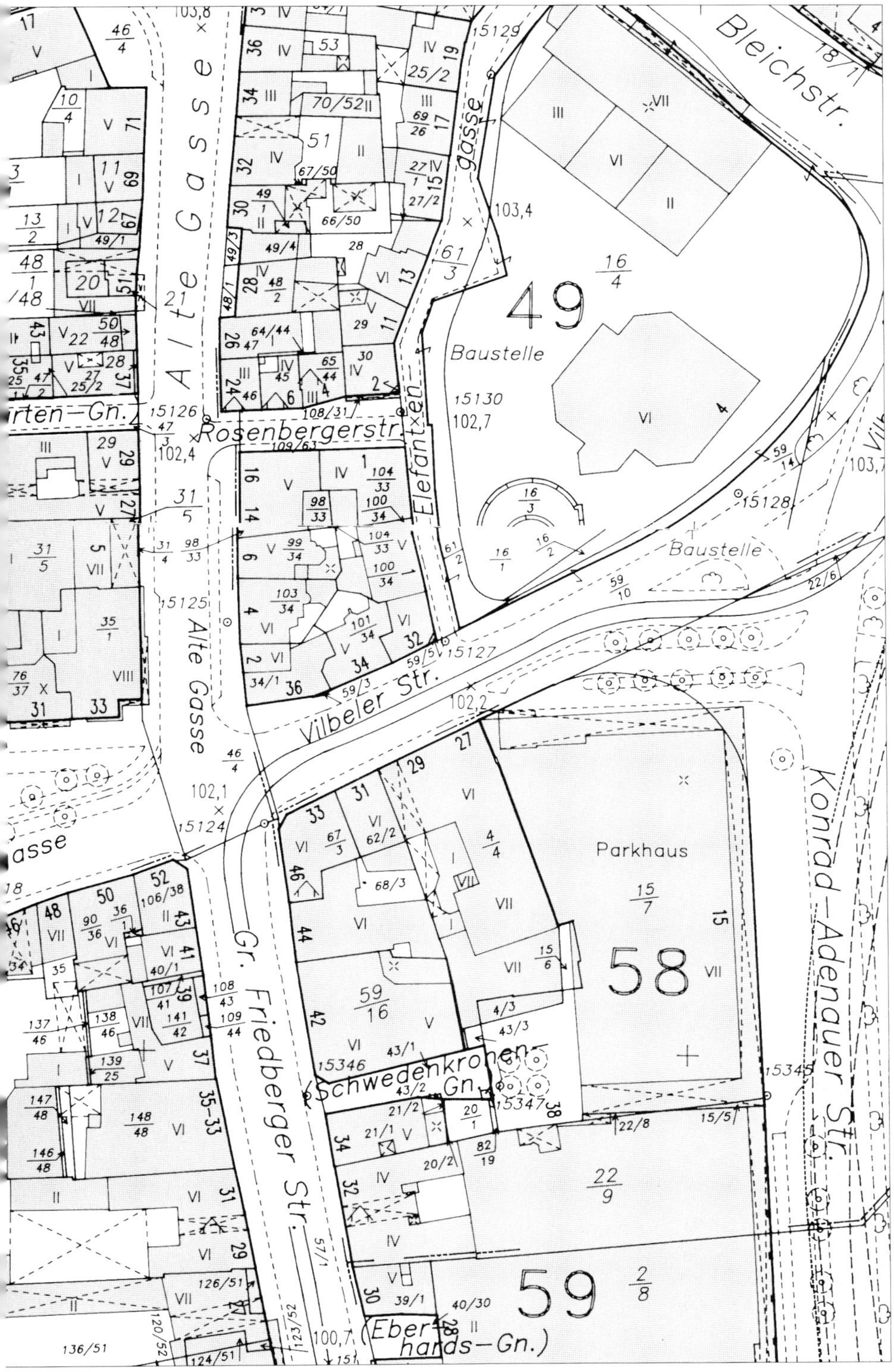

Die Stadt. Das Areal der Stadt hatte immer noch die Größe, die durch die Erweiterung des 14. und 15. Jahrhunderts vorgegeben war. Der Eschenheimer Turm ist der prominenteste Rest dieses spätmittelalterlichen Befestigungsringes, der im Laufe des 17. Jahrhunderts nach den damaligen Regeln der Verteidigungskunst von Bollwerken umgeben wurde. Die damals hinzugewonnene Fläche hatte das Stadtgebiet versechsfacht und war auch im 17. Jahrhundert nur locker bebaut und von großen Gärten bestimmt.

Die Quartiere nördlich und westlich des Roßmarktes, nördlich der Zeil sowie südlich und nördlich der Allerheiligengasse waren von relativ wenigen Gassen erschlossen. Sie bargen im Innern der Blöcke und besonders in Richtung auf die Stadtmauer weitläufige Grünareale. Neben Obst- und Nutzgärten waren es auch Ziergärten mit regelmäßig angelegten Hecken- und Baumpflanzungen, die von regelmäßigen Wegen durchkreuzt waren. Durch Glaubensflüchtlinge aus den spanischen Niederlanden, die im Handel und Geldgeschäft erfolgreich waren, wurden die neusten Moden des „Niederländischen Gartens" importiert. Einer der bedeutendsten Gärten der Zeit war der Garten des Spezereihändlers Johann Schwind von 1641 an der Eschenheimer Gasse.

Bis auf die breiteren Verbindungsgassen zu den verschiedenen Stadttoren war diese ‚Gartenstadt' nur von schmalen Gassen durchzogen, die durch den Wechsel von Wohnbebauung und Gartenmauern bestimmt waren.

Der Schwindsche Garten, Stich von Merian d. Ä., 1641

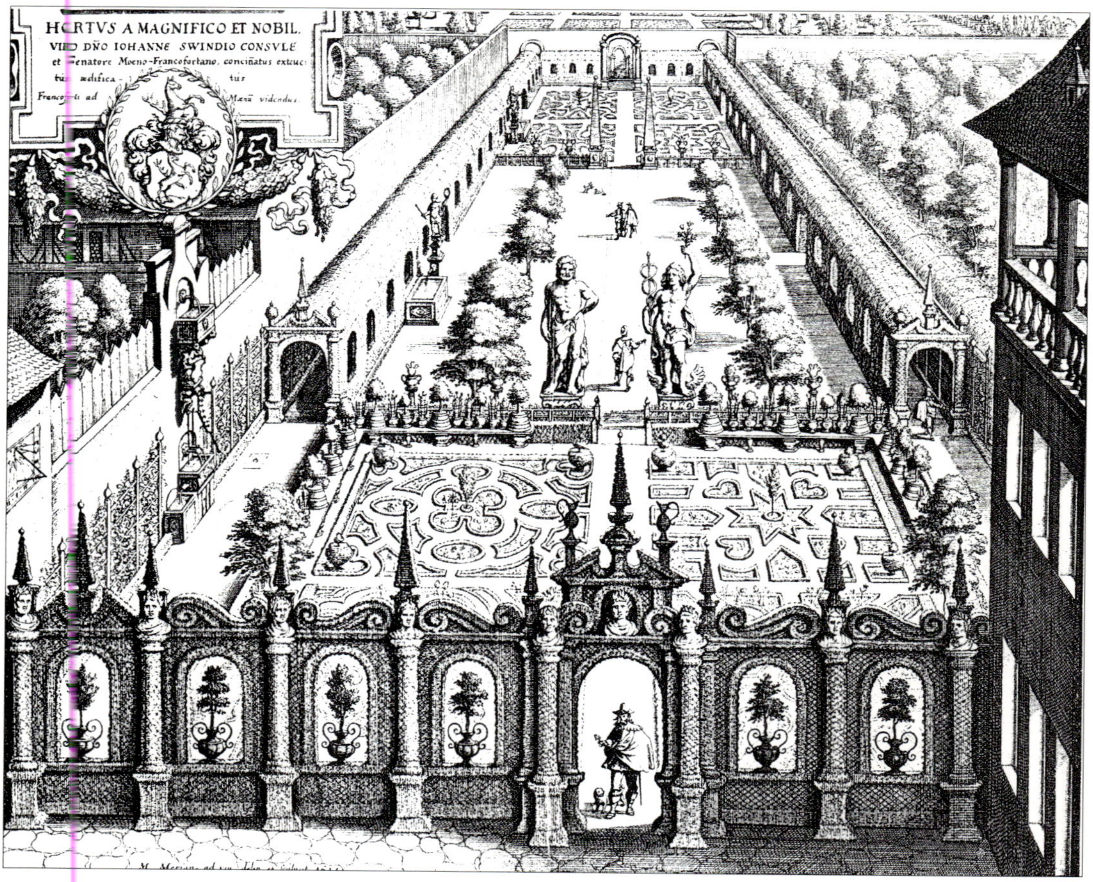

Städtische Unterschichten: Die Judengasse. Von den 18.000 Einwohnern der Stadt waren 3.000 Menschen ohne Bürgerrecht gezwungen, in der Enge des Ghettos der Judengasse zu hausen. Diese 500 Haushalte, deren Bestand vom Rat immer wieder neu zugestanden werden mußte, stellten keine sozial homogene Gruppe dar. Trotz der relativen Gleichheit der Häuser gab es arme, mittelständische und reiche Juden. Bei dem Pogrom während des Fettmilchaufstandes 1614 wurde die Judengasse geplündert, viele Bewohner getötet und vertrieben. 1616 kehrten die Frankfurter Juden unter dem militärischen Schutz des Kaisers in die Judengasse zurück. Von der Familie Rothschild, die aus der Enge der Judengasse heraus europäische Geschichte machte, sind die Unterlagen über das Stammhaus überliefert.

Die Judengasse war extrem überbelegt. So sind seit dem 18. Jahrhundert Gesuche vermögender Juden überliefert, sich außerhalb des Ghettos in der Stadt ansiedeln zu wollen, was jedoch bis 1811 durchweg vom Rat der Stadt abgelehnt wurde. Im Laufe des 19. Jahrhunderts wurde die Judengasse durch Wegzug des vermögenden Teils der Juden und Zuzug armer Christen zum Slum und Elendsviertel. 1874 wurde der Westteil und 1885 der Ostteil der Judengasse – mit Ausnahme des Rothschildschen Hauses – niedergelegt.

Judengasse, Blick nach Süden, 1868

Hinterhäuser der Judengasse, nach Lindheimer

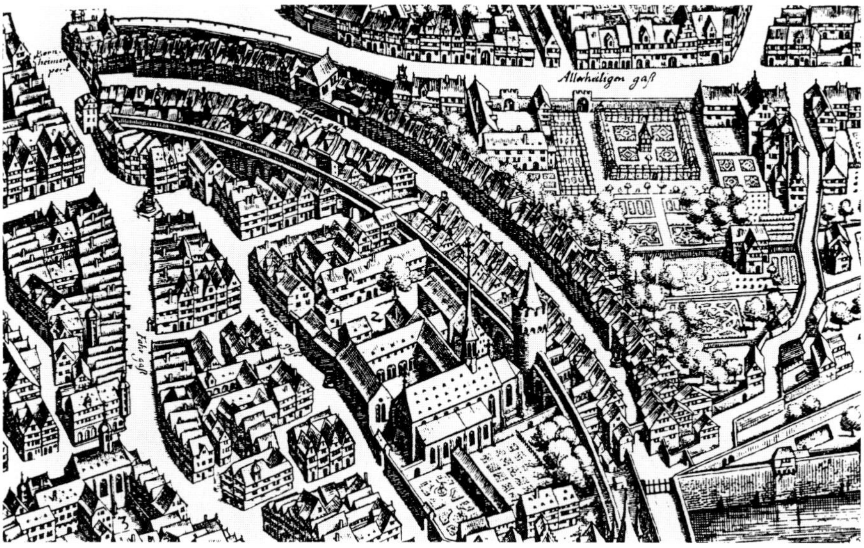

Merian-Plan, 1648, Ausschnitt Judengasse

Das Stammhaus der Familie Rothschild

In der Enge des zur Verfügung stehenden Raumes unterschied sich das „Haus zum Grünen Schild" nicht von den anderen 207 Häusern, die nach dem verheerenden Brand von 1711 einheitlich und nach den strengen Vorschriften des Rates wiederaufgebaut wurden. Das stattlich erscheinende Haus gehörte nur mit der linken Hälfte mit drei Fensterachsen der Familie Rothschild. Die Symmetrieachse teilte das Gebäude in zwei Hälften. Der rechte Teil war das „Haus zum Schiff", das mit dem „Haus zum Grünen Schild" ein gemeinsames, großes Zwerchhaus hatte. Im Grundriß wird die Zweigeteiltheit deutlich: Jedes Haus besaß seinen eigenen Keller, dessen hinterer Teil kreuzgewölbt war und nochmals einen eigenen Hinterkeller außerhalb des darüberstehenden Hauses hatte. Solche Geheimkeller waren aufgrund jahrhundertealter Erfahrungen wichtig, um Waren und Wertgegenstände bei Plünderungen verstecken zu können.

Das Erdgeschoß bestand aus drei Räumen: dem Laden, dem Raum, in dem sich Treppenhaus und Küche befanden, und einem rückwärtigen Zimmer. Die Obergeschosse waren ebenso aufgeteilt. Die Grundrisse unterschieden sich nicht von denen der Häuser kleiner christlicher Handwerker oder Krämer. Im rückwärtigen Teil der Grundstücke befanden sich Hinterhäuser und kleine Nebengebäude für das jüdische Laubhüttenfest, oft angebaut an die Stadtmauer bzw. die Palisadenwand auf dem alten Wall.

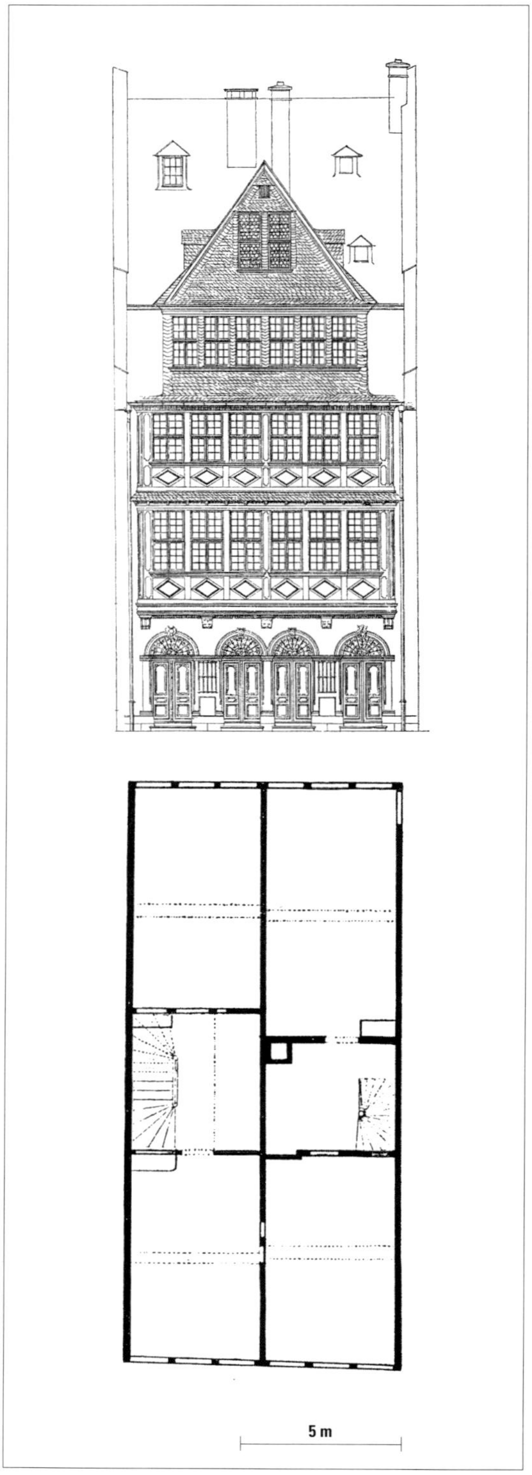

Das Bürgerhaus

Eine grundlegende Änderung in der Haustypologie hat es bis zum Ausgang des 17. Jahrhunderts nicht gegeben. Aufgrund von Bauverordnungen mußten allerdings die Erdgeschosse jetzt in Stein aufgeführt werden. Die Obergeschosse waren weiterhin in Fachwerk gehalten, nur wenige Neubauten patrizischer Bauherren wurden ganz in Stein aufgeführt. Viele Bürgerhäuser aus dem Mittelalter wurden mit einem steinernen Untergeschoß unterfangen und modernisiert. Allerdings hatte sich eine grundlegende Neuerung durchgesetzt, die das Erscheinungsbild der Häuser zu den Gassen hin veränderte. Die Dächer dominierten nicht mehr mit ihren steilen Giebelseiten zur Gasse, sondern wurden quergestellt, d.h. in Traufenstellung zur Gasse errichtet. Die Dachräume wurden weiterhin zum Stapeln von Waren und Feldfrüchten benötigt und nunmehr durch Zwerchhäuser erschlossen. Diese großen Dachgaupen traten je nach Größe des Gebäudes einzeln oder gekoppelt auf. Die Fachwerk-Obergeschosse waren oft mit reichen Füllungen verziert, die Eckständer und Schwellen mit Ornamenten und figuralen Themen beschnitzt. Daneben waren diese Obergeschosse häufig auch mit Schiefer in kunstvoller Anordnung verkleidet oder verputzt und dann zum Teil reich mit Szenerien, Figuren und Landschaften bemalt.
Die steinernen Erdgeschosse waren durchweg mit rundbogigen Öffnungen gegliedert und mit reicher Bauornamentik verziert. In einer Kartusche oder einem Wappenschild war oft der Hausname gegenständlich dargestellt.

„Hinter dem Lämmchen", „Haus Mohrenkopf" Häuser des 15. bis 17. Jahrhunderts mit Überformungen des 18. Jahrhunderts. Das reiche Zierfachwerk wurde später verputzt. (Zwischen Steinernem Haus und Technischem Rathaus) Aufnahme 1901

Der „Dallesplatz" am Ende der alten Zeil. Traufständige Häuser des 17. Jahrhunderts mit großen Zwerchhäusern. Allesamt verschiefert oder verputzt, ursprünglich reiches Zierfachwerk, Fenster im 18. Jahrhundert vergrößert. Aufnahme um 1870

Ein Bürgerhaus:
„Haus Goldene Waage"

Erbaut 1624 in der Höllgasse, gegenüber dem Pfarrturm, von einem aus den Niederlanden stammenden Glaubensflüchtling, einem Zuckerbäcker und Spezereihändler, war das Haus bestimmt von einer hohen Halle als Handels- und Verkaufsraum im Erdgeschoß, an die ein kleiner, rechteckiger Hof mit Treppenturm anschloß.
Im ersten Stock befand sich ein Saal mit Stuckdecke. Die dargestellten biblischen Szenen standen mit dem Namen des Bauherrn Abraham von Hameln in Zusammenhang. In den Obergeschossen fanden sich daneben etwa ein Dutzend Zimmer und Kammern, was auf die Größe der Familie und die Zahl der Angestellten und Dienstboten schließen läßt. Auf dem Dach des Westflügels war eine großzügige, überdachte Aussichtslaube plaziert, in der Pflanzen in Töpfen gezogen wurden – sozusagen ein Ersatz für den fehlenden Garten. Solche „Belvederes" waren zu dieser Zeit zahlreich in der Altstadt zu finden.
Im Äußeren war der Bau reich und aufwendig dekoriert. Das steinerne Erdgeschoß stach aus der Masse ähnlicher Bauten durch seine für Frankfurt ungewöhnliche Bearbeitung des Steines heraus, der diamantförmig gequadert war. Die noch immer weit auskragenden Obergeschosse waren von regelmäßigen, hohen Fensterbändern bestimmt, die den Wohnräumen eine gute Belichtung verschafften. Gebäudeecken und Brüstungen waren reich ornamentiert, die Traufseite zum Dom zierte ein Zwerchhaus. Das Gebäude läßt in seiner funktionalen Außen- und Innengestalt den rationalen Geist des calvinistischen Bauherrn durchscheinen. Überhaupt hat die Stadt in dieser Zeit von dem massenhaften Zuzug niederländischer und französischer Glaubensflüchtlinge profitiert, denn sie brachten mit ihren fortschrittlichen Arbeitsweisen im Handels- und Geldgeschäft ‚neuen Wind' in die Stadt, was allerdings auch zu Auseinandersetzungen mit den alteingesessenen Bürgern führte.

„Haus Goldene Waage", um 1930

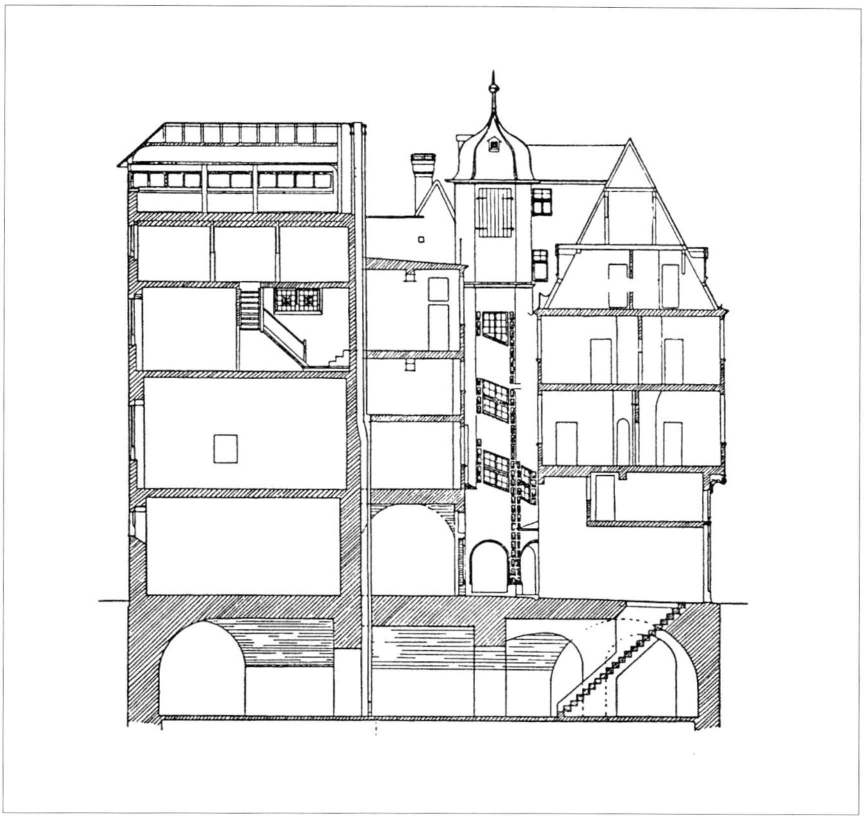

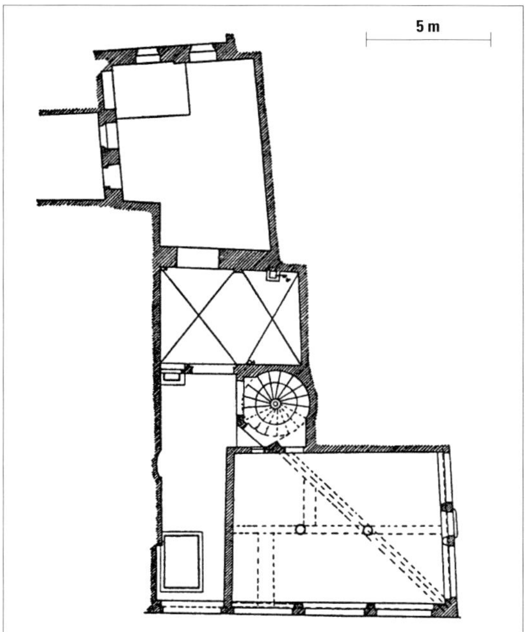

„Haus Goldene Waage"
Schnitt, Grundriß
Erdgeschoß und
Decke 1. Obergeschoß

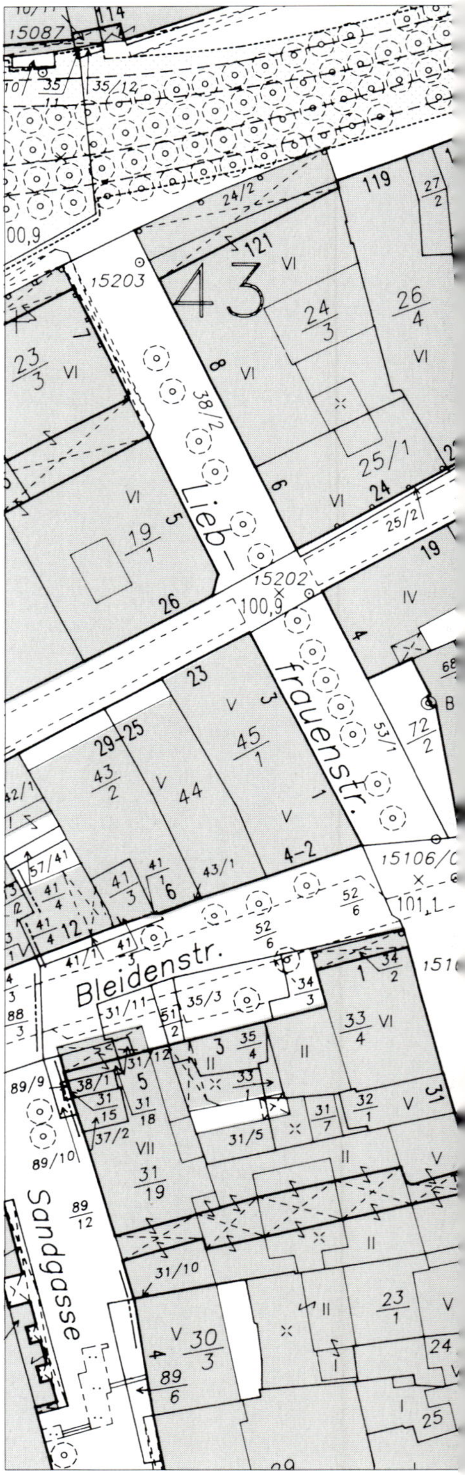

Regelmäßige, funktionale Parzellenzuschnitte des 18. Jahrhunderts, die zum Teil nach dem „Christenbrand" von 1719 neu geordnet wurden.

18. JAHRHUNDERT

NEUER WOHNUNGSKOMFORT
MODERNISIERUNG DER FASSADEN
UND STADTRÄUME
EINWOHNERZAHL: UM 30.000

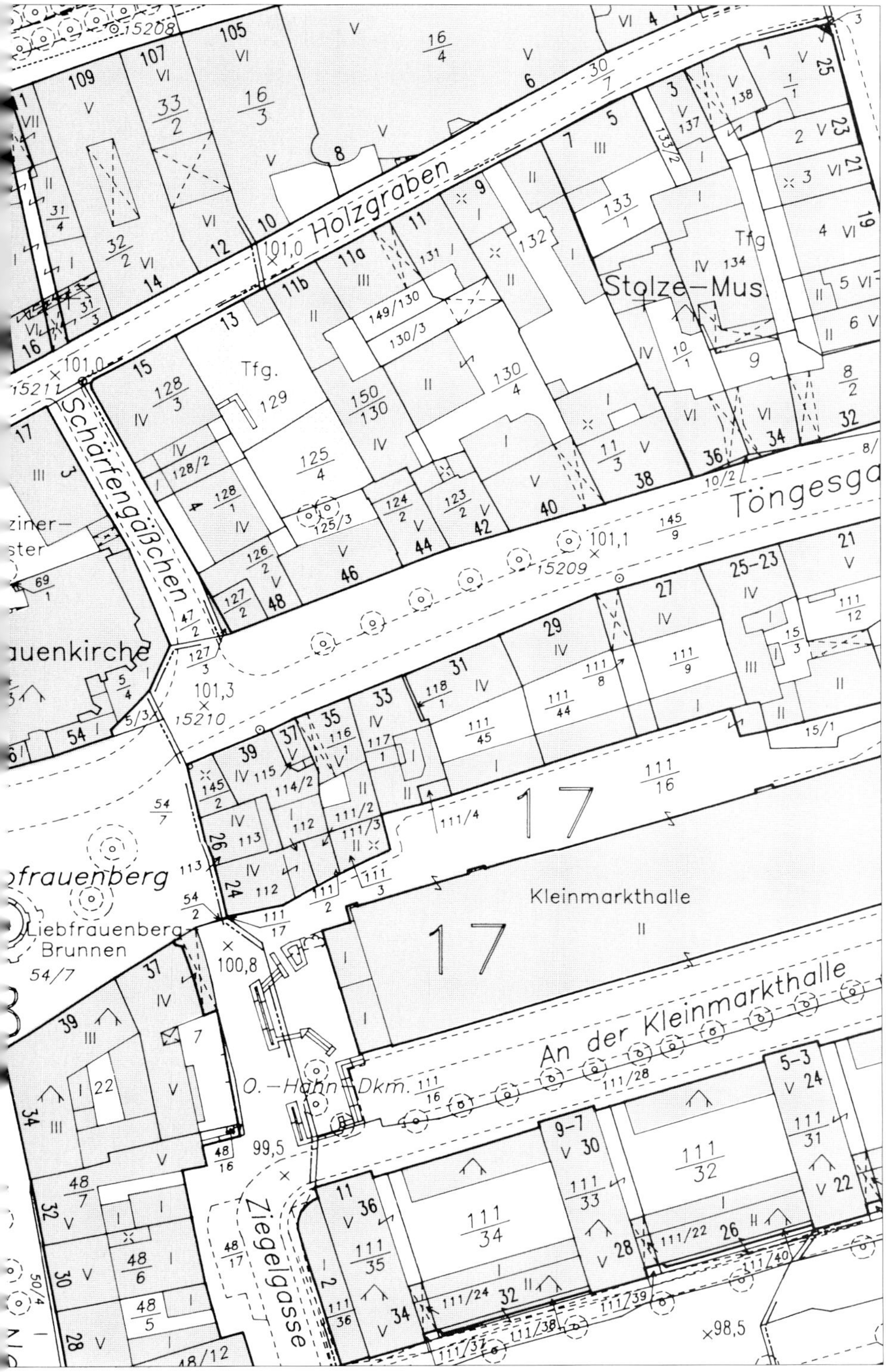

Die Stadt. Wie schon in den vorausgegangenen Jahrhunderten war das Gebiet der Stadt immer noch durch die Grenzen der Stadtmauer und der Bastionen bestimmt. Die Altstadt hatte ihre Grundstrukturen, das System der Gassen und ihr mittelalterliches Gesicht bewahrt. Die letzte Ausgabe der Stadtansicht von Merian von 1770 unterscheidet sich kaum von der Urausgabe von 1628. Man profitierte auch im 18. Jahrhundert noch immer vom Raumgewinn durch die vierte Stadterweiterung des späten Mittelalters. Die große Form der Stadt war also geblieben, aber die Bürger waren bemüht, die Wohnhäuser entsprechend den gewandelten Bequemlichkeitsansprüchen neu auszustatten. Viele Häuser wurden im Innern modernisiert und auch mit neuen, dem Zeitgeschmack entsprechenden Fassaden versehen.

Von 1740 bis 1780 wurden 730 Neubauten in der Stadt errichtet. Nach dem großen Christenbrand von 1719 wurde das Gebiet um die Töngesgasse/Fahrgasse, wo an die 200 Häuser abgebrannt waren, neu bebaut. An der Zeil entstanden aufwendige Palais und Hotels mit breitgelagerten Fassaden, die jetzt diesem Straßenzug, der eigentlich ein langgezogener Platz und ursprünglich Pferdemarkt nördlich der Altstadt war, seine Bedeutung als gesellschaftlichem und ökonomischem Schwerpunkt der Stadt gaben. Vor der Stadt, entlang den Chausseen und mainabwärts war eine reiche Garten- und Landhauskultur entstanden. Hier suchten die vermögenderen Bürger im Sommer Distanz zu der Enge der Stadt. Die hier errichteten Lusthäuser waren aber noch nicht zum dauernden Bewohnen konzipiert.

Der öffentliche Raum. Das öffentliche Leben in der engbebauten Altstadt spielte sich vorwiegend auf dem Römerberg und einigen kleineren Plätzen ab. Der Hühnermarkt zeigt einen belebten Platz, auf dem „Hockinnen", d.h. hockende Bauersfrauen ohne Stände, das Federvieh feilbieten. Die platzbegrenzenden Häuser waren im Erdgeschoß allesamt mit Läden ausgestattet, die unter weit auskragenden Vordächern offen ihre Ware anboten.

Der Hühnermarkt. Stich aus Salomon Kleiners „florierendem Franckfurth", 1738

Liebfrauenberg, kolorierter Stich von Salomon Kleiner, 1738

Hauptwache, Stich von Joh. Mich. Eben, 1738, nach Salomon Kleiner

Auch auf dem Römerberg wurden Erzeugnisse der Landwirtschaft der Umgebung von Bäuerinnen vermarktet. Hier fanden aber auch alle öffentlich-politischen Handlungen statt. Zentrum und Ort der Kommunikation war auf jedem dieser Plätze der Brunnen, von dem jedes Quartier mindestens einen besaß. Eine individuelle Wasserversorgung existierte noch nicht. Auf einer Darstellung des Liebfrauenberges von 1738 mit einem winterlichen Schlittenkorso ist der Brunnen durch einen Holzverschlag gegen den Frost gesichert.
Eine weitere Ansicht zeigt die Hauptwache mit dem gerade errichteten Wachgebäude und regelmäßigen Baumanpflanzungen: ein großzügiger, im Vergleich mit den engeren Altstadtplätzen eher weiträumiger und in der Darstellung leer wirkender Paradeplatz. Ähnliches gilt für den anschließenden Roßmarkt, der in seinem nödlichen Teil durch eine vierreihige, regelmäßige Baumallee neu gestaltet worden war. Wie überflüssig im Laufe des 18. Jahrhunderts die bastionäre Befestigung der Stadt geworden war, zeigt die Umnutzung des Gallus-Walles zu einer Promenade für Spaziergänger mit einer Linden- und Pappelallee.

Gasthof zum Römischen Kaiser, Stich, 1769

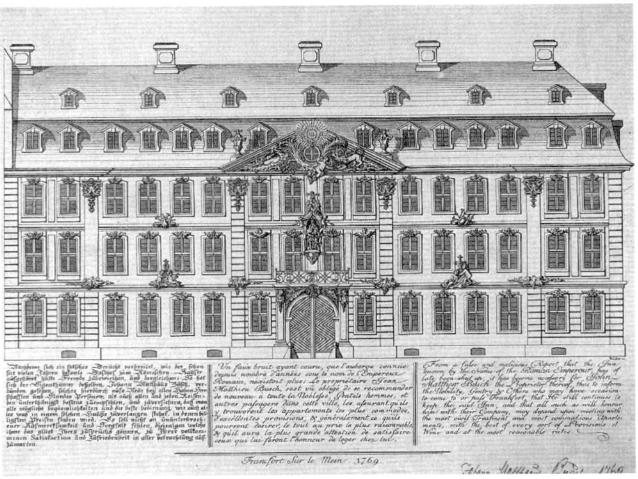

Gasthof zum Großen Roten Haus auf der Zeil, Stich von J. W. Zell, 1767

Das Bürgerhaus
Die Abhängigkeit des Frankfurter Bürgerhauses von der hessisch-fränkischen Fachwerktradition des Umlandes war zu Ende gegangen – und damit auch der einfache, funktionale innere Aufbau der Häuser. Das Bürgerhaus des 18. Jahrhunderts übernahm nun höfische Formen und war stärker der Repräsentation verpflichtet. Wohnkomfort, Behaglichkeit und die Nebenbeschäftigungen eines zunehmend gebildeteren Bürgertums gewannen in der Form von Studierzimmern, Bibliotheken und Musikzimmern Bedeutung. Die Grundrisse der Häuser wurden entsprechend den Funktionen komplizierter. Alle Ansprüche, besonders die eines Gartens, eines Pferdestalls und einer Kutschenremise, waren auf den engen Grundstücken in der Stadt nicht mehr immer an einer Stelle unterzubringen.

Ein Bürgerhaus: „Goethehaus"
Goethes Vaterhaus am Großen Hirschgraben, von dem nach seinem Untergang von 1944 heute nur eine Rekonstruktion existiert, vertritt beispielhaft das Wohnhaus des gehobenen Bürgertums um die Mitte des 18. Jahrhunderts. Es entstand durch Umbau zweier älterer Häuser, wurde modernisiert und den neuen Bedürfnissen der Zeit angepaßt. Listigerweise hatte Goethes Vater das Verbot, bei Neubauten Geschoßüberstände einzurichten, umgangen, indem er die Überhänge der beiden alten Häuser aus dem 16. Jahrhundert in den Umbau integrierte. Er hatte so auf ‚altfrankfurter Art' beträchtlichen Wohnraum außerhalb seines Grundstückes gewonnen. Insgesamt aber wurde aus dem Umbau schließlich eigentlich ein Neubau, wie man in ‚Dichtung und Wahrheit" nachlesen kann.

Das dreigeschossige Haus mit zusätzlichen anderthalb Geschossen im Mansarddach ist durch das großzügige, steinerne Treppenhaus organisiert, das fast ein Drittel der Grundfläche einnimmt. Die sogenannten Vorsäle im ersten bis dritten Geschoß dienten nicht als Flur, sondern waren zusammen mit der aufwendigen Treppe selbst Repräsentations- und Nutzräume. Hier spielten die Kinder, und hier wurde auch Kaffee getrunken. Im Erdgeschoß befanden sich die Küche, Wirtschaftsräume und der Alltagseßraum. Im ersten Stock waren die Gesellschaftsräume mit den Salons und dem Musikzimmer, im zweiten Stock die Arbeitszimmer des Vaters und der Mutter sowie die Schlafräume der Eltern und der Schwester untergebracht. Das Mansardgeschoß war von Johann Wolfgang belegt mit Arbeitszimmer, Schlafkammer und dem Zimmer des Erziehers. Rückwärtig orientierte sich das „Seidenraupenzimmer", in dem der Vater seine Seidenraupenzucht betrieb. Die Kammern im zweiten Dachgeschoß waren den Mägden vorbehalten. Unter dem Haus befand sich ein voluminöser Vorrats- und Weinkeller, dessen Inhalt beim Verkauf des Hauses 1795 die Summe von 8.000 Gulden erbrachte – etwa ein Drittel der Summe, die das Haus allein erzielte. Die innere Aufteilung des Hauses und die sachlich-gediegene Ausstattung ist kennzeichnend für den Lebensstil der gebildeten Bürger in öffentlichen Ämtern im Frankfurt des 18. Jahrhunderts. Auch die Familie Goethe gehörte weder zur Schicht der reichen Händler und Kommissionäre noch zum Patriziat.

Großer Hirschgraben mit „Goethehaus" im Vordergrund, 1874

„Goethehaus"
Ansicht des Hofflügels
und Querschnitt,
Grundriß Erdgeschoß

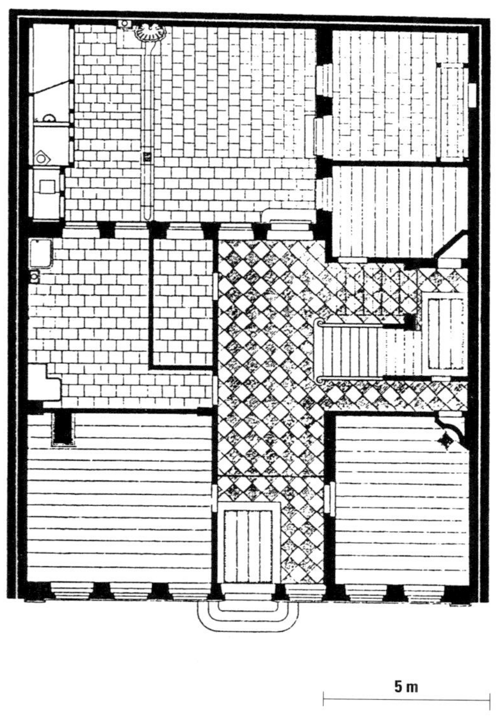

„Goethehaus"
Treppenhaus mit Vorsaal
im 1. Obergeschoß,
Arbeitszimmer und
Gemälde-Kabinett,
rekonstruierte Ausstattung vor 1944

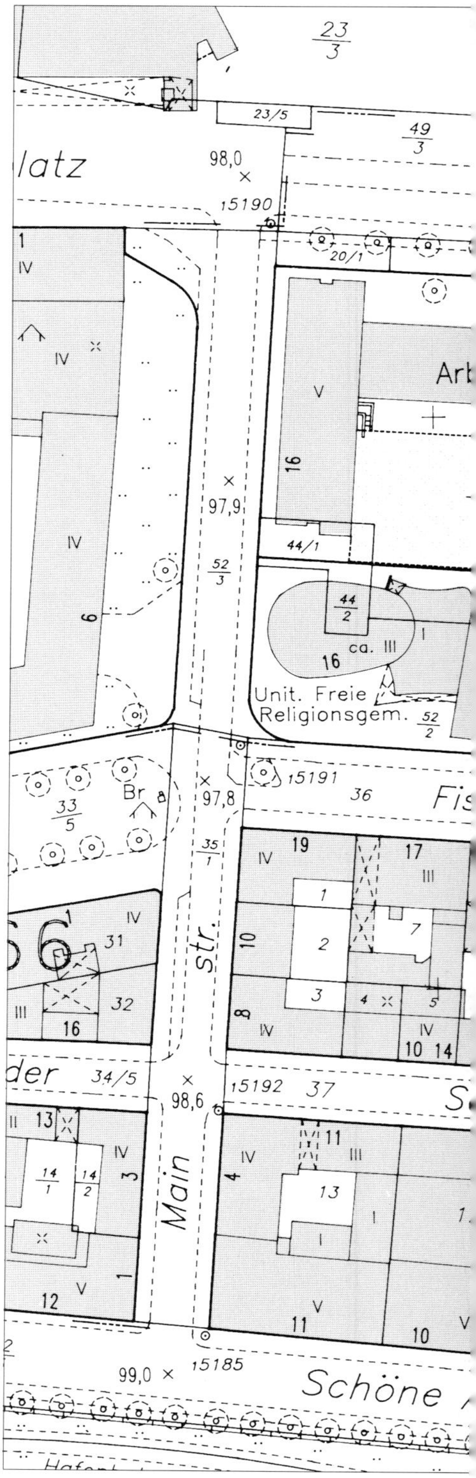

Regelmäßige Parzellenzuschnitte nach den Bebauungsvorschriften für das Fischerfeld von 1792.

UM 1800

ÖFFNUNG DER STADT ZUR GARTENZONE
ENTSTEHUNG DES MODERNEN MIETSHAUSES
EINWOHNERZAHL: UM 40.000

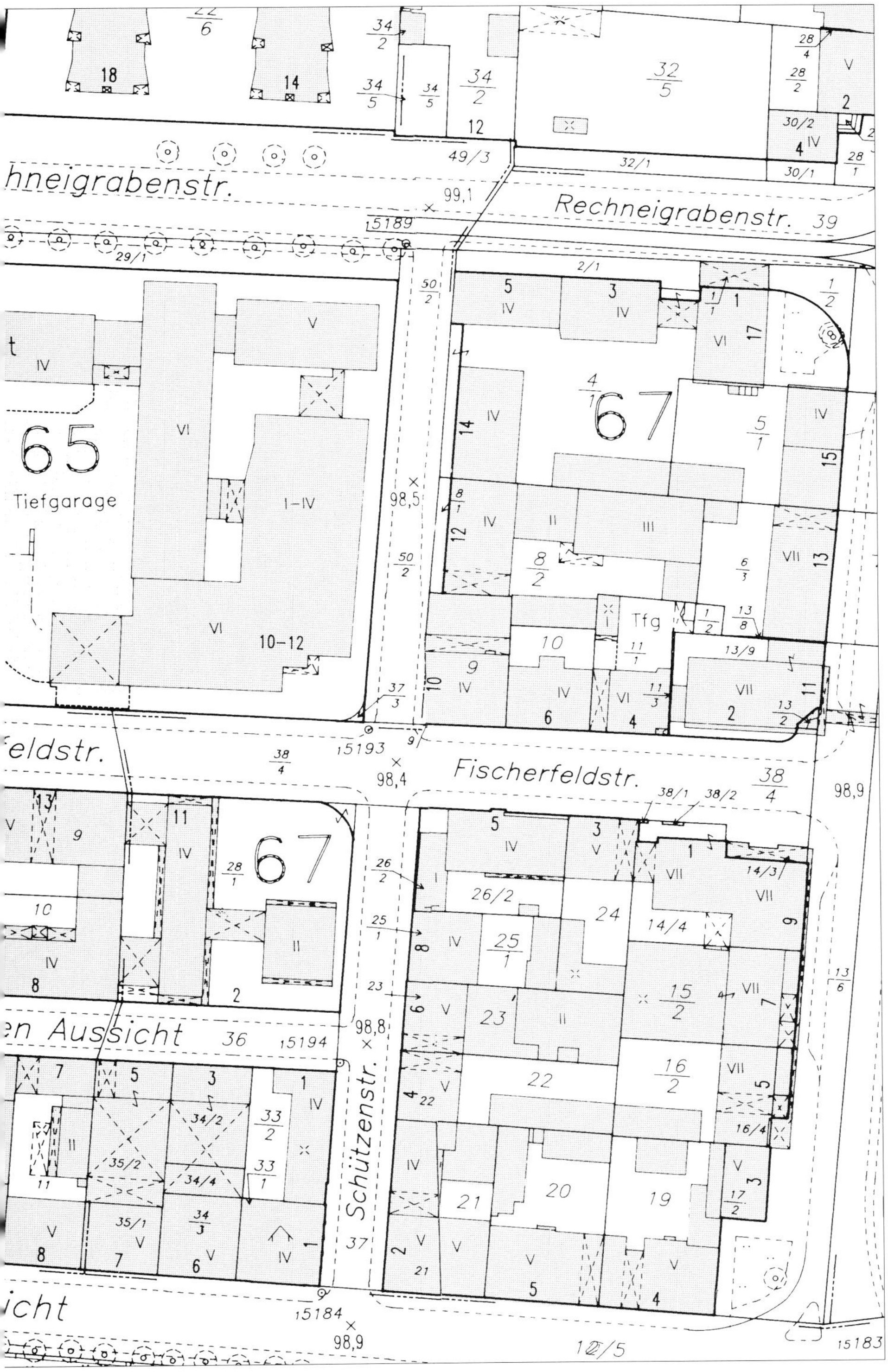

Die Stadt. Mit der Wende vom 18. zum 19. Jahrhundert wurde der mittelalterlich-zünftige Charakter der Stadt endgültig abgestreift. Die Fesseln der Stadtbefestigung waren schon länger als überholt und lästig angesehen worden. Vor den Toren der Stadt hatte sich bereits ein freieres Verhältnis zu Architektur und Landschaft Bahn gebrochen. Jetzt wurde die längst fällige Öffnung der Stadt auch politisch und verwaltungsrechtlich nachvollzogen. 1804 wurde mit der Entfestigung von West nach Ost begonnen. 1807 war man bis zum Eschenheimer Turm vorgedrungen, der nur auf Einspruch des französischen Gesandten vom Abbruch verschont blieb. Mit der Öffnung der Stadt wurde der Aufbruch eingeleitet zu freien Entwicklungsmöglichkeiten und zu einem offenen Verhältnis des Bürgers zur Innen- und Außenstadt und zur vorstädtischen Umgebung.
Die glückliche Entscheidung, den ehemaligen Wall als Bauland auszuweisen und auf dem „Glacis", dem Vorfeld der ehemaligen Bollwerke, öffentliche Promenaden anzulegen, schuf ideale Voraussetzungen, die alte Stadt und das vorstädtische Gartengelände zusammenzubinden. Kurz zuvor jedoch, noch zu reichsstädtischer Zeit, wurde ab 1792 ein innerstädtisches Gelände im Osten, das wegen seiner sumpfigen Lage unbebaut geblieben war, der Bebauung zugeführt: das Fischerfeld.

Die Außenstadt: planlose Stadterweiterung im Grünen. Außerhalb der Stadt und ihrem neugeschaffenen Grüngürtel der Promenaden hatte sich, ungeordnet und unbelastet von Bauvorschriften, eine vorstädtische Landhaus- und Villenkultur entwickelt. An manchen Stellen hatten sich durch Anhäufung von Bauten schon regelrechte Teile der zukünftigen Vorstädte vorgebildet. Die in den 30er und 40er Jahren des 19. Jahrhunderts sich ausbildende Außenstadt nahm ihren Ausgang an der Zickzacklinie der ehemaligen Bastionen und folgte dem Verlauf der alten Chausseen nach Mainz, Bockenheim, Eschersheim, Eckenheim, Friedberg, Bergen und Hanau.
Zwischen diesen Landstraßen befanden sich Feldwege, mit denen zusammen sie das Grundmuster des späteren Straßennetzes bildeten. Die Bebauung hatte sich gegen Mitte des 19. Jahrhunderts so rasant entwickelt, daß einerseits eine gartenstadtähnliche Situation – besonders im westlichen Sektor der Außenstadt – bestand, andererseits aber an anderen Stellen eine beginnende Verstädterung in geschlossener Mietshausbauweise unübersehbar war.

Ansicht der Bockenheimer Landstraße mit „Villa Brentano", Radl, 1818

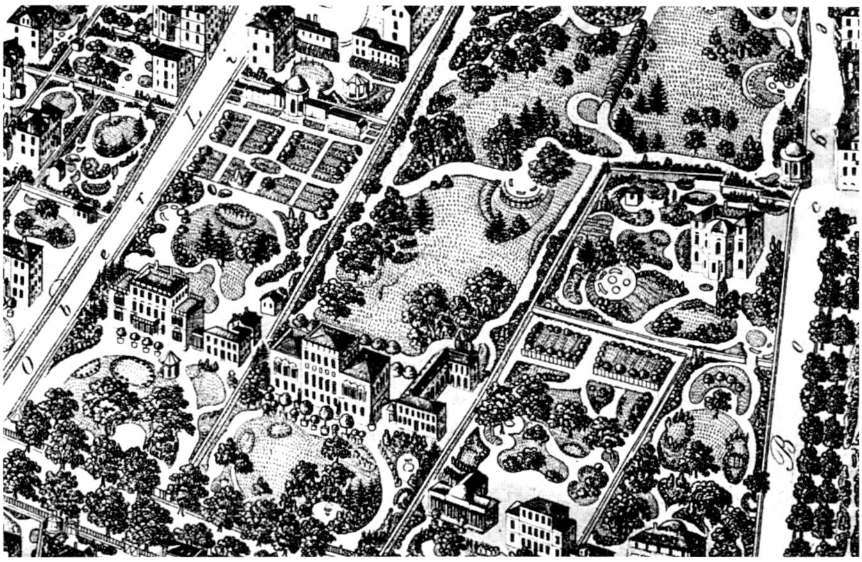

Delkeskamp-Plan 1864, Ausschnitt zwischen Oberlindau und Bockenheimer Anlage

Ansicht vom Turm der Deutschordenskirche, C. G Enslen, 1847 49

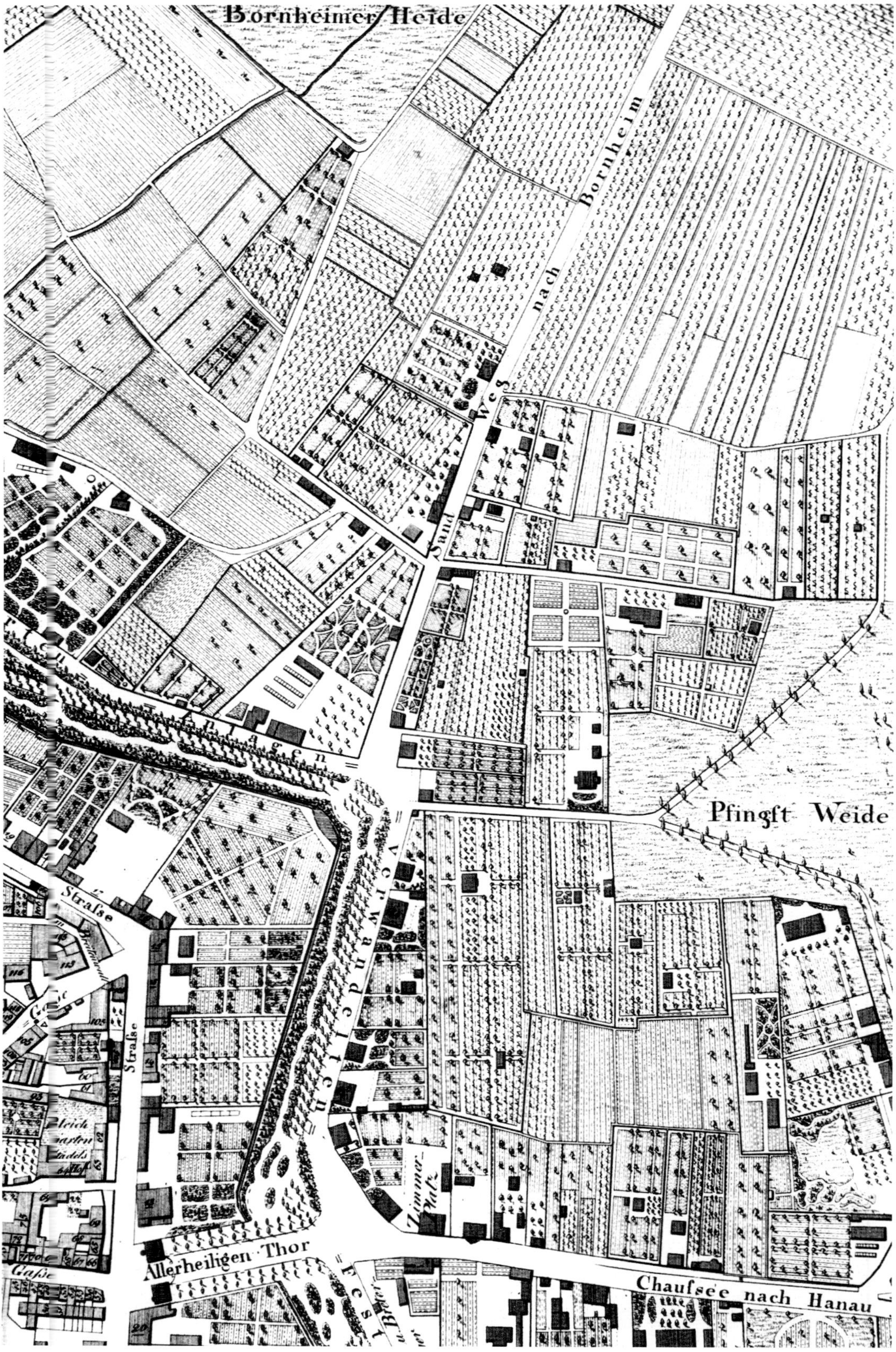

Ulrich-Plan, 1832,
Ausschnitt, Ostend

Das Ende des Frankfurter Bürgerhauses: die Ursprünge des modernen Mietshauses im Fischerfeldviertel. Bei der letzten Kaiserkrönung 1792 war die ständisch-patrizische Ordnung der Stadt im Grunde nur noch Schauspiel und Theaterkulisse. Die noch halb in einem handwerklichen Zunftstil verharrende Frankfurter Architektur bekam jetzt von außerhalb die Impulse, die nötig waren, neuen Wohn- und Lebensansprüchen der Einwohner zu genügen. Im Laufe des 18. Jahrhunderts hatte sich, bedingt durch die wachsende Bedeutung Frankfurts als Handels- und Bankplatz, eine neue Schicht neben den alteingesessenen Bürgern etabliert, die sich vor allem im Verlagshandel und Wechselgeschäft betätigte. Für diese und andere kleinere Gruppen in der Stadt, wie Kleinunternehmer oder höhere Angestellte der großen Bank- und Handelshäuser, die als Stamm einer im Entstehen begriffenen, gehobenen Mittelschicht gelten können, war adäquater Wohnraum nicht vorhanden. Der Senat der Stadt reagierte: Auf dem Fischerfeld wurde ein regelrechter Bebauungsplan mit einem rechtwinkligen Straßensystem parallel zum Main mit regelmäßigen Parzellenzuschnitten entworfen.

Bis 1820 war der größte Teil dieses Neubaugebietes mit annähernd 100 Wohnhäusern bebaut. Diese Gebäude brachen nun völlig mit der Tradition des Frankfurter Bürgerhauses und bezogen sich eher auf Vorbilder aus Frankreich, wo die gesellschaftliche Entwicklung bereits weiter fortgeschritten war.

Das Ungewöhnliche und Neue war, daß die Gebäude überwiegend als Mietshäuser gebaut und geschoßweise zur Miete vergeben wurden. In der Trennung von Wohn- und Arbeitsplatz, der hier erstmals in größerem Rahmen in Frankfurt vollzogen wurde, liegen die Ursprünge des modernen städtischen Wohnens, wie wir es heute kennen. In ihrer äußeren wie inneren Gestalt waren die Wohngebäude relativ gleichförmig.

Fischerfeldviertel, Brückhofstraße 2-[illegible], um 1930

Fischerfeldstraße, Blick nach Westen, um 1930

Mietshäuser im Fischerfeldviertel

Trotz ihres unterschiedlichen äußeren Dekors, der allerdings nobel und zurückhaltendend war, folgten die Grundrisse der überwiegenden Zahl der Häuser nur einem Schema. Sie hatten vier bis sieben Fensterachsen, wobei sich der Eingang meist in der äußersten linken oder rechten Achse befand. Beim Grundtyp führte eine einläufige Treppe in die drei Obergeschosse zu je einer Wohnung. Jede der vier Wohnungen besaß vier Zimmer mit Küche und Abort, letzteres ein neuer Komfort, allerdings noch ohne Wasserspülung. Es gab auch anspruchsvollere Haustypen mit fünf bis acht Zimmern.

Vom Treppenhaus aus waren die Wohnungen offen zugänglich. Es gab noch keinen Wohnungsabschluß zum Treppenhaus, eine Tatsache, die Rückschlüsse auf das Wohnverhalten der Mieter untereinander um 1800 zuläßt. Erst das Mietshaus der Zeit nach 1850 führt die völlige Abgeschlossenheit und Privatheit des Wohnens mehrerer Familien unter einem Dach ein.
Ab 1811, mit der Freistellung der Juden von dem Zwang, im Ghetto zu wohnen, wurde das Fischerfeldviertel zum bevorzugten Wohngebiet bessergestellter Frankfurter jüdischen Glaubens.

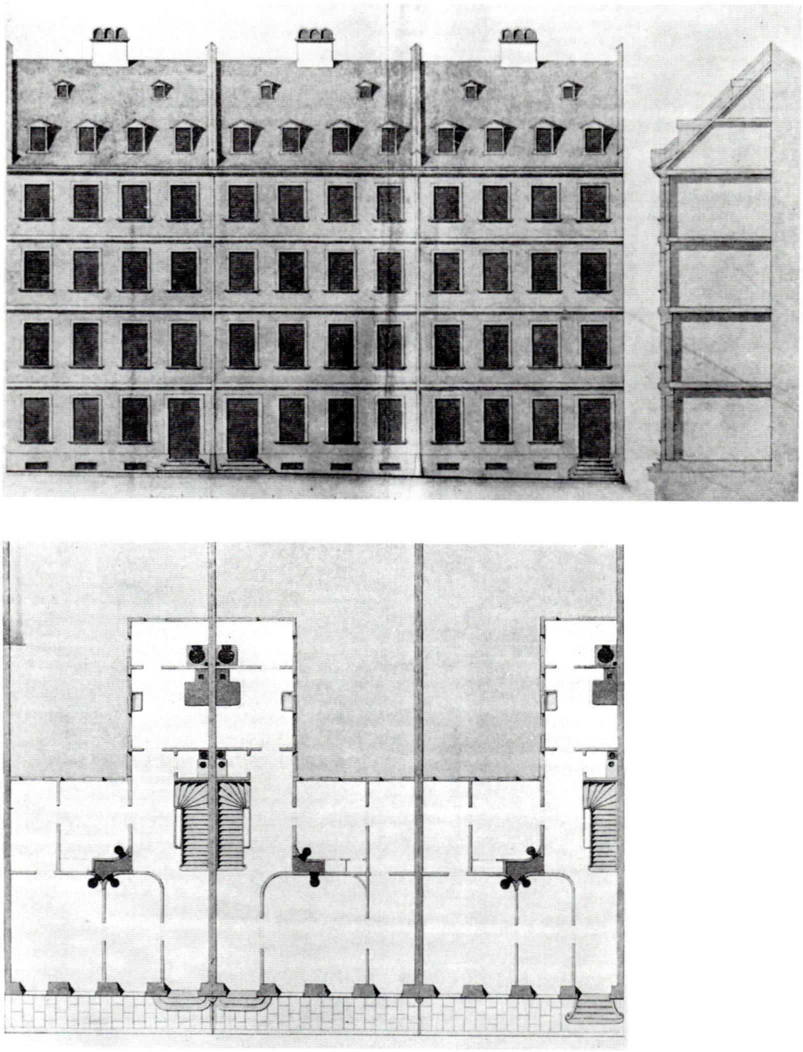

Schöne Aussicht, Risse und Grundrisse der Typenhäuser

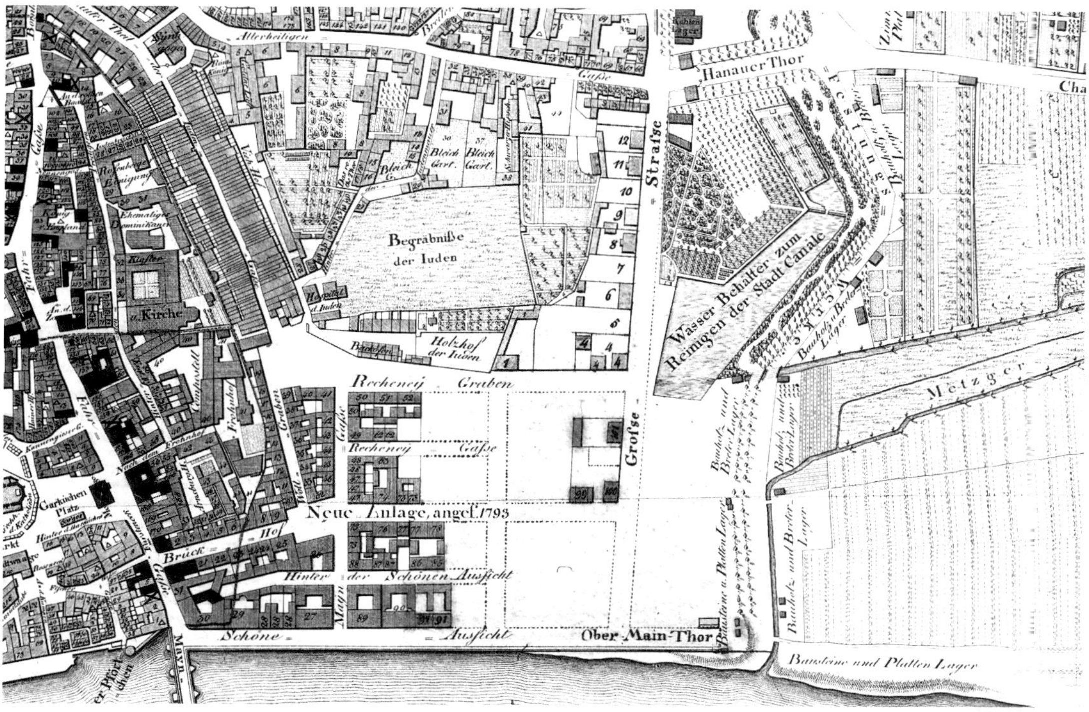

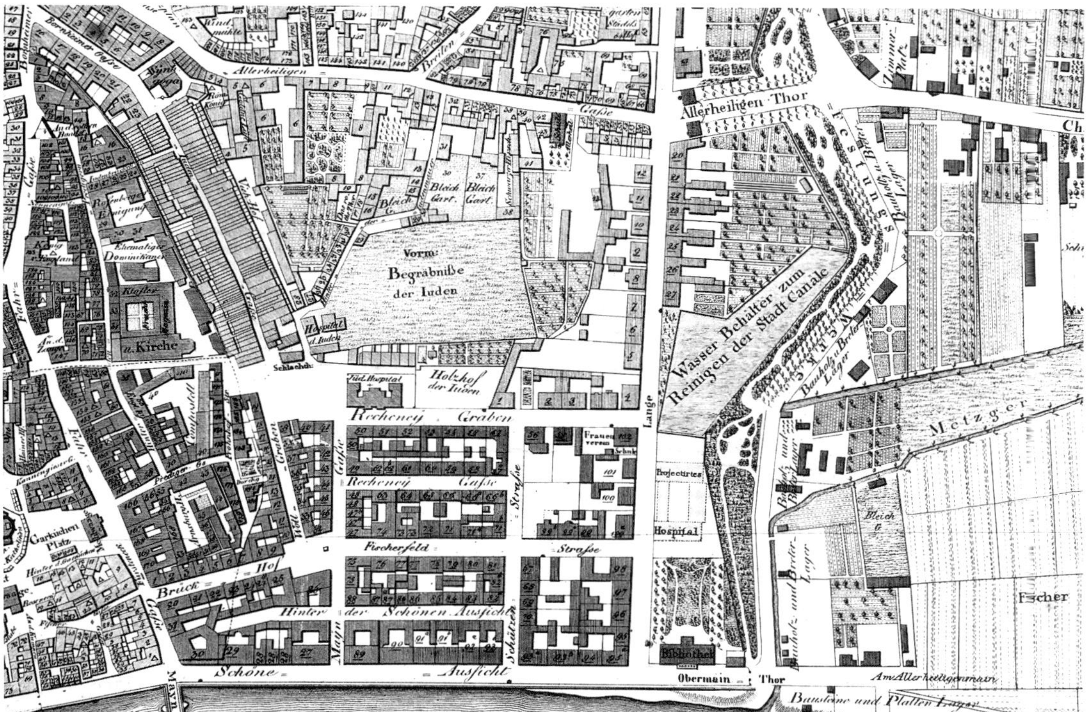

Ulrich-Plan, 1811 und 1832, Ausschnitte, „Die neue Anlage"

Die Wallstraßen-Bebauung
Am Saum der alten Stadt, auf den ehemaligen Wallanlagen, entstanden von West nach Ost fortschreitend in den ersten beiden Jahrzehnten des 19. Jahrhunderts geschlossene Zeilen von Vieretagen-Mietshäusern wie im Fischerfeldviertel. Besonders im westlichen Teil der ehemaligen Wallanlagen entstanden aber auch elegante, oft freistehende Villenbauten. Das „Haus Köster" am Untermainkai, erbaut 1816/17, gab sich nach außen durchaus angemessen im bürgerlichen Rahmen. Im Inneren entwickelte sich eine strenge und geordnete Abfolge von opulenten Haupt- und Nebenräumen, in der das kreisrunde Treppenhaus und ein längsovaler Gartensaal dominierten. Das Erdgeschoß war den Geschäften mit Kontor und Sprechzimmer sowie der Küche und den Gesinderäumen vorbehalten. Im Obergeschoß fanden sich die Salons und die privaten Räume.

Hier ist der Typus des französischen Landhauses übernommen worden, wie die französische Kultur in Frankfurt immer eine besondere Beachtung fand. Folgt man dem Verlauf der Wallstraßen nach Osten, so wurde der Aufwand der Häuser immer bescheidener. Im Osten herrschten die einfacheren Haustypen vor, bereits ein erster Grundstein für das spätere West-Ost-Gefälle der Stadt in sozialgeographischer Hinsicht.

Neue Mainzer Straße, Blick auf 45, links 43 und rechts 44, um 1870

Große Eschenheimer Straße 47, um 1870

„Haus Köster", Untermainkai: Schnitt, Ansicht und Grundriß

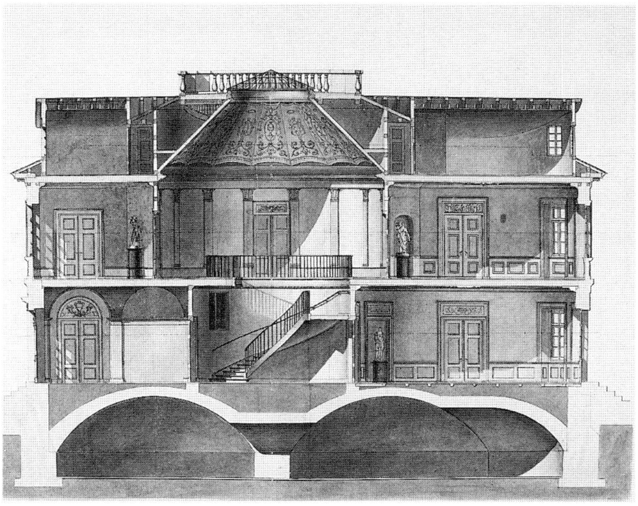

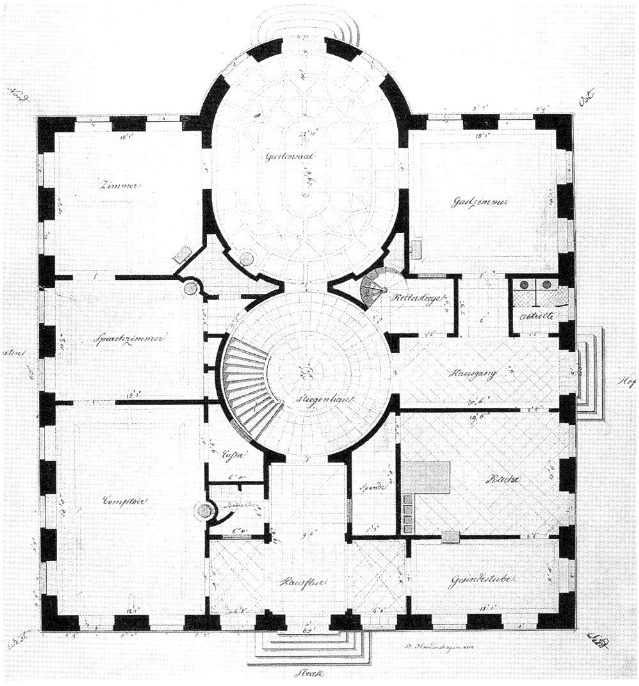

Doppelhäuser mit Wich (Abstand 2,67 m) nach dem Wichgesetz von 1851. Erste systematische Bebauungspläne.

UM 1850

ERSTE SYSTEMATISCHE BEBAUUNGSPLÄNE

„WOHNUNGSNOTH"

EINWOHNERZAHL: UM 70.000

DAVON 40.000 ZUGEZOGENE

Die Stadt. 1845 wurde die innere Stadt mit Gasbeleuchtung versehen. Das Straßenbild mit Ausnahme der Altstadt war „modern“, die Stadt konnte sich als Hauptstadt des Deutschen Bundes durchaus sehen lassen. Ein Panorama, 1850 vom Turm der Katharinenkirche aus gezeichnet, zeigt das fast großstädtische Flair der Stadt. Die Entwicklung als Eisenbahnknotenpunkt und der Wandel in Handwerk und Gewerbe bis zur Gewerbefreiheit 1864 hatte der überkommenen ständischen Ordnung ein Ende gemacht.
Mit dem Zuzug verarmter Landbevölkerung, die in der Stadt als Handlanger oder Dienstmädchen ihr Auskommen suchte, verschoben sich die Bevölkerungsstrukturen. Es wurde in großem Maße billiger Wohnraum gesucht, der am Markt nicht vorhanden war. Der neue Begriff der „Wohnungsfrage“ als politisches Problem tauchte erstmals in Frankfurt auf. Da sich der Senat der Stadt nicht regte, wurden die dringenden Probleme der Stadtentwicklung, die Entwicklung von Baugebieten und der Bau von billigen Wohnungen von Privatunternehmern zuerst angemahnt und dann selbst in die Hand genommen.

Wohnen des Mittelstandes: Das Mietshaus in der Außenstadt. Neue Bauvorschriften von 1849 und 1851 führten zu einem neuen Typ von drei- bis viergeschossigem Mehretagen-Mietshaus für die Außenstadt. Ihrem durchgrünten Charakter wurde Rechnung getragen, indem die Bauten freihstehend errichtet wurden. Es konnten aber auch zwei Häuser zu einem Doppelhaus vereinigt werden, was aufgrund der großen Wohnungsnachfrage häufig geschah. Dieser Wohnungs- und Haustyp wurde als „Frankfurter Grundriß“ bezeichnet.

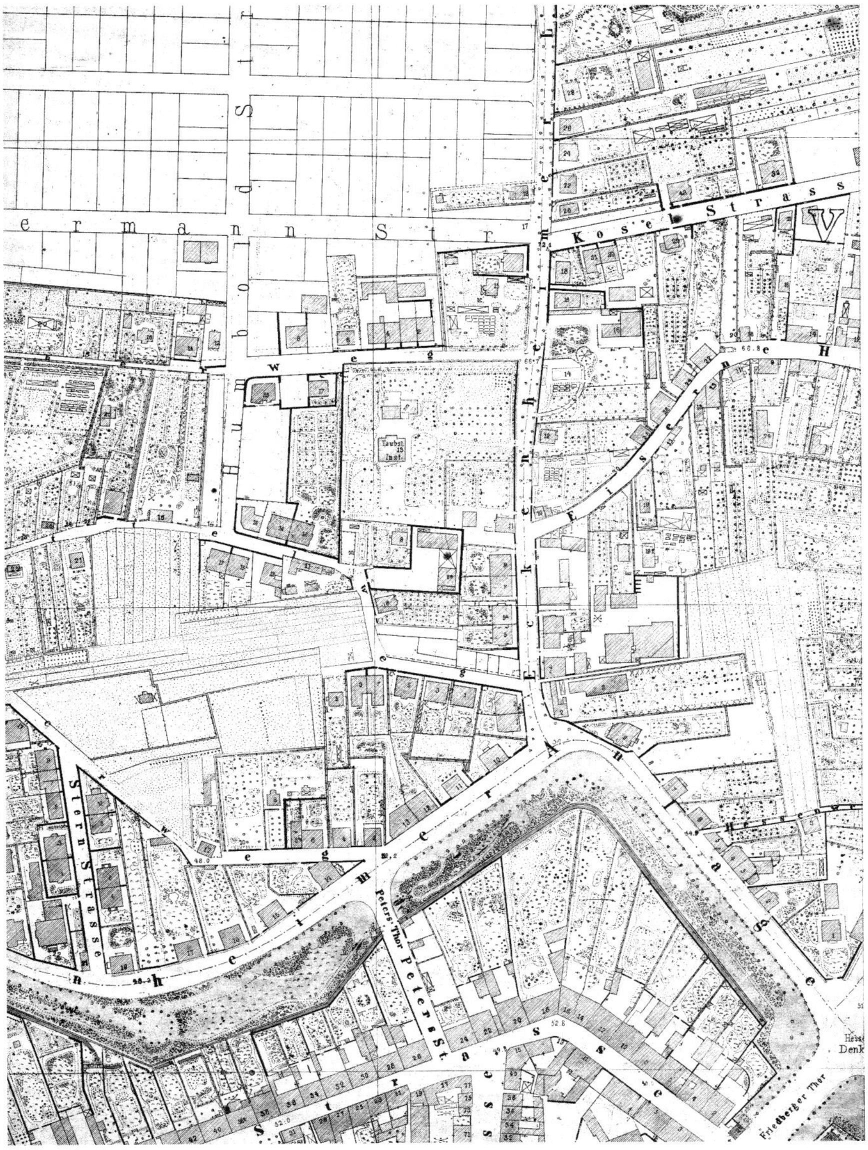

Ravensteinplan von 1857, Ausschnitt südliches Nordend

Panorama der Zeil, 1847-49, C. G. Enslen

Der Frankfurter Grundriß
Das Treppenhaus befand sich an der Gebäudeseite und sprang hervor. Es belichtete den Treppenabsatz, der mit einer Tür zur jeweiligen Wohnung abgeschlossen war. Die Abtrennung jeder einzelnen Wohnung war ein Novum, das anders als in den Mietshäusern der Zeit um 1800 die Privatheit und Abgeschlossenheit der Wohnung bewirkte.

Prinzip war, alle Zimmer sowohl vom Flur aus als auch untereinander betreten zu können. Auf der einen Seite des Treppenhauses fanden sich Küche und Vorratskammer, auf der anderen die Toilette. Ein Bad war noch nicht vorhanden. Jede dieser Geschoßwohnungen hatte einen Umfang von vier oder fünf Zimmern, die durchschnittliche Größe betrug 100 bis110 qm. Die früher in der Dachzone untergebrachten Dienstmädchenkammern waren über dem letzten Geschoß als selbständiges Halb- oder Mezzaningeschoß ausgebildet.
In der durch die ersten Bebauungpläne 1851 erschlossenen Gärtnereizone nördlich der Eschenheimer Anlage häuft sich dieser Haustyp, der für das ganze Stadtgebiet nach der 1866 erfolgten Einverleibung der Stadt durch Preußen durch neue, weniger regional bestimmte Haus- und Wohnungsformen abgelöst wurde.

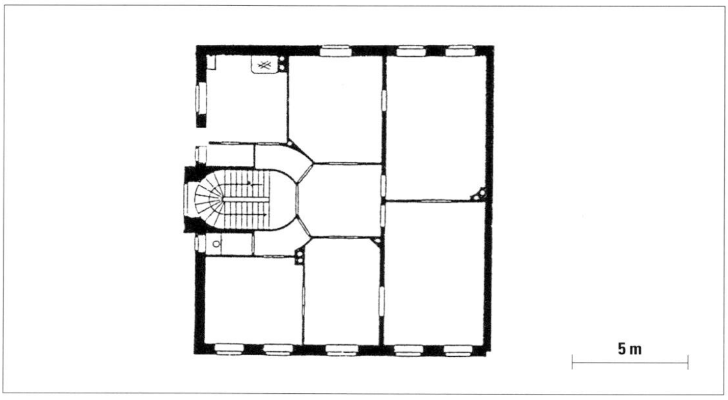

Frankfurter Grundriß

Eckenheimer Landstraße, Mietshäuser, entstanden um 1850

„Die Wohnungsnoth der minderbemittelten Classen"

Mit der sprungartig gestiegenen Einwohnerzahl nahm die Wohnungsnot nicht nur der Ärmsten, sondern auch der sogenannten Kleinen Leute derart bedrohliche Formen an, daß angesichts der Untätigkeit der Verwaltung der Stadt engagierte Privatleute versuchten, selbst Abhilfe zu schaffen. 1860 wurde die „Frankfurter Gemeinnützige Baugesellschaft" gegründet, sie begann ihre Tätigkeit mit dem Erwerb vernachlässigter Häuser in Sachsenhausen, die sie renovierte und billig vermietete. In unmittelbarer Nähe des Lokalbahnhofs erstellte sie ab 1862 eine Mustersiedlung für 32 Familien, die noch heute besteht: acht Vierfamilienhäuser mit quergestelltem Doppelgiebel, wobei für jede Wohneinheit der Eindruck eines selbständigen Einfamilienhauses erzielt wird. Diese Häuser wurden nach englischen und französischen Vorbildern für Fabrikarbeiterwohnungen entwickelt und besaßen vier Wohnungen. Sie waren von kleinen Zier- und Nutzgärten umgeben und verfügten über Erdgeschoß, Obergeschoß sowie Keller und Dachboden mit vier Zimmern, Küche, Abort und eine separate Wasserpumpe. Diese Mustersiedlung blieb jedoch ohne Folgen, denn erst mit der Wende zum 20. Jahrhundert setzte eine systematische Wohnungsfürsorge durch die Stadt, der Werkswohnungsbau der Industrie und der genossenschaftlich organisierte Wohnungsbau ein.

Häuser der gemeinnützigen Baugesellschaft, Heister-, Damm- und Mühlbruchstraße

Häuser der Gemeinnützigen Baugesellschaft, Wallstraße

Häuser der Gemeinnützigen Baugesellschaft, am Lokalbahnhof. Ansicht und Grundrisse Erdgeschoß und 1. Obergeschoß

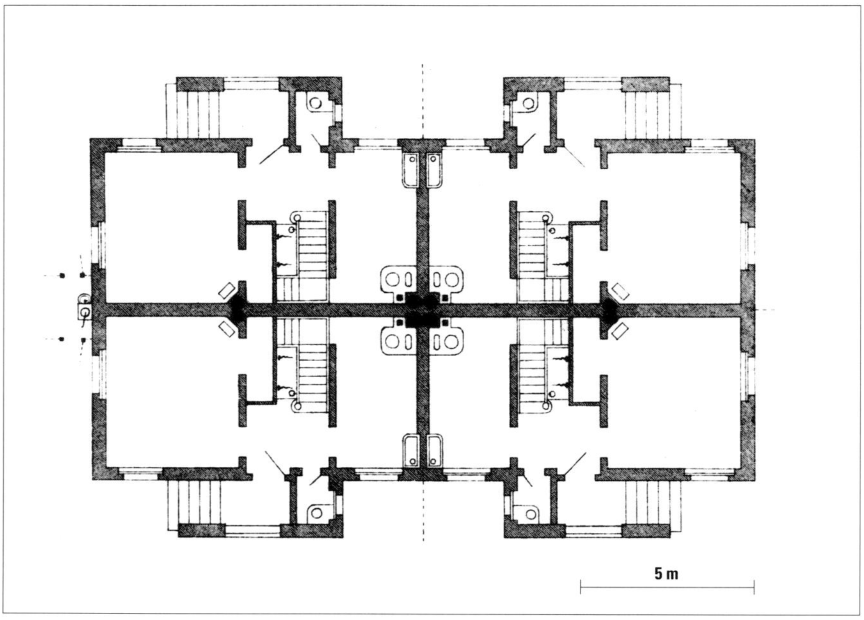

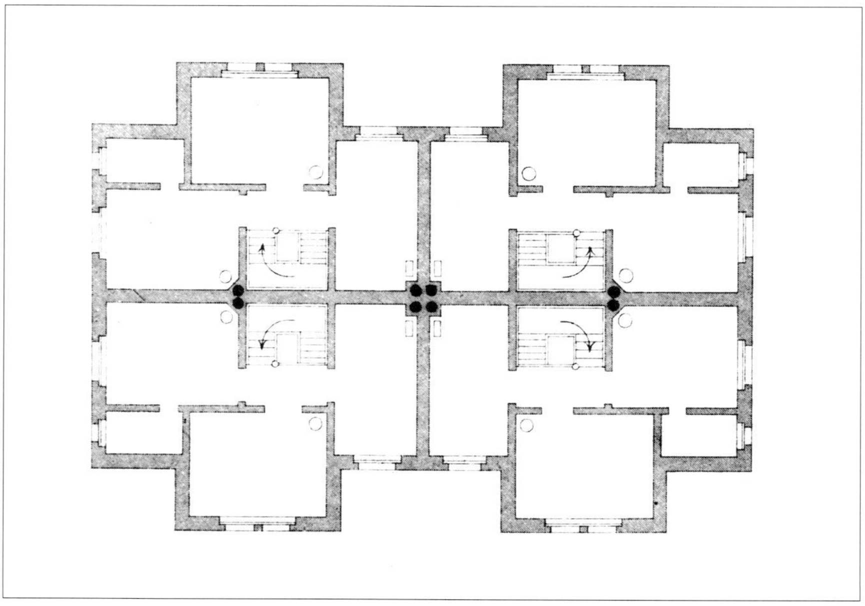

Unterzeichnete Commission, beauftragt von der **Volksversammlung** vom **22. Juli** d. J. (auf Schwager's Felsenkeller) eine schriftliche Vorstellung in Betreff der Wohnungsfrage an den Magistrat und Stadtverordnetenversammlung auszuarbeiten, gibt nachstehende

Vorstellung und Gesuch, die Wohnungsnoth betreffend.

Was die Familie dem Staate ist — das ist die Wohnung, die Heimath dem Vaterlande! Wo durch die socialen Verhältnisse die Familienbande zerrissen werden, da löst sich auch der Staat als solcher auf und wo in einem Staate nicht dafür gesorgt wird, daß der Arbeitsmann weiß, wo er sein Haupt hinlegen soll, — da ist der Begriff von Heimath, von Vaterland nur noch Illusion!

Und an diesem Punkte sind wir schon jetzt fast angelangt, tausende von Familien kämpfen oft um die elendesten Wohnungen und selbst diese sind so hoch im Preise, daß die Hälfte des Einkommens eines Arbeitsmannes kaum zur Deckung der Wohnungsmiethe ausreicht.

Die Wohnungsnoth ist so allgemein und betrifft den ganzen Kleinbürger- und Arbeiterstand, so daß sie nicht zu den momentanen vorübergehenden Erscheinungen gerechnet werden darf. Die Wohnungsfrage ist daher nicht mit Halbmitteln zu lösen und es nützt sonach auch gar nichts, wenn man **halb verfallene dem Abbruch** bestimmte Behausungen den Obdachlosen einräumt.

Es kann abgeholfen werden, wenn

1.) der rücksichtslosen Willkühr der Bauspekulanten auf dem Wege der Gesetzgebung Einhalt gethan wird, so daß es in Zukunft nicht mehr möglich ist, ganze Arbeiterviertel anzukaufen und hunderte von Wohnungen Knall und Fall niederzureißen und Palläste an deren Stelle zu setzen — sondern daß die Unternehmer angewiesen sind, in der Veranlagung ihrer Neubauten direkt auf den **Bedarf der hiesigen Bevölkerung** zu reflektiren;

2.) wenn an Statt aller unnöthigen luxusiösen Bauten auf Kosten der Stadt, gesunde aber billige Wohnungen erbaut werden, welche nicht als Versorgungsanstalten betrachtet werden sollen, sondern als ein schuldiger Ersatz für den allgemeinen Wohnungsverlust, welche durch oben genannter Willkühr entstanden ist.

Es handelt sich hierbei auch nicht so sehr um den zahlungsunfähigen Theil der hiesigen Bewohner, als vielmehr um den Kleinbürger und Arbeiterstand, welcher **trotz Zahlungsfähigkeit** dennoch keine gesunde und den Lohnverhältnissen entsprechende Wohnung finden kann und in Folge dessen, und weil auch vielfach noch der Mangel an Arbeitsraum hinzukömmt — noch vollständig zum Proletariat herabsinkt; und dieser Theil bildet den zahlreichsten in hiesiger Stadt, in welcher ohnehin alle Lebensmittel so hoch im Preise steigen, daß es den vielen Familienvätern, deren durchschnittlicher Wochenlohn fl. 7 — fl. 8 beträgt, unmöglich ist, auch noch theuere Wohnungsmiethe zu zahlen.

Im Auftrag der Commission Hochachtungsvoll

Der Vorsitzende: **Adolph Schneider.**

Allerheiligengasse 68.

Druck von A. Stritt in Frankfurt a. M.

Flugblatt, 1871

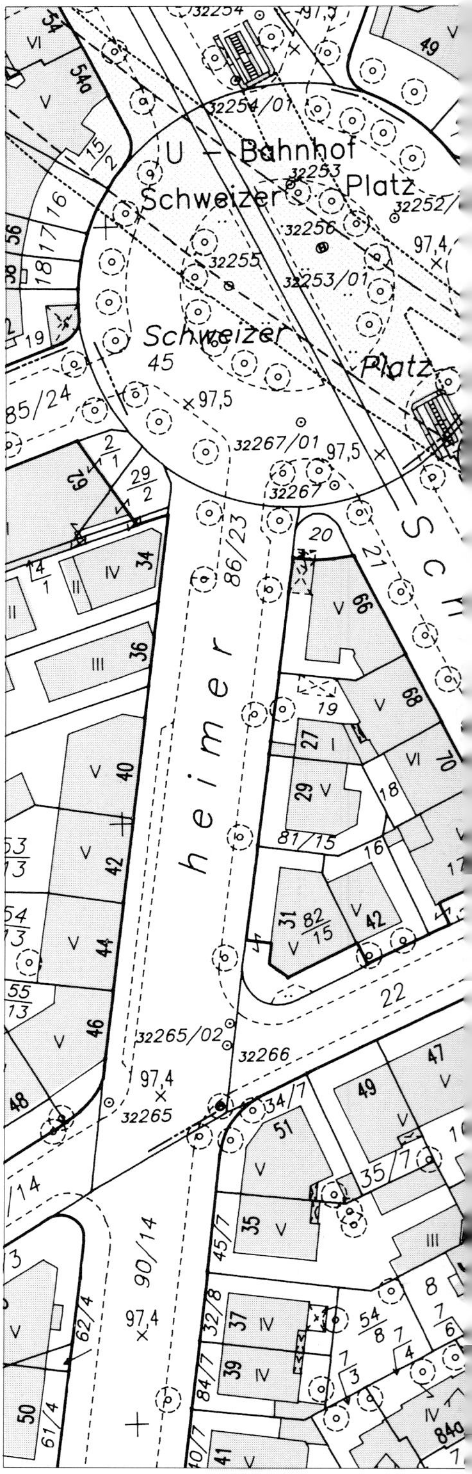

Geschlossene Mietshausbebauung der Gründerzeit ab 1871. Bebauungspläne mit quadratischen Blöcken, Diagonalstraßen und Sternplätzen.

1870 BIS 1890

ENTWICKLUNG ZUR GROSSTADT
STRASSENDURCHBRÜCHE
STADTERWEITERUNG DURCH SPEKULATION
EINWOHNERZAHL: 80.000 BIS 160.000

Die Stadt. In der Folge der Einverleibung Frankfurts durch Preußen und der Reichsgründung 1871 mit dem darauffolgenden Gründerboom nahm die Stadt einen starken Aufschwung. Die Bevölkerungszahl verdoppelte sich in nur zwanzig Jahren auf annähernd 160.000 durch Zuzug und die Eingemeindung Bornheims. Die Stadt begann ihr biedermeierliches Gepräge abzuschütteln und entwickelte sich zur aufstrebenden Handels- und Industriestadt. Öffentliche Bauten und Straßendurchbrüche veränderten in diesen Jahren das Bild der Stadt im Innern. Opernhaus, Börse, Palmengarten und Zoologischer Garten, Schlacht- und Viehhof, Markthalle und die Mainkanalisation mit den neuen Kaibauten, fünf Brücken und über zwanzig Schulen – um nur die wichtigsten der kommunalen Neubauprojekte zu nennen – entstanden in diesen Jahren. Gleichzeitig wurden Hauptbahnhof, Justizpalast, Polizeipräsidium und die Gutleutkaserne als preußische Staatsbauten realisiert.

Kaiserstraße, um 1890

Hauptbahnhof, 1936

Stadterweiterung auf der Basis privater Spekulation. Zwar wurde der baurechtliche Unterschied zwischen Innen- und Außenstadt erst mit der neuen Bauordnung von 1884 aufgehoben, aber bereits seit 1870 schritt die Verstädterung des Gartenvorfeldes aus eigener Dynamik fort. Das Westend konnte seinen von freistehenden Villen bestimmten Charakter einigermaßen beibehalten und seine Stellung als Wohngebiet des Besitzbürgertums ausbauen. Daneben entwickelte sich eine geschlossene Wohnbebauung zum einen nach Norden zwischen Eckenheimer und Eschersheimer Landstraße, zum anderen nach Osten zwischen Bergerstraße und Main als neue Wohngebiete der mittleren Bürgerschicht und des Kleinbürgertums.
Die Benennung in Nordend und Ostend kam in diesen Jahren auf. Trotz der regen Bautätigkeit fehlte es jedoch weiterhin an billigem Wohnraum. Die Wohnungsnot der unteren Schichten wurde zum Dauerzustand.

Das Straßensystem. Das Schema der Anordnung der Straßen in den Stadterweiterungsgebieten war zu Beginn der 70er Jahre des 19. Jahrhunderts noch weitgehend von einem anspruchslosen System von annähernd quadratischen oder längsrechteckigen Baublöcken bestimmt. Aufgrund des Gewinninteresses privater Unternehmer und Spekulanten entstanden nur wenige gestalterisch anspruchsvolle Straßen- und Platzanlagen. Eine fachlich orientierte Behörde, die stadtplanerische Vorgaben hätte machen können, war erst im Entstehen.
Auf dem Areal zwischen Roßmarkt und Neue Mainzer Straße, das die Süddeutsche Immobiliengesellschaft, ein Konsortium Frankfurter Bankiers, erschlossen hatte, entstand ab 1872 eine der großartigsten Platzanlagen des gründerzeitlichen Frankfurt, der Kaiserplatz mit großzügig angelegten Boulevards und aufwendigen Wohn- und Geschäftshäusern. Sie gaben den Auftakt für die spätere Bebauung des Areals zwischen den alten Westbahnhöfen und dem Hauptbahnhof.

Spekulationsbauten in der Textorstraße

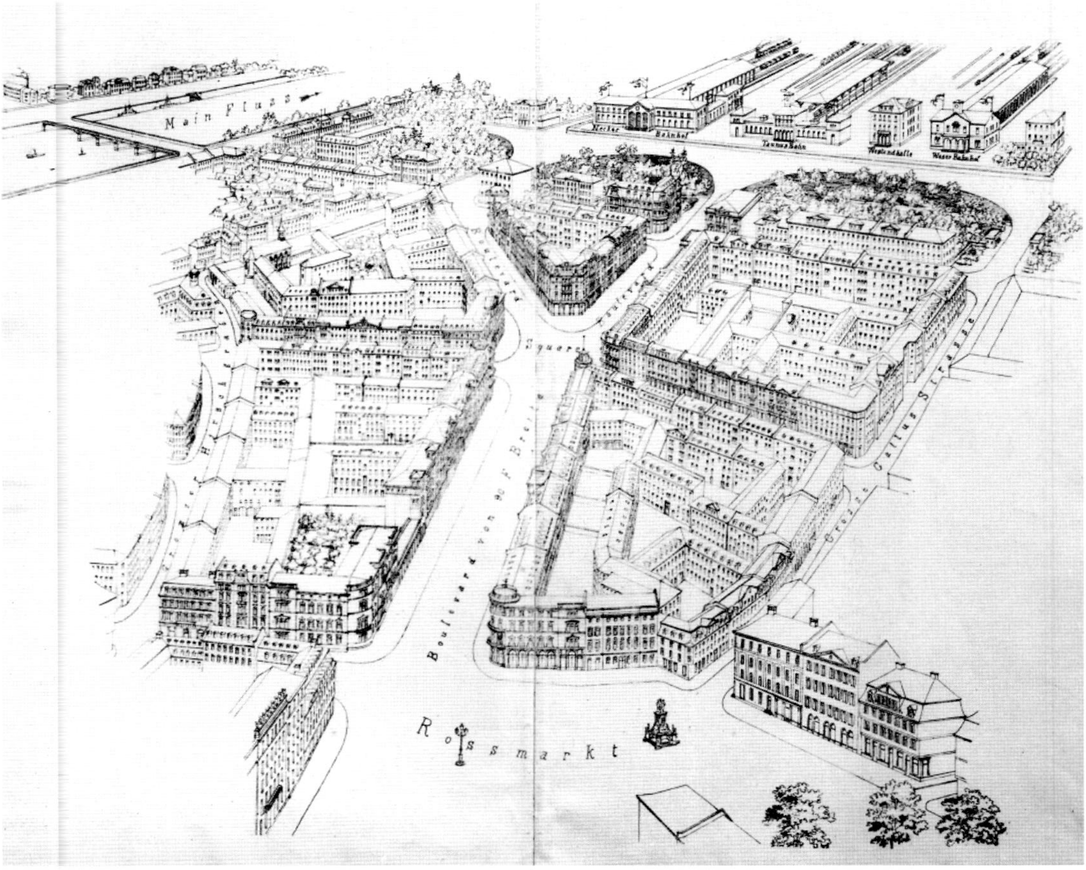

Projekt Straßendurchbruch vom Roßmarkt zu den Westbahnhöfen, um 1870

Haus- und Wohnungstypen
Ein Spekulationsobjekt, bei dem an der Erstellung von Wohnraum für bescheidenere Bedürfnisse verdient wurde, war die Erschließung der Bornheimer Heide ab 1872 durch die Unternehmer Oppenheimer & Weil. Das nicht unoriginelle Straßensystem mit Heide- und Louisenplatz ergab relativ gleichförmige Parzellen, die sukzessive bis in die 80er Jahre mit renditeorientierter Wohnarchitektur spätklassizistischer Prägung bebaut wurden.
Die drei bis vierachsigen, viergeschossigen Mietshäuser in geschlossener Bauweise haben den straßenseitigen Eingang jeweils an der Brandmauer des Hauses, in der Achse dahinter befindet sich das Treppenhaus. Jede Wohnung verfügte über vier bis fünf Zimmer. Im Dachgeschoß lagen kleinere Wohnungen. Dieser einfache Mietshaustyp findet sich auch im Nordend, im Ostend und in Sachsenhausen und bleibt bis gegen 1900 gebräuchlich.

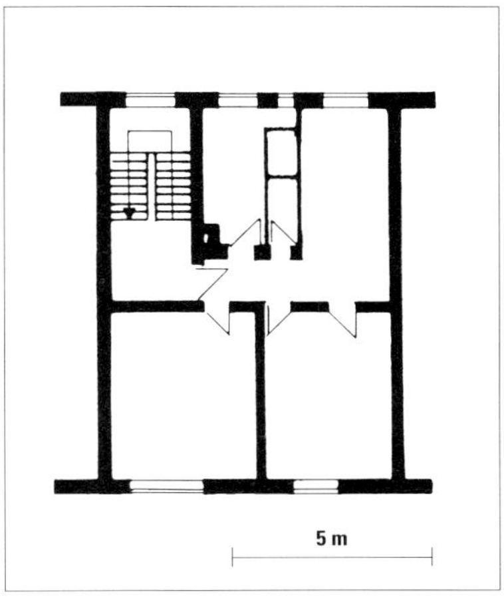

Nordend
Ansicht einer Häuserzeile und Grundriß

Mietwohnungen im Westend

Das Wohnen zur Miete erstreckte sich von diesen bescheideneren Beispielen bis zu Mietwohnungen von acht bis zehn Zimmern mit palastartiger Ausstattung im Westend oder in der Kaiserstraße: Wohnungen, die den gleichen Komfort wie Villen besaßen. Die steigenden Bau- und Bodenpreise führten zur Entwicklung eines gehobenen Reihenhaustyps. Bis zu zwölf Häuser gleichen Grundrisses mit acht bis neun Zimmern, Bad und kleinem Garten an der Rückseite wurden von einem Bauunternehmer gleichzeitig erstellt. Daneben entstanden Villen für einzelne Familien mit höchstem Wohnkomfort.

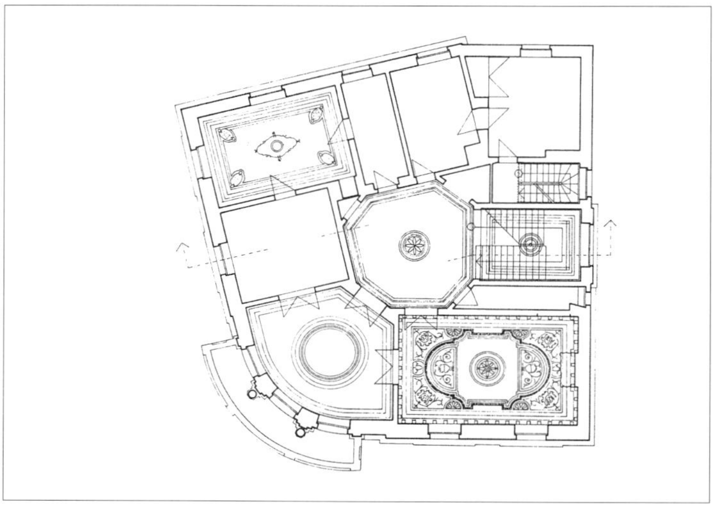

Villa Cronhard, um 1870
Kettenhofweg 29, Aufriß
der Fassade und Grundriß
1. Obergeschoß

Villa Öttinger, 1879
Reuterweg 60
Ansicht und Grundriß
1. Obergeschoß

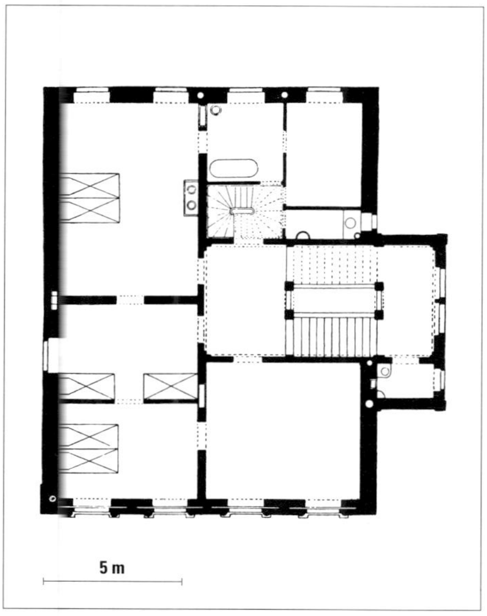

Arbeiterwohnungsbau
Die im letzten Viertel des 19. Jahrhunderts um Frankfurt aufstrebende chemische Industrie reagierte mit eigenem Werkswohnungs- und Siedlungsbau auf den Mangel an billigen Wohnungen – in erster Linie mit dem Ziel der Bindung eines Facharbeiterpotentials an das Werk.

In der Nähe der Werke Griesheim, Höchst und Fechenheim entstanden Baugruppen und regelrechte Siedlungen, die sich, meist dem Ideal des bürgerlichen Einfamilienhauses im Grünen folgend, aus Doppelhaustypen mit Garten zusammensetzten.

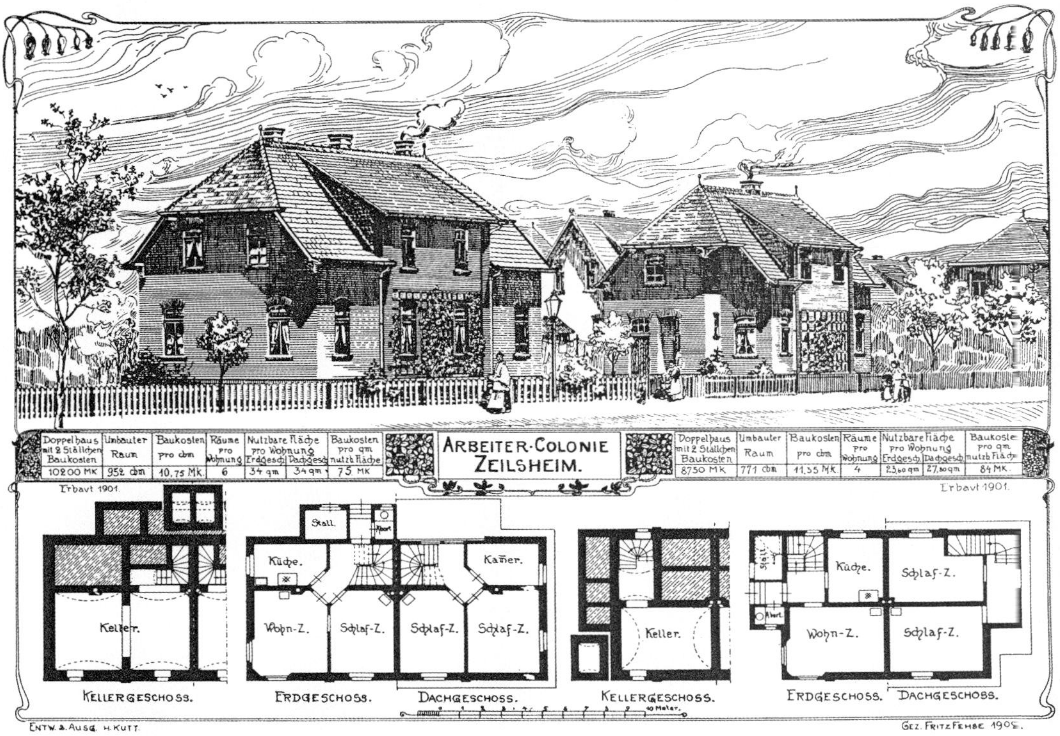

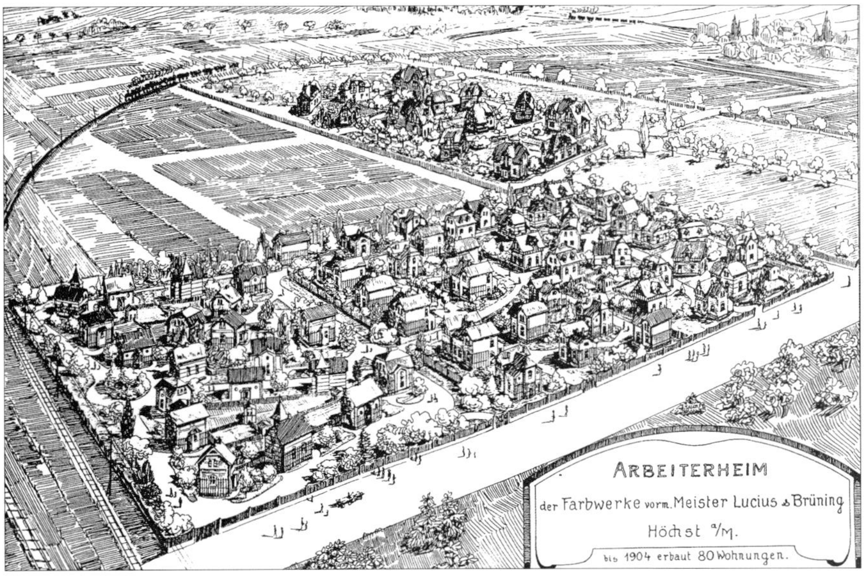

Arbeiterkolonie Zeilsheim, 1902

Arbeiterheim Höchst, 1904

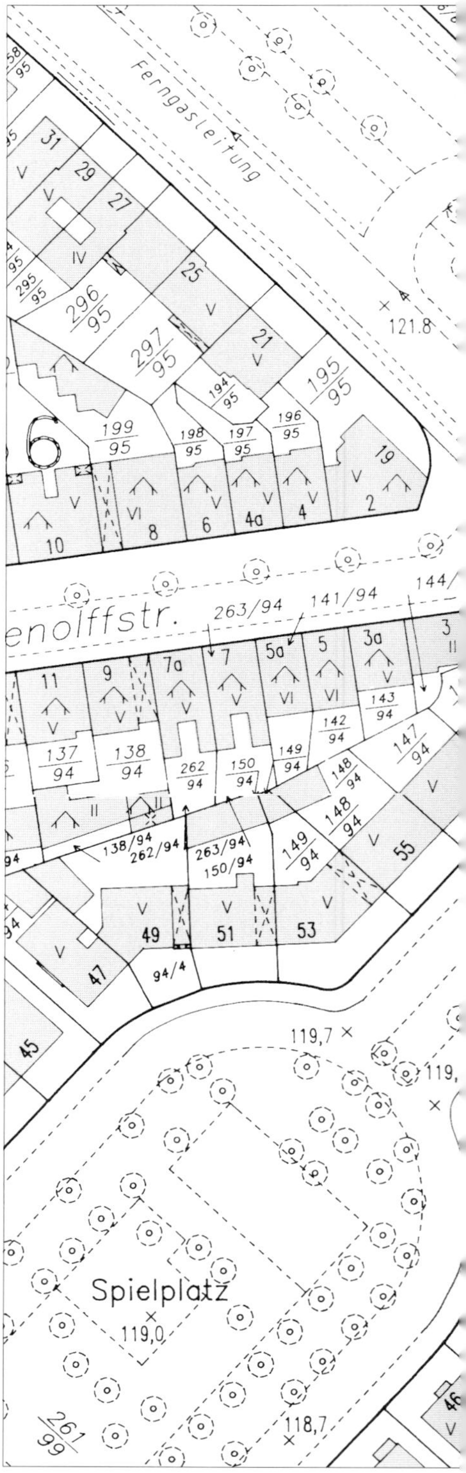

Ringstraßen und Alleen mit bepflanztem, breitem Mittelstreifen, geschlossene Mietshausbebauung und Vorgärten. Nordend, Rothschildallee, um 1900.

1890 BIS 1914

EINGEMEINDUNGEN
RINGSTRASSEN
WILHELMINISCHER WOHNUNGSBAU
EINWOHNERZAHL: 180.000 BIS 420.000

Die Stadt. Der Ausbau Frankfurts zur Industriestadt und Wirtschaftsmetropole vollendete sich in den letzten beiden Jahrzehnten des Kaiserreiches. Der planerisch versierte und kommunalpolitisch erfahrene Oberbürgermeister Franz Adickes war ein Glücksfall für Frankfurt (Amtszeit 1890 – 1912). Zum ersten Mal wurde eine großräumige Verkehrsplanung und vorausschauende Bodenpolitik betrieben. Die Stadt wuchs durch Zuzug und Eingemeindungen weiterhin erheblich: bereits 1895 230.000 Einwohner, 1910 415.000 Einwohner.

Das Straßensystem. Neue Bebauungspläne mit repräsentativen, aufwendig bepflanzten Alleen, die den Zuwachs an Verkehr aufnehmen sollten, wurden aufgelegt und auch umgesetzt. So entstand beispielsweise die Hohenzollernanlage (heute Friedrich-Ebert-Anlage) vor dem gleichzeitig im Aufbau begriffenen Messegelände mit der Festhalle oder die beidseitig mit einer doppelten Baumreihe bepflanzte und mit Reitwegen an ihren Seiten versehene Forsthausstraße (Kennedyallee) in Sachsenhausen als Magistrale eines großbürgerlichen Villengebietes. Eine zweite Ringstraße mit parkartigem Mittelstreifen wurde gleichsam als zweiter Boulevardring angelegt. Er umspannt von der Messe bis zum Röderbergweg die Stadt in weitem Bogen, band die neu eingemeindeten Vororte Bockenheim und Bornheim an und nimmt bis heute den Verkehr auf. Der großzügige, für damalige Verhältnisse verschwenderische Querschnitt der Straßen kommt heute dem motorisierten Verkehr zugute.
Die Aufschließung neuer Wohnquartiere erfolgte nach einem strengen, aber nachvollziehbaren und der Orientierung der Bewohner dienlichen Ordnungsprinzip. Ein in der Regel orthogonales Straßennetz mit punktuellen Aufweitungen und gezielten Platzsituationen unterschiedlicher Nutzungs- und Verweilqualität schuf die Voraussetzung für regelmäßig bebaubare Blocks. Nach Pariser Vorbild wurden auch Diagonalsysteme eingesetzt: so z.B. die Günthersburgallee.

Goethestraße/Kleine Bockenheimer Straße, um 191

Roßmarkt, Opernplatz, Zeil von Hauptwache nach Osten, um 1900

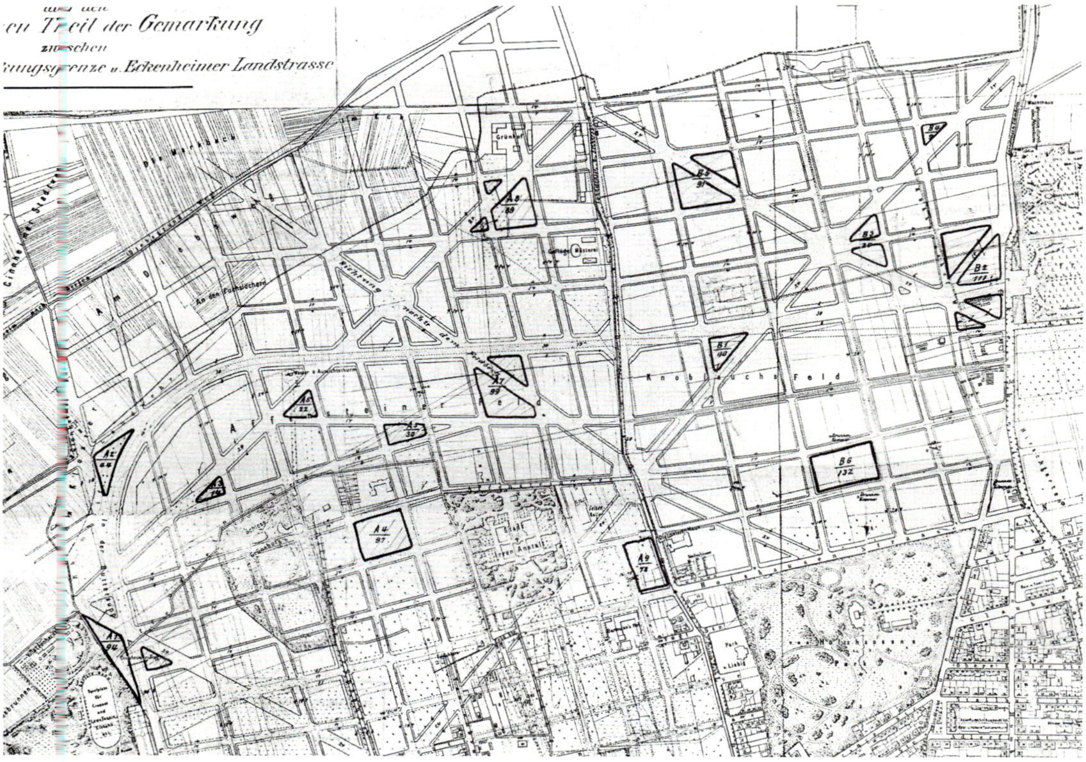

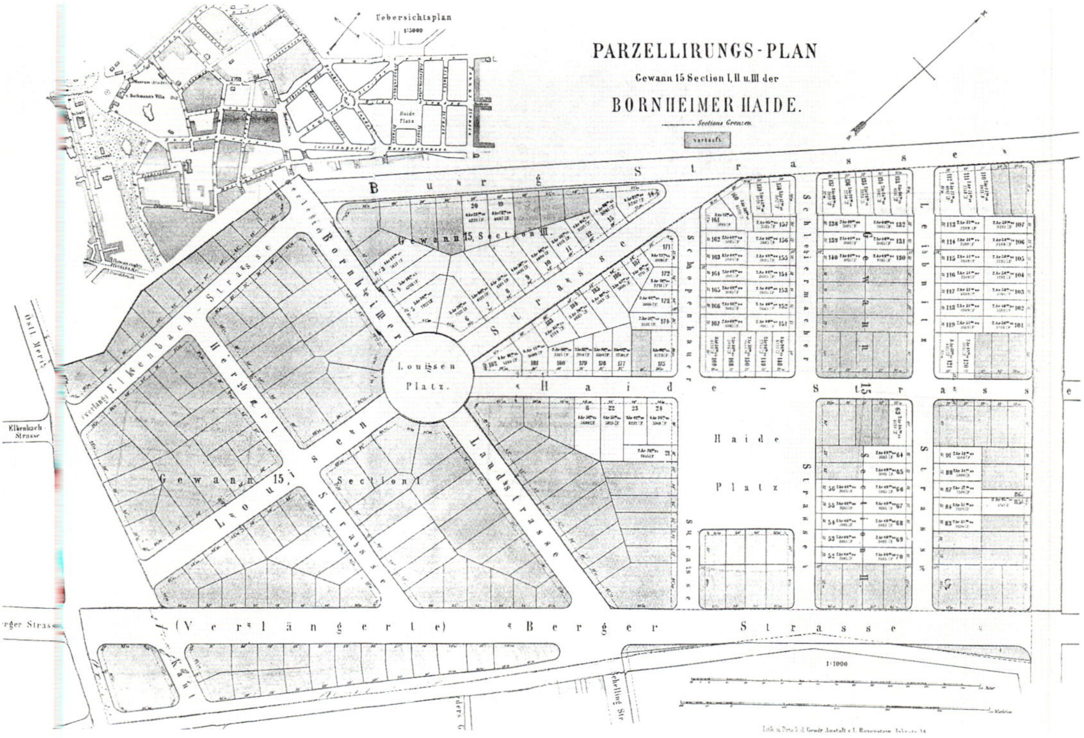

Fluchtlinienplan zwischen Sießmayer Straße und Eckenheimer Landstraße, um 1890

Parzellierungsplan Bornheimer Heide, um 1880

Spätwilhelminischer Wohnungsbau
Die Konsequenzen der Bauordnung des Oberbürgermeisters Miquel von 1884, die – ganz im Sinne der Bauherren – eine maximale Ausnutzung der Parzellen vorsah, waren für die dort lebenden Frankfurter hingegen schädlich. Erlaubt waren fünf Vollgeschosse, Brandmauer an Brandmauer, was bei den Zuschnitten der Grundstücke, die zu drei Vierteln überbaut werden durften, zu engen, lichtlosen Hinterhöfen führte.

Die Blocks des Bahnhofsviertels zeigen drastisch die Auswirkungen dieses investorenfreundlichen Baugesetzes im Innern der Karrees. Mit der Baupolizeiverordnung von 1891 und der Aufteilung in Wohngebiete, Mischgebiete und Industriegebiete sowie mit der neuen Bauordnung von 1896 konnte die Gefahr einer Mietskasernenstadt hingegen wieder abgewendet werden.

In der Zeit des Baubooms der Jahrhundertwende entstand in Frankfurt ein zweiter Stadterweiterungsgürtel als Abschluß und Arrondierung der gründerzeitlichen Bebauung der 70er und 80er Jahre mit Entwicklungsschwerpunkten im Nord- und Westend, im westlichen Sachsenhausen und im Bahnhofsviertel.

Ausschnitt aus aktueller Stadtgrundkarte, Bahnhofsviertel

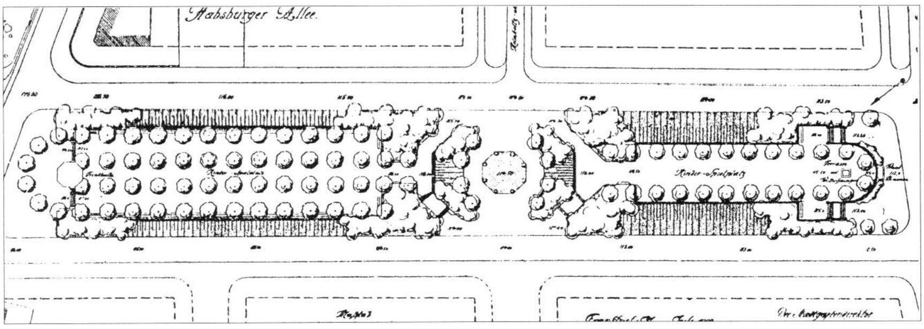

Gestaltungsplan Habsburger Allee

Rothschildallee

In der Bauart hielt man sich bis zum Ersten Weltkrieg konservativ an die historisierenden wilhelminischen Tendenzen im Reich, was sich auch im grundsätzlichen Beibehalten der Wohnungs- und Hausgrundrisse äußert. Die Wohnungsgrundrisse entsprachen jedoch bereits der neuen arbeitsteiligen, gesellschaftlichen und familiären Lebensform. Frankfurter Besonderheiten, die noch die spätklassizistische Architektur der 70er Jahre bestimmten, gingen zugunsten einer deutschen Neorenaissance in den 80er Jahren verloren. Sie wurde ihrerseits im Laufe der 90er Jahre vom wilhelminischen Barock abgelöst, der bis zum Ende des Kaiserreiches anhielt und mit ihm zu Ende ging. Vormoderne oder sezessionistische Strömungen hat es in Frankfurt in der Architektur der Jahrhundertwende nicht gegeben.

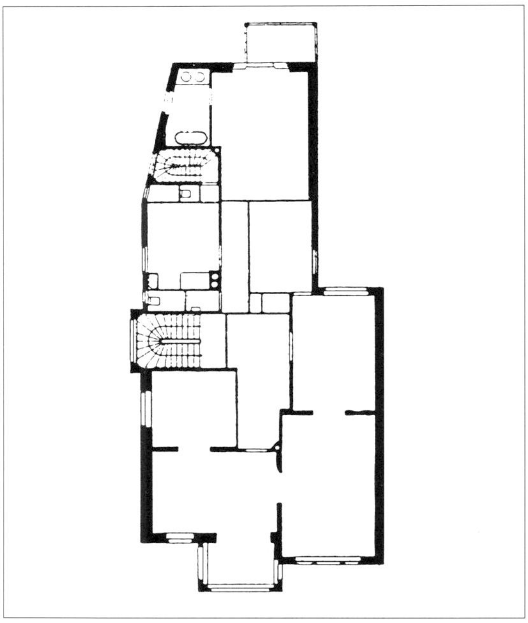

Grundriß „Haus Gerlach", Eppsteinerstraße 55

Hammanstraße 3, um 1910

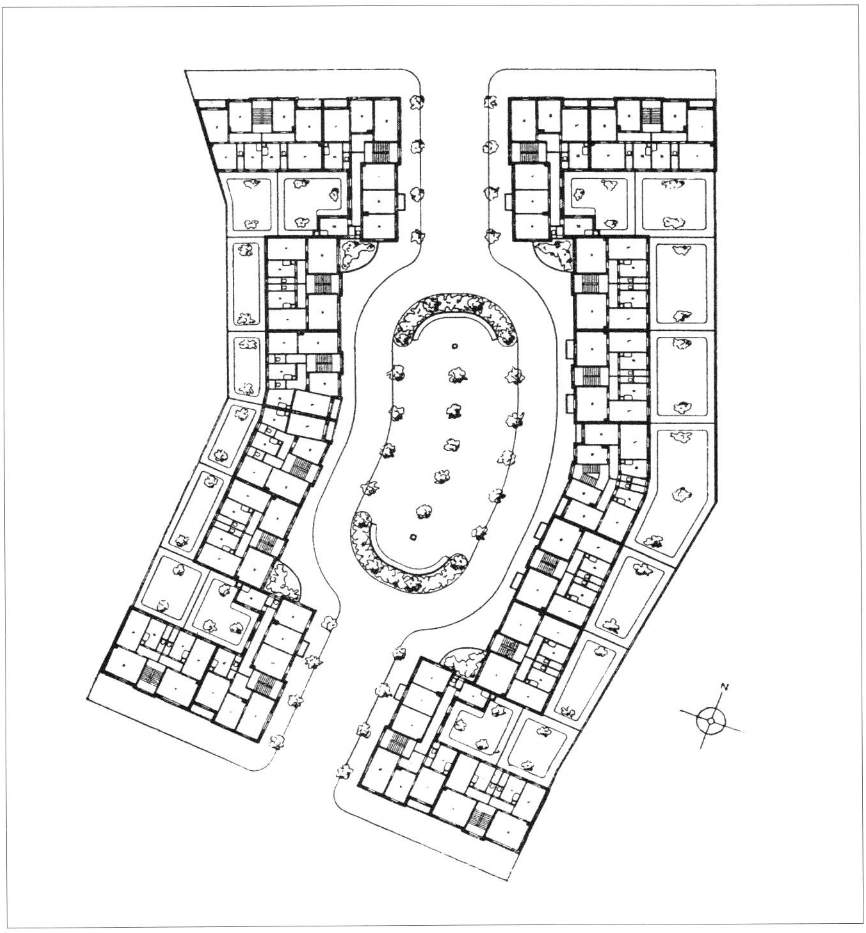

Throner Straße
Wohnblock der Gemeinnützigen Baugesellschaft, 1909-10.
2- und 3- Zimmer-Wohnungen in Form einer „Nachbarschaft“ um eine Parkanlage mit Erschließungsstraße. An den Rückseiten kleine Gärten.

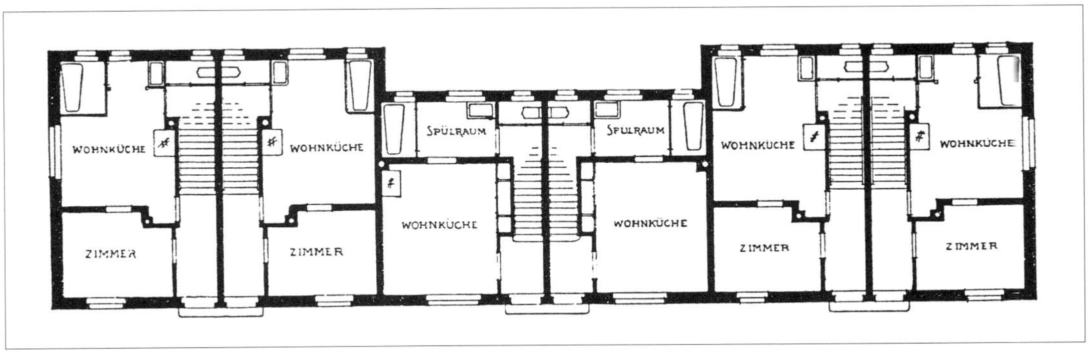

Riederwald
Volks-, Bau- und Sparverein. Reihenhäuser von 1909-10. Für jeweils 2 Familien nach dem Vorbild norddeutscher Kleinbauernkaten des 17. und 18. Jahrhunderts.

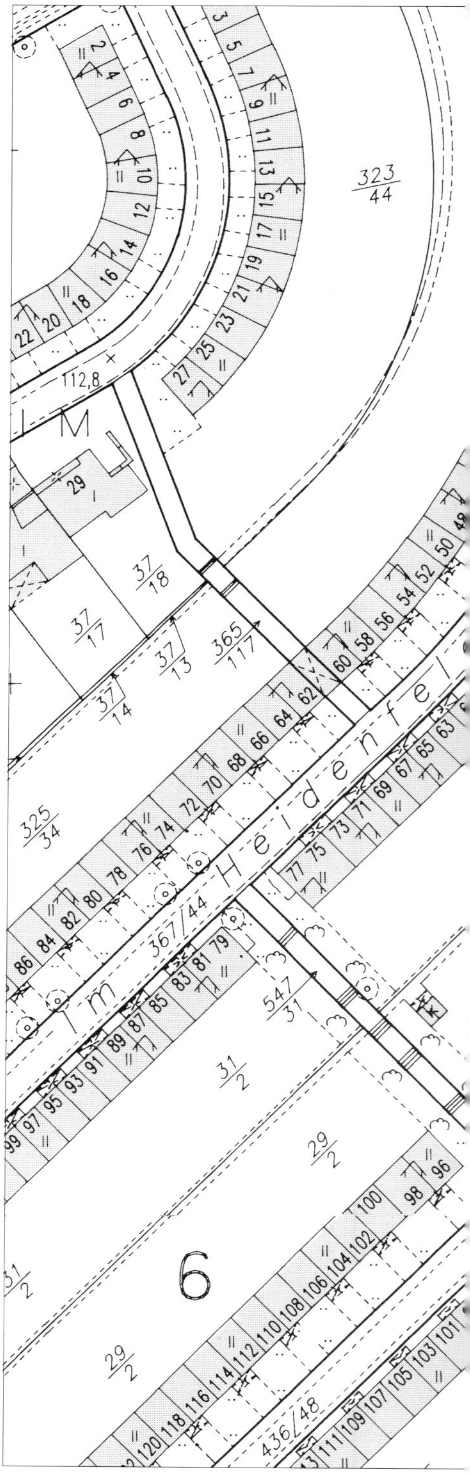

Zeilenbau der Zwanziger Jahre mit großzügiger Freiraumgestaltung und individuellen Gärten. Römerstadt 1927/28.

1920 BIS 1945

„DAS NEUE FRANKFURT"
SYSTEMATISCHER SIEDLUNGSBAU
AN DER PERIPHERIE
ZERSTÖRUNG DER ALTSTADT
EINWOHNERZAHL: 440.000 BIS 550.000

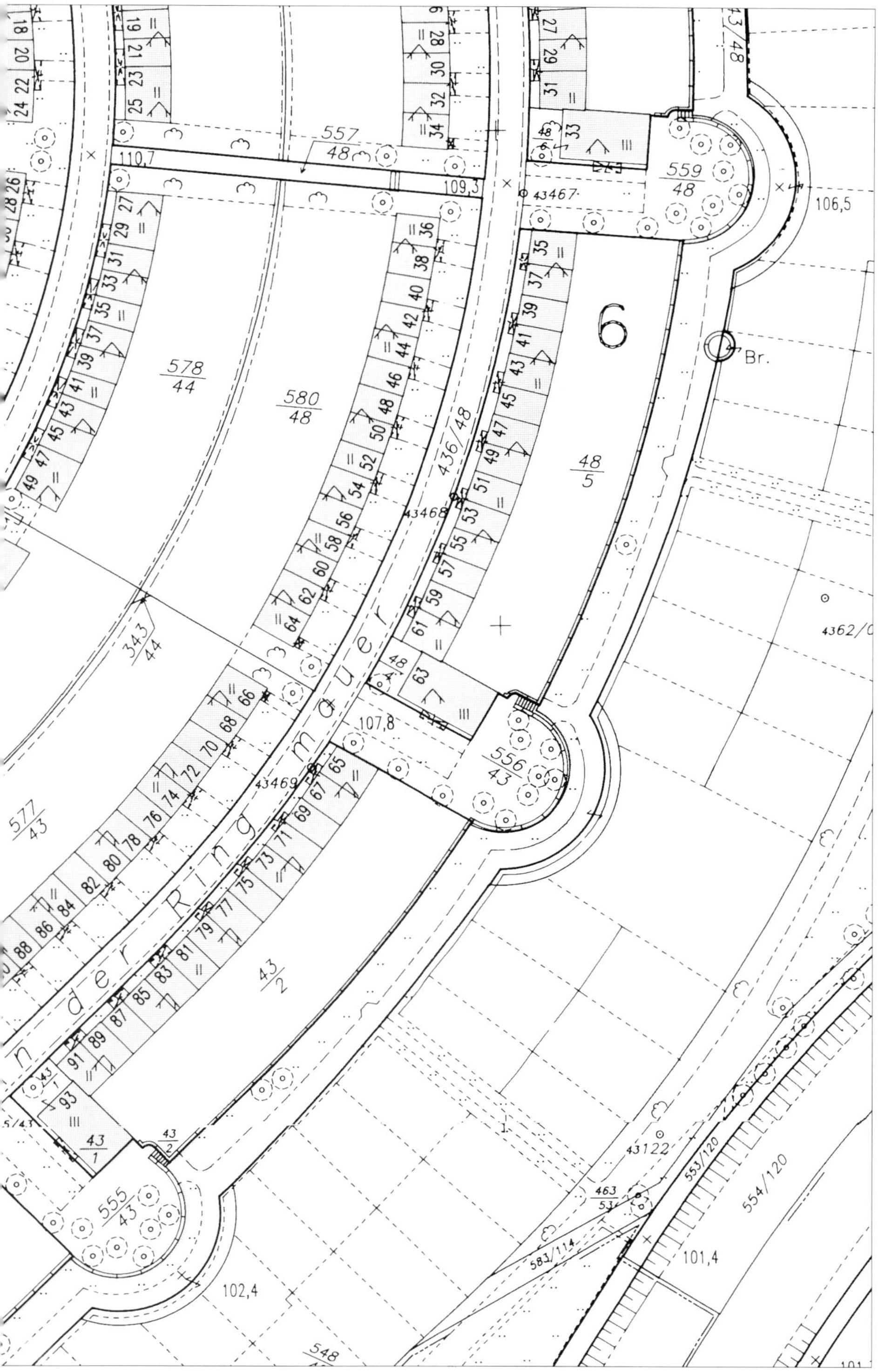

Die Stadt. Nach dem Ende des Kaiserreichs und der Revolution von 1918 kamen politische Kräfte in die Verantwortung, die die Lebensbedürfnisse des Menschen in der Architektur und Stadtplanung in den Vordergrund stellten. Ihr Ziel war es, mit der Schaffung menschenwürdigen, billigen Wohnraums und neuer Siedlungsmodelle auch neue Formen gemeinschaftlichen Lebens zu erproben. Der Massenwohnungsbau wurde dabei zur Grundlage neuer Ansätze im Städtebau. Unter dem Signum „Das Neue Frankfurt" wurde innerhalb kürzester Zeit die gesamte Stadtentwicklungs- und Wohnungspolitik, deren Bautätigkeit während des Ersten Weltkrieges und der Inflation völlig zum Erliegen gekommen war, auf neue Beine gestellt.

Ludwig Landmann, seit 1917 Planungsdezernent und seit 1924 Oberbürgermeister, und Stadtbaurat Ernst May konnten auf der Bodenpolitik von Oberbürgermeister Adickes (1890 - 1912) aufbauen, der um die Jahrhundertwende große Areale am Stadtrand billig als Ackerland erworben hatte. May legte um die ausgefransten Ränder der Stadt einen Gürtel von Siedlungen, die die Stadt einfassen, freie Grünräume sichern und gemeinsam mit den Großbauprojekten in der Stadt diese als Metropole und Regionalstadt neu definieren sollten. Dieses ehrgeizige Programm wurde in nur fünf Jahren verwirklicht. In dieser kurzen Phase wurden für 10% der Frankfurter Bevölkerung über 10.000 neue Wohnungen geschaffen. Über zwanzig Siedlungseinheiten wie Westhausen, Römerstadt, Bornheimer Hang oder Riederwald sind das Ergebnis dieser ebenso kurzen wie fruchtbaren Phase der Stadtentwicklung zwischen 1925 und 1930.

Die Leistungen des „Neuen Frankfurt" wurden von den Nationalsozialisten als Ausgeburten des Kulturbolschewismus verdammt. Die Gauleitung erwog, die Siedlungen abreißen oder wenigstens der nationalsozialistischen Bauideologie anpassen zu lassen. Der Wohnungsbau kam unter der Herrschaft der Nationalsozialisten jedoch weitgehend zum Erliegen. Nur die noch von May geplante Siedlung Goldstein wurde in Eigenhilfe der Siedler in vereinfachter Form als Behelfssiedlung weitergebaut.

Nach „Auskernung" und Sanierung von Teilen der Altstadt wurde diese für wenige Jahre zur operettenhaften Kulisse der Aufmärsche in der „Stadt des Handwerks", ehe sie im Feuersturm 1944 unterging.

Siedlung Römerstadt,
1927 - 28

Siedlung Bruchfeldstraße, 1926 - 2

Siedlung Höhenblick 1926 - 2

Siedlung Goldstein, Projekt 1929, nach 1932 als Stadtrandsiedlung für Erwerbslose realisiert

Die Siedlungen der Moderne: Abkehr vom Block zur Zeile

Nachdem die Stadt bis zum Ersten Weltkrieg im wesentlichen in konzentrischen Ringen gewachsen war, wurden die Siedlungen von Ernst May als selbständige Einheiten mit Abstand zur Innenstadt entwickelt, jedoch als Trabanten auf die Stadt bezogen. Aus der Addition und Kombination typisierter Wohnungseinheiten entstanden, je nach topographischen Gegebenheiten, die 20er Jahre-Siedlungen als sehr unterschiedliche Gebilde, vergleicht man etwa die Römerstadt von 1927/28 (1.220 Wohnungen) und Westhausen von 1929-31 (1.532 Wohnungen). Aus dem Bestreben, jeder Wohneinheit den gleichen Anteil an Licht, Belüftung, Freifläche und Lage zum Verkehr zu sichern, wurde der neuartige Zeilenbau entwickelt – eine Absage an die enge, zum Teil licht- und luftlose Überbauung der Baublöcke. Die Wohneinheiten wurden zeilenartig an Wohnstraßen aneinandergereiht, die in größeren Abständen von Fahrstraßen erschlossen wurden. Diese Trennung von Wohnen und Verkehr und die Bedeutung, die das individuelle Zier- und Nutzgrün und die übergreifende Grünplanung erfuhren, waren das Bestimmende der vielbeachteten Siedlungen des „Neuen Frankfurt".

Römerstadt, Treuner, 1929 und 1930

Haus- und Wohnungsgrundrisse

Die neuen Intentionen des Städtebaus gingen einher mit einer Typisierung der Wohnungen und der Mechanisierung der Wohnungsproduktion als Grundlage für eine rationelle Bauweise der Siedlungen. Auf der Basis größter Sparsamkeit wurden flächen- wie kostensparende Typengrundrisse von 2-Zimmer-Wohnungen mit 48 qm bis zu 4-Zimmer-Wohnungen, bzw. Einfamilien-Reihenhäuser von 88 qm entwickelt und zum Teil in Tafelbauweise realisiert.

Die Wohnungen besaßen alle die auf kleinstem Raum nach arbeitsökonomischen Gesichtspunkten untergebrachte „Frankfurter Küche", die erste Einbauküche in Serienfabrikation.

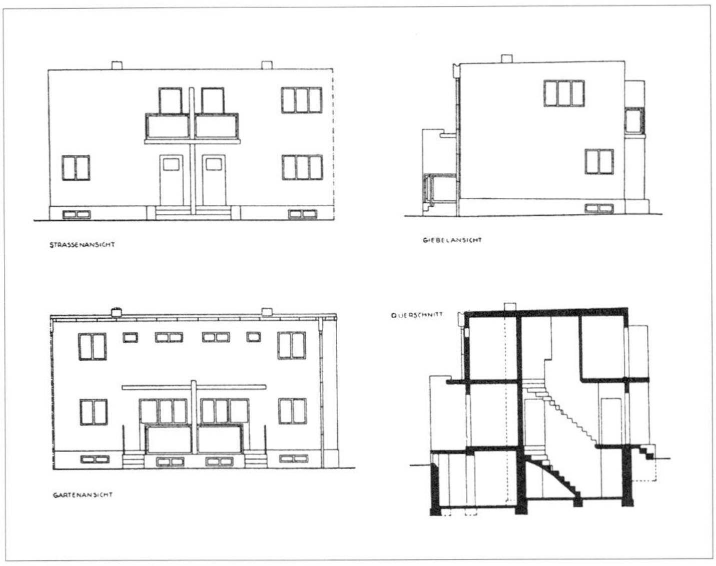

Praunheim: Schnitt eines Plattentyps, Plattenbauweise und Ansicht

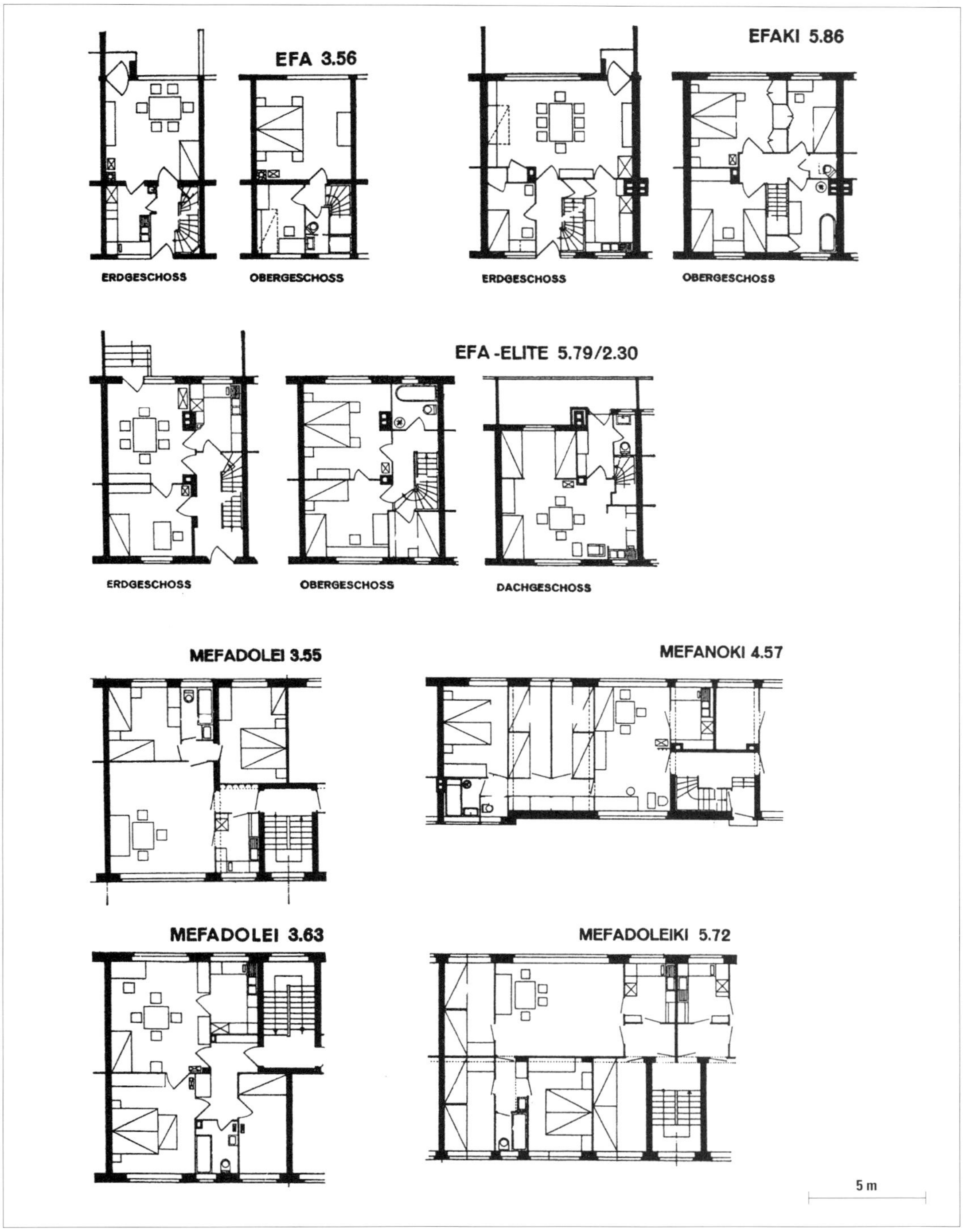

Frankfurter Typengrundrisse

Die erste Ziffer bedeutet Anzahl der Zimmer, die zweite Ziffer die Wohnfläche in qm.

Erklärung der Bezeichnungen:

Efa	Einfamilienhaus
Efaki	Einfamilienhaus für Kinderreiche
Efa-Elite	Einfamilienhaus mit Einliegerwohnung und Dachterrasse
Mefanoki	Mehrfamilienhaus, Nordlagentyp für Kinderreiche
Mefadolei	Mehrfamilienhaus mit Doppelleitungen
Mefadoleiki	Mehrfamilienhaus mit Doppelleitungen, für Kinderreiche

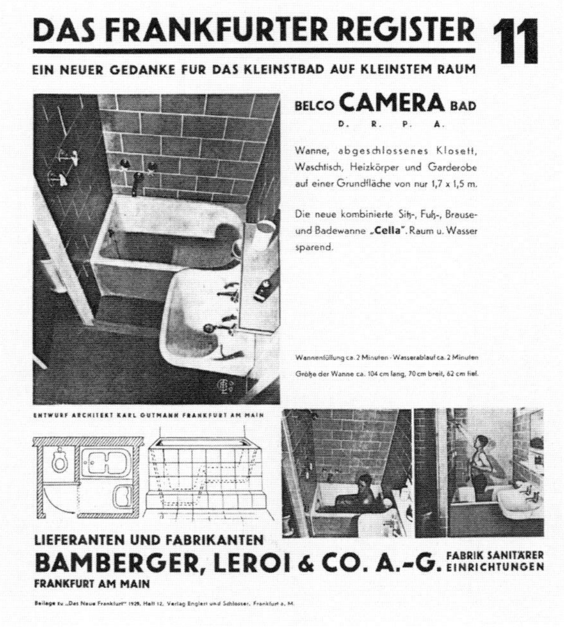

Blick in eine Wohnung mit „Frankfurter Küche"

„Das Neue Register" Beilage zu „Das Neue Frankfurt"

Wohn- und Schlafraum Schusterblock, Siedlung Römerstadt

Blick in eine Altstadtwohnung, um 1930

Die Frankfurter Altstadt, 1936

Siedlung Westhausen

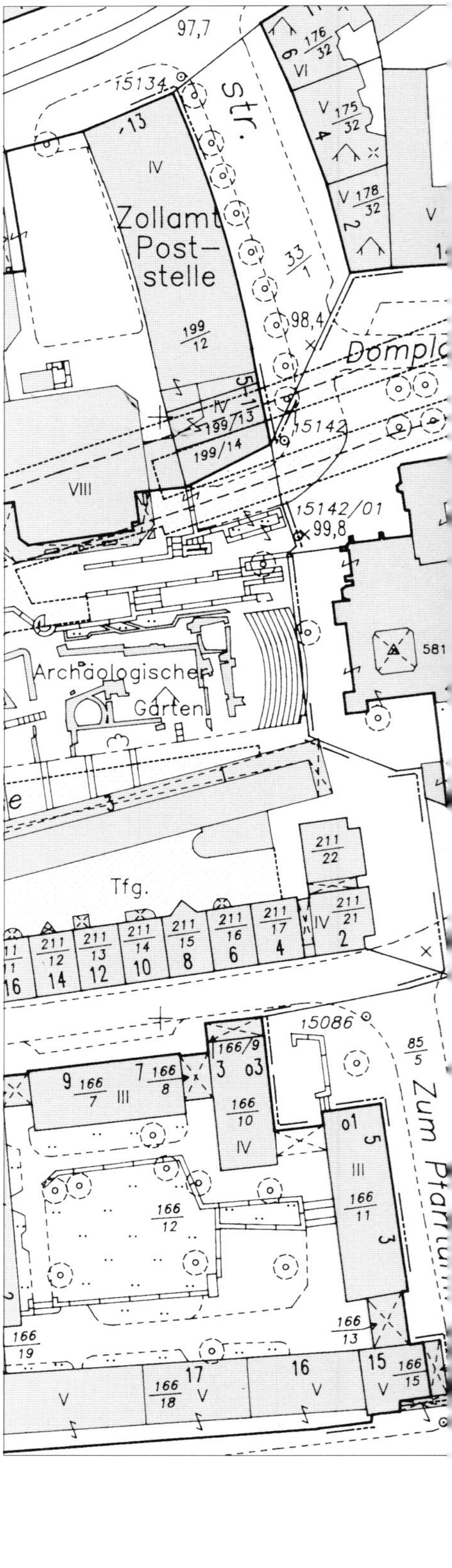

Neuaufbau der Altstadt, geschlossene Straßenzeilen mit großen, begrünten Innenhöfen.

1945 BIS 1960

WIEDERAUFBAU
NEUAUFBAU
NEUE WOHNSIEDLUNGEN
EINWOHNERZAHL: 270.000 BIS 680.000

Die Stadt. Mit der Altstadt waren große Teile der Innenstadt im Flächenbombardement des Zweiten Weltkrieges ausgelöscht worden. Im Grad der Zerstörung lag Frankfurt mit an der Spitze der deutschen Städte. Mehr als ein Drittel der Wohnungen war völlig zerstört, ein weiteres Drittel stark beschädigt. Zwölf Millionen Tonnen Schutt waren abzuräumen, wiederverwendbares Baumaterial und Schutt wurden von Trümmerfrauen und -männern sortiert und der gemahlene Schutt unter Zugabe von Zement zu TVG-Steinen (Trümmer-Verwertungs-Gesellschaft), dem Grundmaterial des Aufbaus, geformt.
Ein Großteil der Bevölkerung war 'ausgebombt' und fand in den äußeren Gebieten oder im Umland Zuflucht. Gewohnt wurde auf Trümmern, in Erdgeschossen oder Kellern halbzerstörter Häuser oder in Behelfsbaracken. Doch durch die ungeheuere Wiederaufbauleistung wurden bereits 1955 wieder 600.000 Einwohner in der Stadt gezählt.

Titelseite „Zeit und Bild", Sondernummer, um 1955

Altstadt und Innenstadt. Der Schwerpunkt des Wiederaufbaus von Frankfurt bezog sich zunächst auf die völlig zerstörte Altstadt. Um die städtebaulichen Fragen des Neuaufbaus, besonders der Altstadt, wurde zwischen Traditionalisten und Modernen heftig gestritten. Das Ergebnis war ein Kompromiß, der die Erhaltung der wichtigsten, ausgebrannt stehenden Baudenkmäler und die Beibehaltung der Grundform des Römerbergs vorsah. Das mittelalterliche Gassensystem wurde aufgegeben, die Bebauung sollte innerstädtischen Charakter erhalten und in neuen, zeitgemäßen Formen errichtet werden.
Der Kern der ehemaligen Altstadt wurde nicht Verwaltungszentrum für die Bundesbehörden, wie vorgeschlagen, sondern im Sinne einer Nutzungsmischung bewußt als bescheidenes Wohnviertel mit Einzelhandelsläden konzipiert. Im zurückgenommenen Anspruch der leichten und sparsamen Wohnarchitektur im Zentrum der Stadt liegt auch der Versuch, mit einer weitgehend von Ideologie entlasteten Architektursprache die Schuld des Verlustes zu sühnen. Das Ergebnis ist ein aufgelockerter Siedlungsbau mit viergeschossigen Baublocks, begrünten und ruhigen Innenhöfen und überbauten Durchgängen. Gleichzeitig entstanden die Ost-West-Achse (Berliner Straße) und die Nord-Süd-Achse (Kurt-Schumacher-Straße) als neue Magistralen, die den zu erwartenden Verkehr aufnehmen sollten. Ende der 50er Jahre war der Aufbau der Innenstadt weitgehend abgeschlossen. Erste Hochhäuser wuchsen aus der alten Stadtsilhouette, das AEG-Verwaltungsgebäude in Sachsenhausen, das Fernmeldehochhaus und das Bienenkorb-Haus an der Zeil/Konstabler Wache.

Neugestaltungsplan der Innenstadt, von 1952

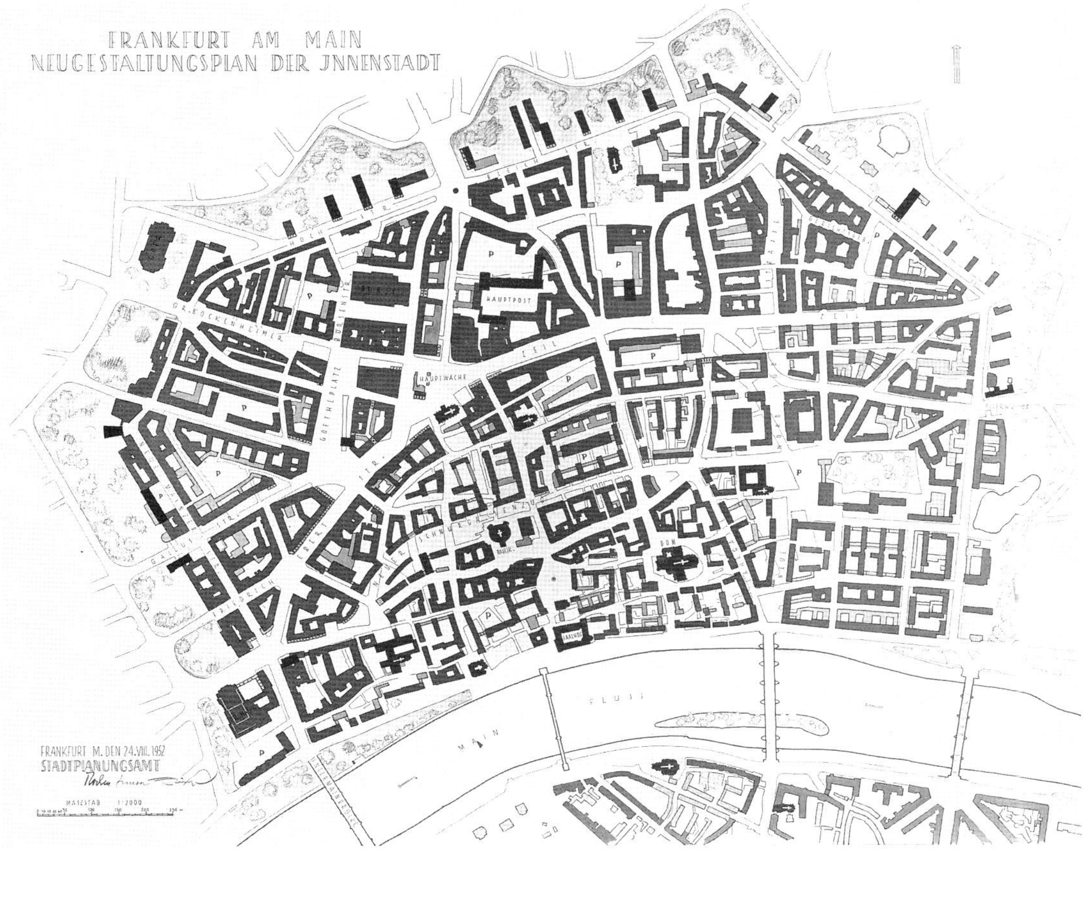

Domumgebung, Bebauung von 1953

Altstadt zwischen Schnur- und Töngesgasse, Bebauungsplan von 1952, Vorkriegsbebauung

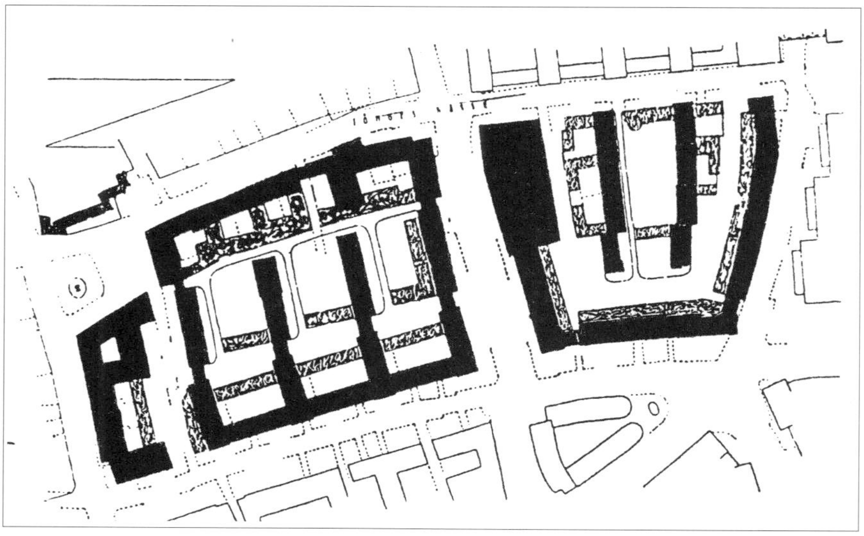

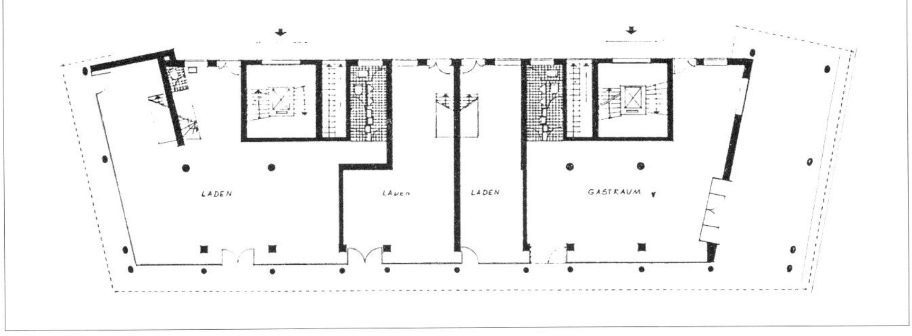

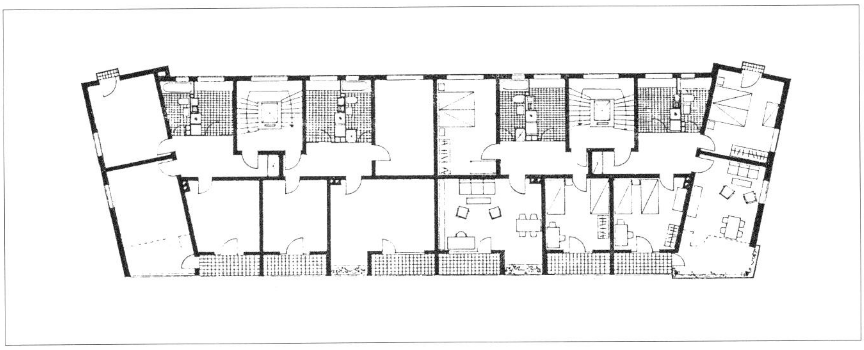

Berliner Straße, 1952

Überbauter Durchgang

Fahrgasse, 1955
Sicht von Süden,
Grundriß Erdgeschoß
und Obergeschosse

Systematischer Wohnungsbau
Ein systematischer Wohnungsneubau in großen Einheiten setzte nach der Währungsreform 1948 ein. Erste Beispiele sind die Siedlung Berkersheimer Weg für Bundesbedienstete oder die Bizonale Siedlung an der Mainzer Landstraße durch die Frankfurter Aufbau AG. Beide Siedlungen wurden 1948/49 in einem Zeilensystem errichtet, das an die großen Vorbilder der 20er Jahre anknüpfte, allerdings in weniger dichter Bauweise mit konventionellem und damals auch billigerem Satteldach und bescheidenen Wohnungszuschnitten mit Ofenheizung.

Die Schaffung neuen Wohnraums vollzog sich in dieser Form vor allem an der Peripherie der Stadt auf der Grundlage des Stadtentwicklungsplanes Ernst Mays aus dem Jahre 1925. In Ergänzung bereits bestehender Siedlungseinheiten folgte der Wohnungsbau dem Leitbild der Funktionstrennung und der somit „gegliederten Stadt". So entstanden 1951-55 die Dornbusch-Siedlung in Eschersheim und die Fritz-Kissel-Siedlung in Sachsenhausen, um nur zwei aus der großen Anzahl der Siedlungen der 50er Jahre zu nennen. Von Kriegsende bis 1960 sind in dieser Weise rund 130.000 Wohnungen erstellt worden, überwiegend in mehrgeschossiger Bauweise und in zeilenartiger Anordnung.

Ausgehend von skandinavischen und amerikanischen Vorbildern wurde eine offenere, ‚aufgelockerte" Bauweise entwickelt. Die Wohnzeilen sind dabei nicht rechtwinklig in ein sich wiederholendes Schema eingeordnet, sondern orientieren sich am Verlauf der Verkehrs- und Wohnstraßen. Sie sind locker gegliedert, entsprechend den Vorgaben des Geländes und den natürlichen Gegebenheiten, und erscheinen im Grundriß wie geschüttelt oder aus der Achse verrutscht angeordnet, in der Absicht, der Monotonie zu entgehen. Trotz aller Sparsamkeit der Zeit entstanden so anspruchsvolle Architektur- und Freiraumabfolgen, die auch in der Behandlung des Grüns im Verhältnis zur Architektur neue Qualitäten des Wohnens in der Stadt entwickelten.

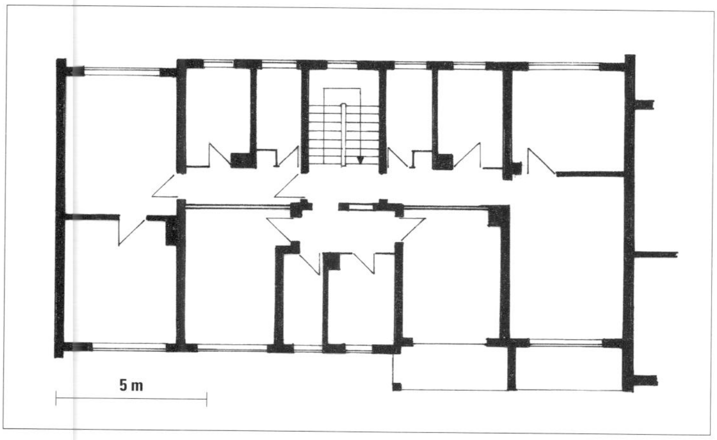

Fritz-Kissel-Siedlung, 1951-55, Häuserzeile und Hochhaus, Grundriß Erdgeschoß

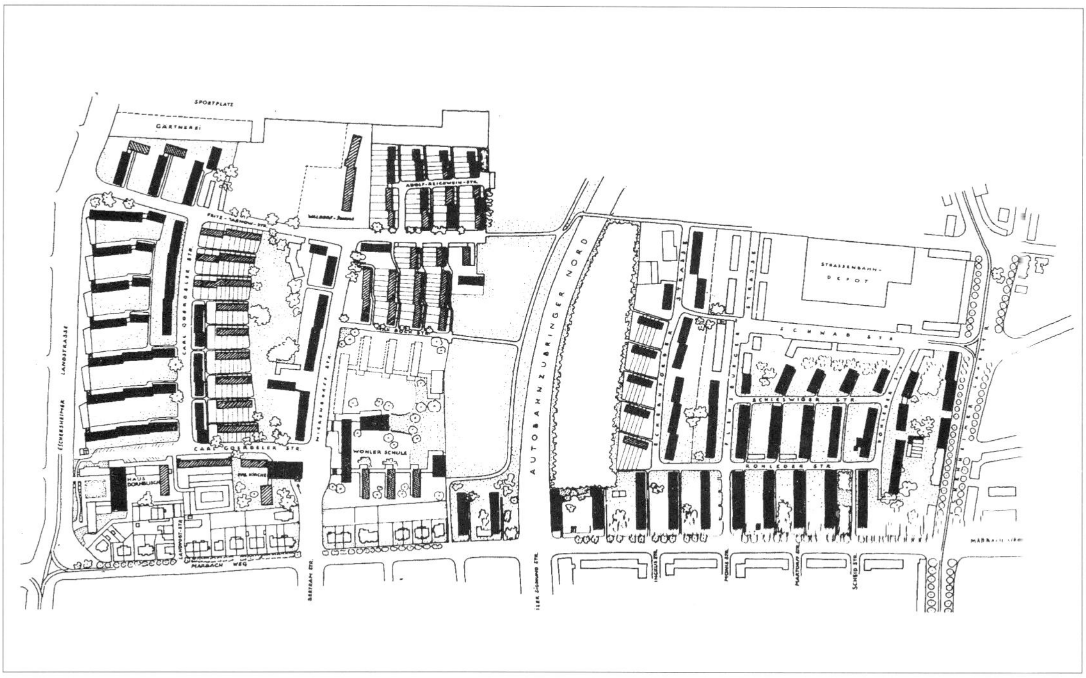

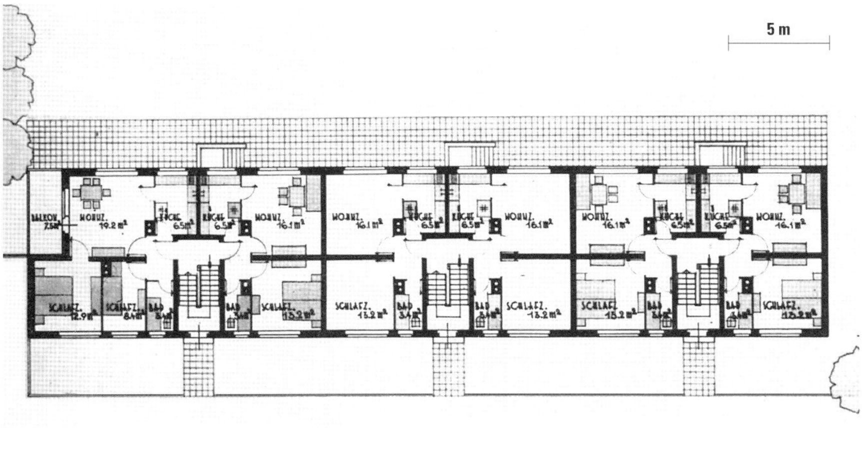

Dornbusch-Siedlung, 1954-55, Bebauungsplan

Eberhard-Wildermuth-Siedlung, 1952-55, Ansicht und Grundriß Erdgeschoß

Albert-Schweitzer-Siedlung, 1950-60, Schrägluftbild, Häuserblock

Carl-Sonnenschein-Siedlung, 1961-62

Adolf-Miersch-Siedlung, 1956-61, Detail Balkonverkleidung, Entspannung im Abstandsgrün und Blick in Straßenzug

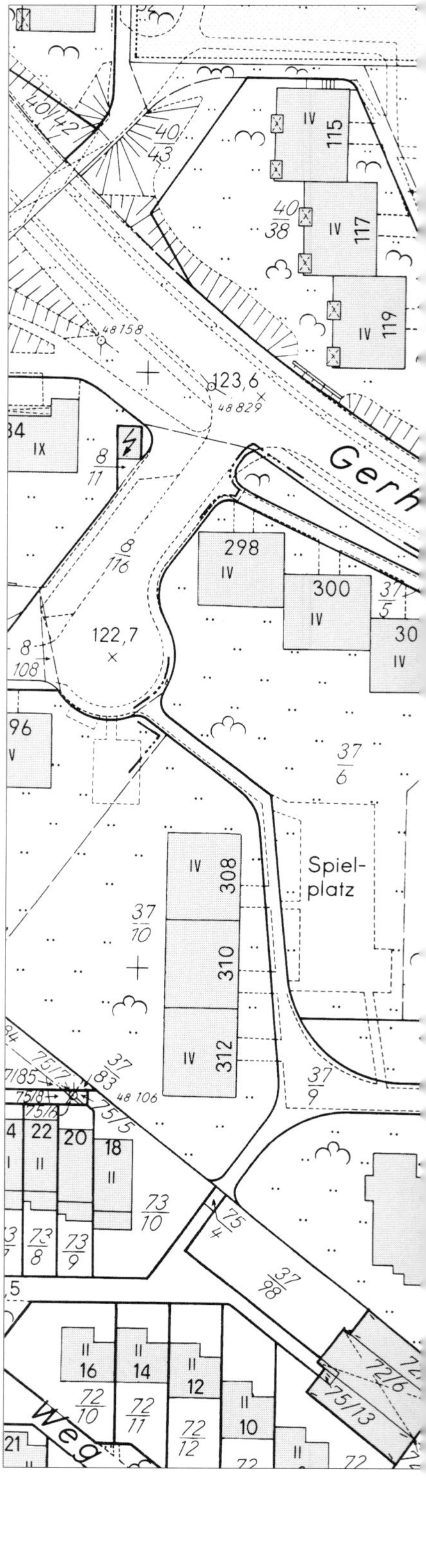

Mischung und Dichte, Nachbarschaften mit gemeinsamen Grünräumen, Punkthochhäuser, Reihenhäuser. Entflechtung des Verkehrs.

SECHZIGER JAHRE

DIE TRABANTENSTADT

EINWOHNERZAHL: UM 680.000

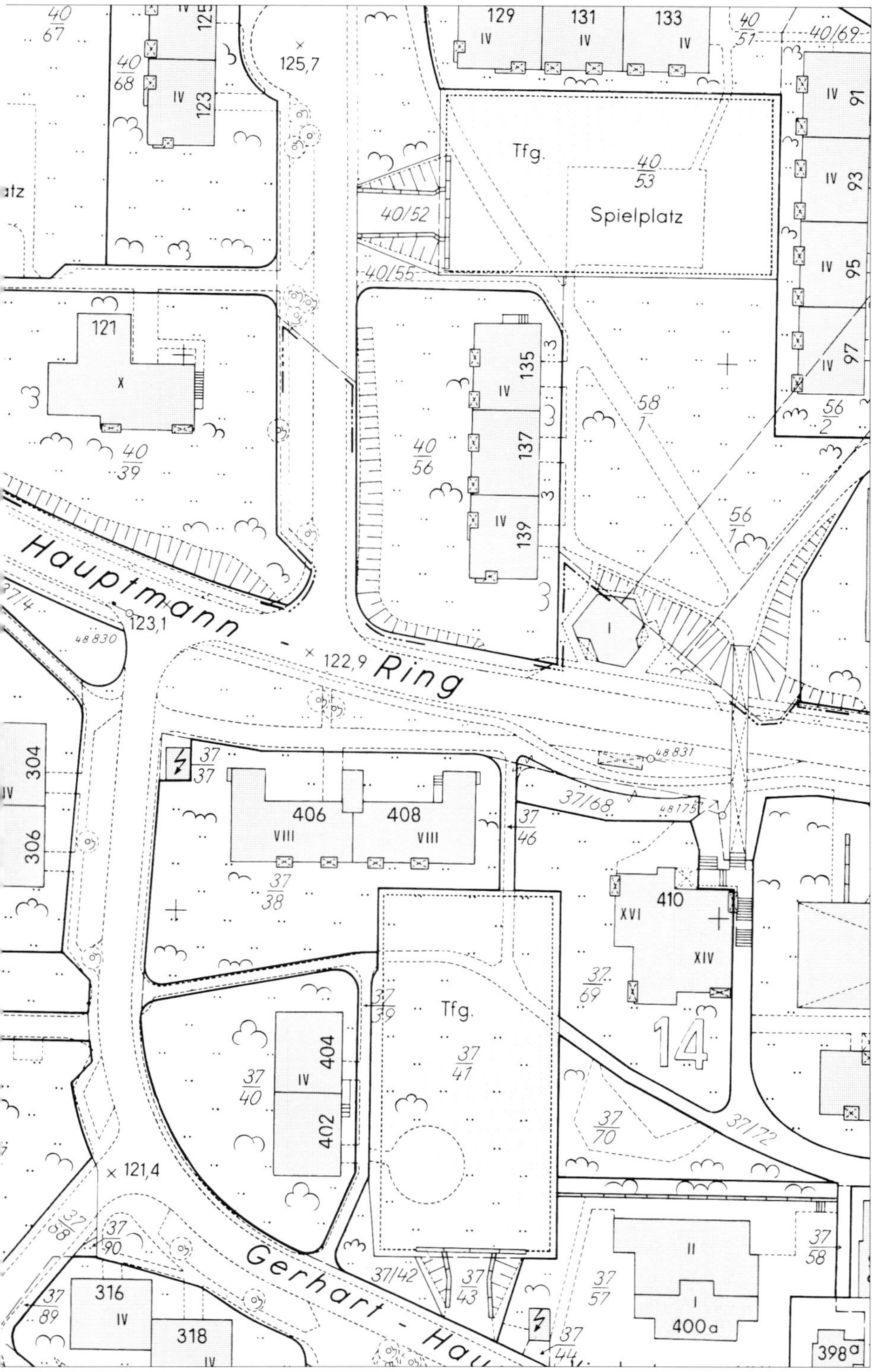

Die Stadt. Trotz der enormen Wiederaufbauleistung führte der wirtschaftliche Aufschwung in der Stadt zu weiteren Problemen in der Wohnraumversorgung der Bevölkerung. Frankfurt entwickelte sich in den 60er Jahren mehr und mehr zur „wirtschaftlichen Hauptstadt" der Republik. Die ortsansässige Bevölkerung konnte den Arbeitsplatzbedarf nicht mehr decken, und durch Zuzug ortsfremder Bürger wurde so der vorhandene Wohnungsengpaß weiter verschärft. Hinzu trat der durch wirtschaftlichen Aufschwung und zunehmenden Wohlstand bedingte rasche Anstieg des Verbrauchs an Wohnfläche je Einwohner.
Die in den 50er Jahren praktizierten aufgelockerten und wenig dichten Bau- und Siedlungsformen waren angesichts des Wohnungsbedarfs und wachsender Ansprüche der Bewohner nicht mehr ausreichend. Neue Wege des Wohnungsbaus mußten beschritten werden. In den 60er und 70er Jahren stand nicht mehr nur die Ergänzung vorhandener Siedlungsgebiete im Vordergrund der Stadtplanung, sondern die gezielte Planung neuer Entlastungsstandorte „auf der Grünen Wiese" vor den Toren der Innenstadt wurde zum planerischen Leitbild. Herausragendes und bedeutendstes Beispiel dieser Epoche des Städtebaus ist die Nordweststadt im Frankfurter Norden.
Dennoch wurde die Baulandausweisung im Umland der Stadt bedeutender als die in Frankfurt selbst. Das architektonische Leitbild bürgerlichen Wohnens, das freistehende Einfamilienhaus, rückte mit zunehmendem Wohlstand mehr und mehr in den Vordergrund. Der damit verbundene Freiflächenverbrauch, der weiter ansteigende Wohnflächenkonsum und der Ausbau der Verkehrsinfrastruktur lösten somit erste nennenswerte Stadt-Umland-Wanderungen aus. Die Einwohnerzahl Frankfurts wuchs daher in den 60er Jahren kaum an.

Nordweststadt

Urbanität durch Mischung und Dichte: Die Nordweststadt. 1959 wurde ein Großprojekt begonnen, welches das neue städtebauliche Leitbild großer Subzentren vor den Toren der Stadt in die Praxis umsetzte: die Nordweststadt. Als autonomer Trabant mit 7.800 Wohnungen, davon 10% in Einfamilienhäusern und 90% in zwei- bis sechzehngeschossigen Mehrfamilienhäusern, mit einem Kultur- und Geschäftszentrum, ist die Nordweststadt eine Weiterentwicklung der Idee der „Raumstadt" von Walter Schwagenscheidt. Grundidee war die Zuordnung verschieden hoher Baukörper, um differenzierte Räume zu schaffen, in denen sich eigene Nachbarschaften entwickeln konnten.

W. Schwagenscheidt u.
Thassilo Sittmann,
Nordweststadt

Strukturen der Nordweststadt

Sämtliche Wohnungen in der Nordweststadt sind streng in Ost-West- oder Nord-Süd-Richtung ausgerichtet, um ein Optimum an Besonnung zu erreichen. Die Grundrisse sind so ausgelegt, daß kein Wohn- oder Schlafzimmer nach Norden orientiert ist. Die unterschiedlichsten Bauformen erzielten dennoch eine neue, bis dahin im Wohnungsbau nicht gekannte Verschiedenartigkeit der Wohnformen im Massenwohnungsbau.

Die verschiedenen Verkehrsarten in der Nordweststadt wurden entflochten und durch eigenständige Netze voneinander getrennt. Fußgänger erhielten ihre eigenen Wege, die das in der Art eines Landschaftsparks gestaltete Gelände durchziehen. Der Kraftfahrzeugverkehr erschließt – unbehindert – die einzelnen Baugruppen (Nachbarschaften), die letzlich nur über Sackgassen erreichbar sind, was allerdings die Orientierung im Quartier erheblich einschränkt.

1968 war die Nordweststadt vollendet und bot 25.000 Einwohnern Platz. In der Stadtplanung sprach man von „Verflechtung", was die Zuordnung der Baukörper aufeinander, die Beziehung auf das Geschäfts- und Kulturzentrum, die Mischung der Bauformen – vom Hochhaus bis zum Einfamilienhaus – und damit auch die Mischung der Bevölkerungsgruppen betrifft. Im Ergebnis ist die Nordweststadt das differenzierteste und gelungenste Beispiel unter den Trabantenstädten dieser Zeit. Die zeitgleiche Errichtung sozialer Infrastruktureinrichtungen und die Anbindung an den öffentlichen Nahverkehr machten den Stadtteil von Anfang an funktionstüchtig und bis heute lebensfähig.

Nordweststadt

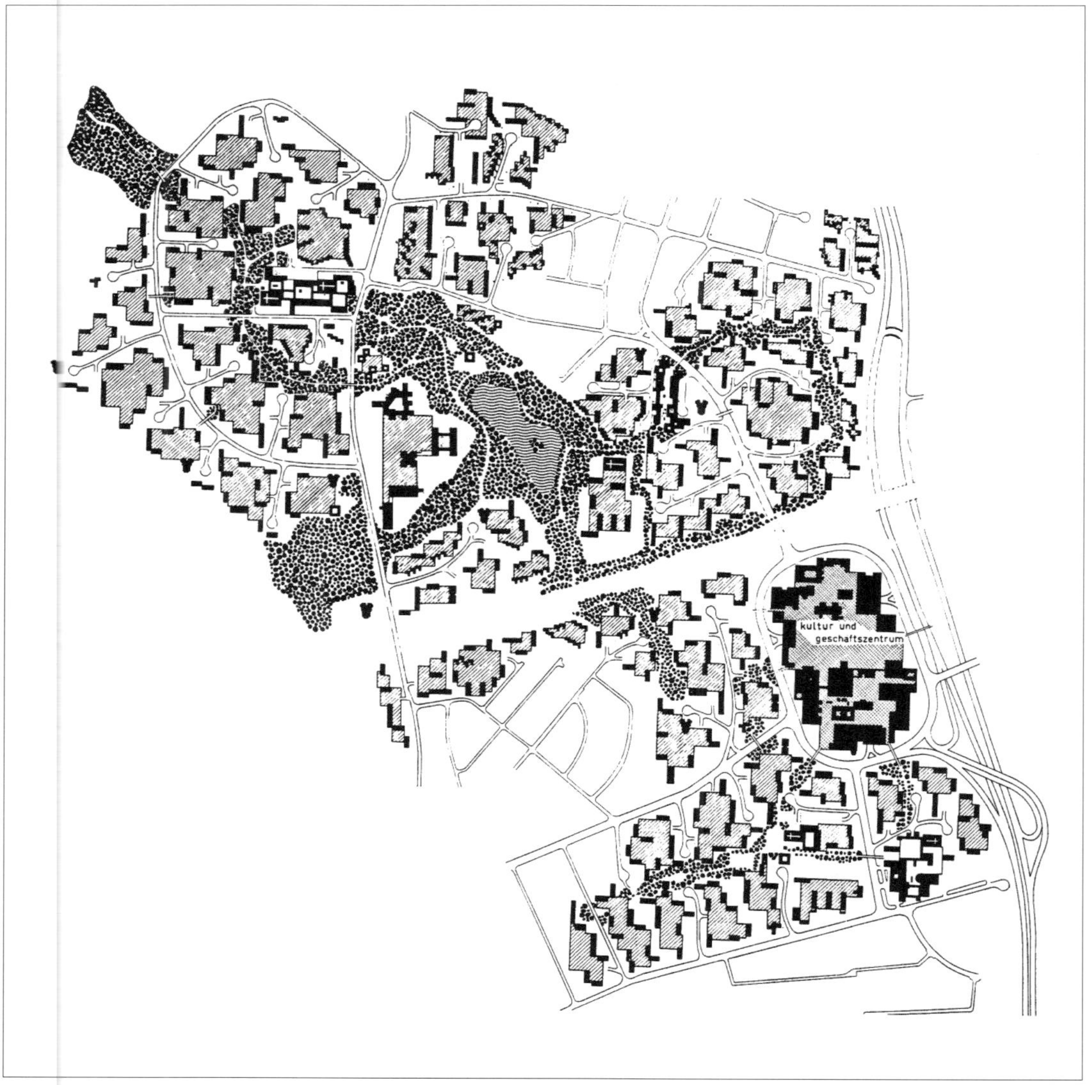

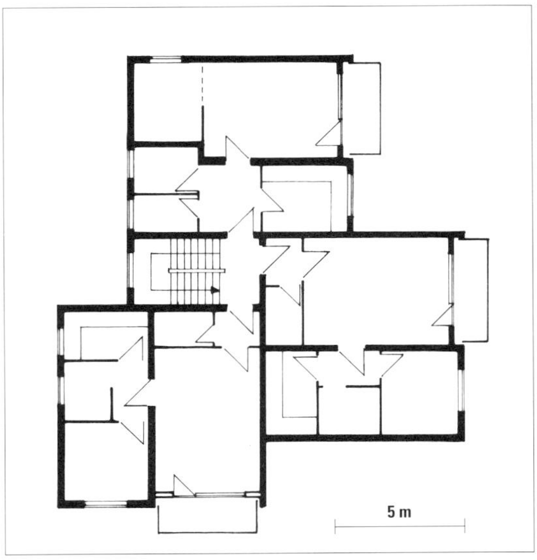

Nordweststadt

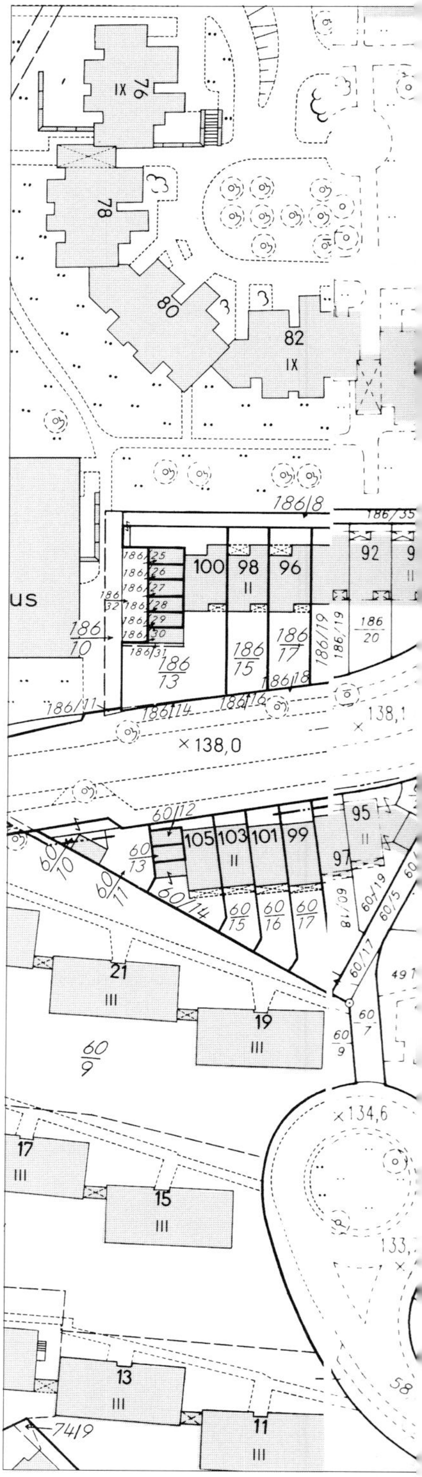

Monofunktionale Großformen, weitläufige, von einander isolierte Freiräume.

SIEBZIGER JAHRE

HOCHHAUSKRITIK
WIEDERENTDECKUNG DES HISTORISCHEN QUARTIERS
EINWOHNERZAHL: 670.000 BIS 630.000

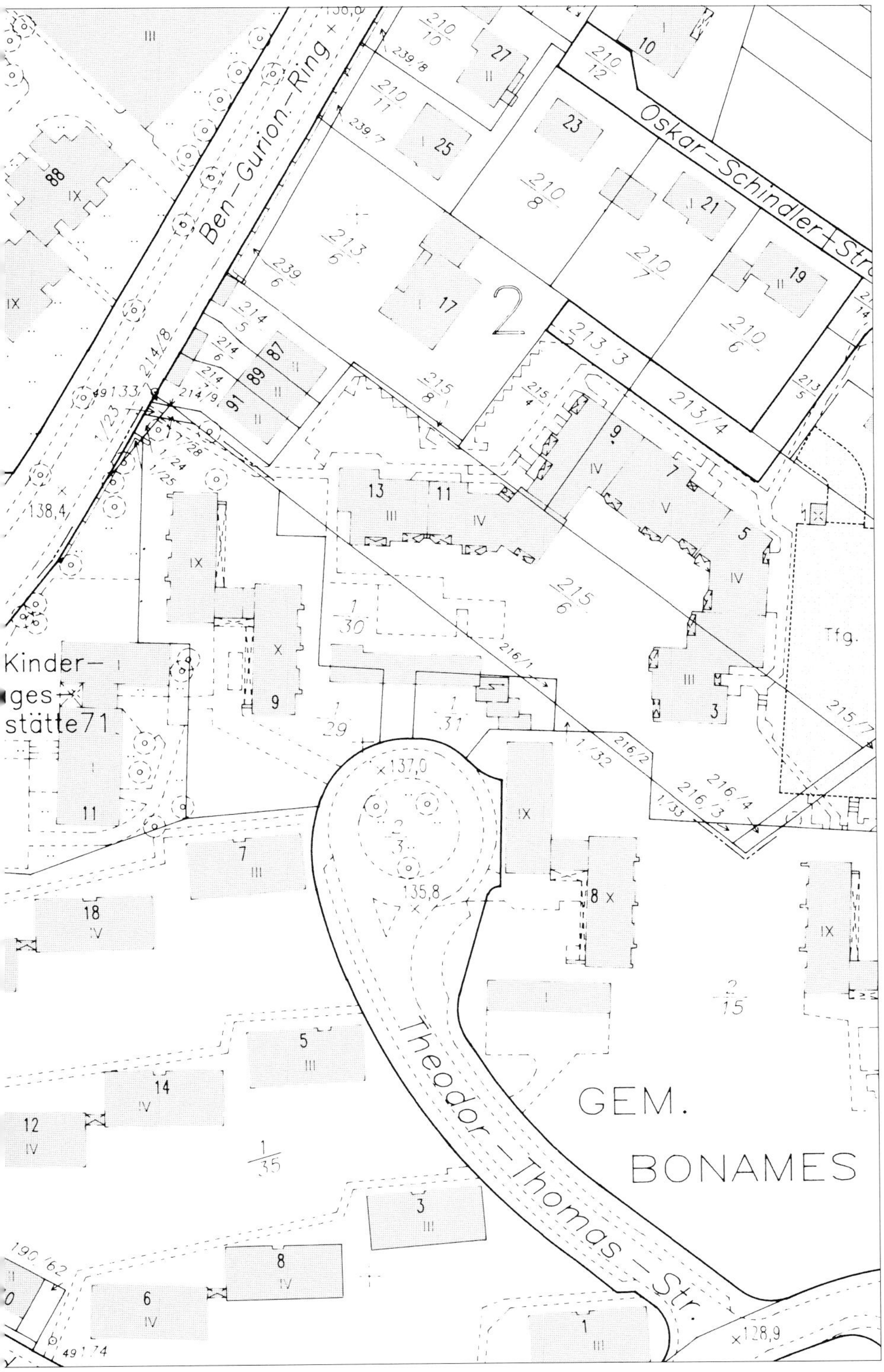

Die Stadt. 1970 hatte Frankfurt die höchste Erwerbsdichte, die höchsten Kommunalausgaben pro Einwohner und die höchste PKW-Dichte aller westdeutschen Großstädte. Der zunächst unverminderte Fortschrittsglaube und die hierauf gründende Stadtentwicklungspolitik zu Beginn der siebziger Jahre sahen in Prognosen noch ein kurzfristiges Bevölkerungswachstum bis über 700.000 Einwohner in Frankfurt vorher. Unter Weiterentwicklung des städtebaulichen Leitbildes „Urbanität durch Dichte" zum technokratischen Leitbild des „technisch Machbaren" entstanden Wohnsiedlungen in Form von Hochhausgruppen. Sie folgten einer konsequenten Planungs- und Architekturauffassung, die die Funktionsmischung von Wohnen, Arbeiten, Versorgung und Verkehr strikt ablehnte. Errichtet wurden in der Regel monumentale Baukörper ohne menschlichen Maßstab bei dennoch nur geringer städtebaulicher Verdichtung. In dieser Form entstanden zu Beginn der siebziger Jahre Entlastungsstandorte wie am Ben-Gurion-Ring in Bonames oder die Siedlung „Frankfurter Berg".
Mit zunehmender Maßstabslosigkeit und Technisierung verlor diese Bau- und Siedlungsform mehr und mehr an Wohnqualität und Bewohnerakzeptanz. Stadtplanung und Wohnungsbau entfernten sich zunehmend von der Qualität hin zur

Westend

Quantität des Massenwohnungsbaus. Die Planungsphilosophie der Entlastungsstandorte und Trabantensiedlungen führte sich so durch fortschreitende Entwicklung selbst ad absurdum. Die zumeist einseitige Orientierung dieser Siedlungen am geförderten Wohnungsbau führte zudem in der Regel zu sozialer Entmischung und zu sozialen Brennpunkten in diesen Quartieren. Trotz fortschreitender Mobilität und weiter steigenden Wohnflächenverbrauchs ging die Einwohnerzahl Frankfurts in den siebziger Jahren so dennoch bis auf 630.000 zurück.
Bereits Ende der sechziger Jahre setzte eine stadtsoziologische Kritik an der „Unwirtlichkeit der Städte" ein und zeigte unter anderem die mangelnde Akzeptanz der gigantisch erscheinenden Wohnquartiere bei deren Bewohnern auf. Bürgerinitiativen – sozial und ökologisch begründet – richteten sich gegen solche Planungen. Um 1975 – dem europäischen Denkmalschutzjahr – kam es dann zur endgültigen Ablösung des linearen Fortschrittsmodells. Es begann eine neue Phase der Stadtentwicklung, die im Kontrast zur bis dahin praktizierten Expansionsplanung auf Bestandssicherung und Stadtreparatur gerichtet war. Das Thema Wohnungsbau in großen Einheiten war abgehandelt, Stadterweiterungsprojekte wie am Heiligenstock in Frankfurt-Seckbach wurden aufgegeben. Das Interesse wandte sich der Innenstadt und den Stadterweiterungsgebieten des 19. Jahrhunderts zu.
Anlaß und Auslöser war in Frankfurt am Main das dem Strukturwandel und so der Spekulation preisgegebene Westend. Die wirtschaftlichen Kräfte, insbesondere die stark expandierenden Dienstleistungs- und Verwaltungseinrichtungen, drängten aus der räumlich begrenzten Innenstadt in die angrenzenden Wohngebiete. Für das Westend versuchte die Stadt diese Entwicklungen seit 1969 mit dem sogenannten „Fingerplan" fördernd zu kanalisieren. Mit dieser Planung wurden Bürohochhäuser entlang der Ausfallstraßen und somit inmitten dieses traditionellen Wohngebietes legitimiert. Infolge dieser Planungspolitik kam es zu einem der schärfsten sozialen Konflikte in einer deutschen Großstadt der Nachkriegszeit. Die Bewohner des Viertels sahen die von Mitscherlich beschworene „Unwirtlichkeit der Stadt" auch in ihrem Quartier Fuß fassen und zogen mit allen Mitteln – mittelständische Bürger und Studenten gemeinsam – als Bürgerinitiative gegen diese Entwicklung zu Felde. Sie hatten schließlich Erfolg, wenn auch der Strukturwandel im Quartier bereits fortgeschritten war.

Siedlung Frankfurter Berg

Monofunktionale Effizienz: Ben-Gurion-Ring

In Frankfurt entstand 1976 bis 1977 zwischen den Ortsteilen Bonames und Nieder-Eschbach die Großsiedlung am Ben-Gurion-Ring als überwiegender Wohnstandort mit 1.740 Wohnungen. In technisch-monumentaler Bauform entstanden in der Regel zehngeschossige Wohnhochhäuser in verschachtelter Gebäudestruktur. Die Hochhausgruppen sind als rechtwinkelige Großformen über organische Gebäudekurven bis hin zu konkaven Großformen entwickelt, die unabhängig und ohne räumlichen Bezug zueinander errichtet wurden.

Die unmaßstäblichen Baukörper umschließen eine weitläufige, öffentliche Freifläche. Die übrigen Freiräume sind voneinander isoliert und nur wenig über die alltäglich notwendigen Wegebeziehungen verbunden. Private Freiflächen und Rückzugsräume sind nicht vorhanden. Die Verkehrserschließung erfolgt lediglich über den der Bauform angemessen großzügig dimensionierten Ben-Gurion-Ring als Außenring.

Zunächst vorgesehene soziale Infrastruktureinrichtungen wurden nicht realisiert. Obwohl die Siedlung großzügig konzipiert ist, ist sie dennoch zu klein, um eine urbane Mischung durch kommerzielle Versorgungseinrichtungen anzubieten. Heute zeigt sich diese Siedlung deshalb als monofunktionales, eigenständiges Stadtgebilde mit nur wenigen Arbeitsstätten und ohne Versorgungseinrichtungen oder Selbstverwaltung.

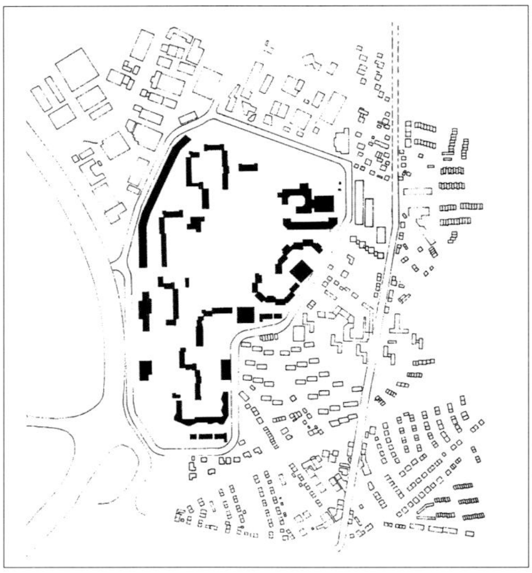

Ben-Gurion-Ring

Ben-Gurion-Ring

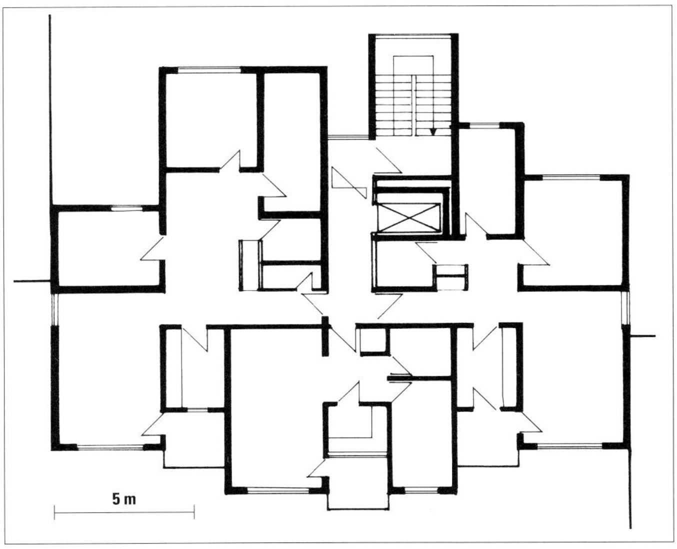

Rückkehr in den städtischen Kontext: Das Westend

Mit der Hochhauskritik spätestens seit Beginn der 70er Jahre war die Wiederentdeckung der durchgrünten Wohnviertel des 19. und frühen 20. Jahrhunderts verbunden. Geschätzt wurde vor allem das Frankfurter Westend mit seinen funktionalen Vorteilen der Durchmischung mit Einzelhandelsgeschäften, der Nähe zur Innenstadt, der sozialen Durchmischung und auch der großzügigen Wohnungszuschnitte bei noch günstigen Mieten.

Diese Aspekte der Wohnzufriedenheit wurden auf die historistische Architektur generell übertragen. Der neofeudale Prunk und die Pracht des Ornaments dieser Architektur wurden postiv besetzt und als Relikte einer vermeintlich guten alten Zeit gegen den Beton der Hochhäuser ausgespielt. Der Prozeß der Aneignung bezog sich aber auch auf das Innere der Häuser mit ihren großzügigen Wohnungszuschnitten der Gründerzeit, die zuerst von studentischen Wohngemeinschaften und ausländischen Arbeiterfamilien geschätzt wurden.

Durch Intervention des Denkmalschutzes konnte zwar die Zerstörungswelle der frühen 70er Jahre als Auswirkung des „Fingerplans" gestoppt werden, doch nach Instandsetzung der Häuser zogen die Mieten an, und die soziale Durchmischung wich Eigentumswohnungen und kleinteiligen Büronutzungen.

Das Westend steht als Auftakt einer Perspektive des Wohnens in der Stadt, der Stadterhaltung und der Stadtreparatur, die gegen das Umlandwohnen und die Zersiedelung in Einfamilienhausgebieten gesetzt wurden und in einer bis heute geführten, planungstheoretisch, soziologisch und ökologisch begründeten Auseinandersetzung mündete. Die Wiederentdeckung der innerstädtischen Wohngebiete und des Quartiers an sich griff schnell auf weitere Gründerzeitviertel Frankfurts über, die sich heute als durchmischte Wohn- und Arbeitsstandorte behaupten.

Plan der Aktionsgemeinschaft Westend mit Eintragung schleichender Büronutzung im Wohngebiet Westend

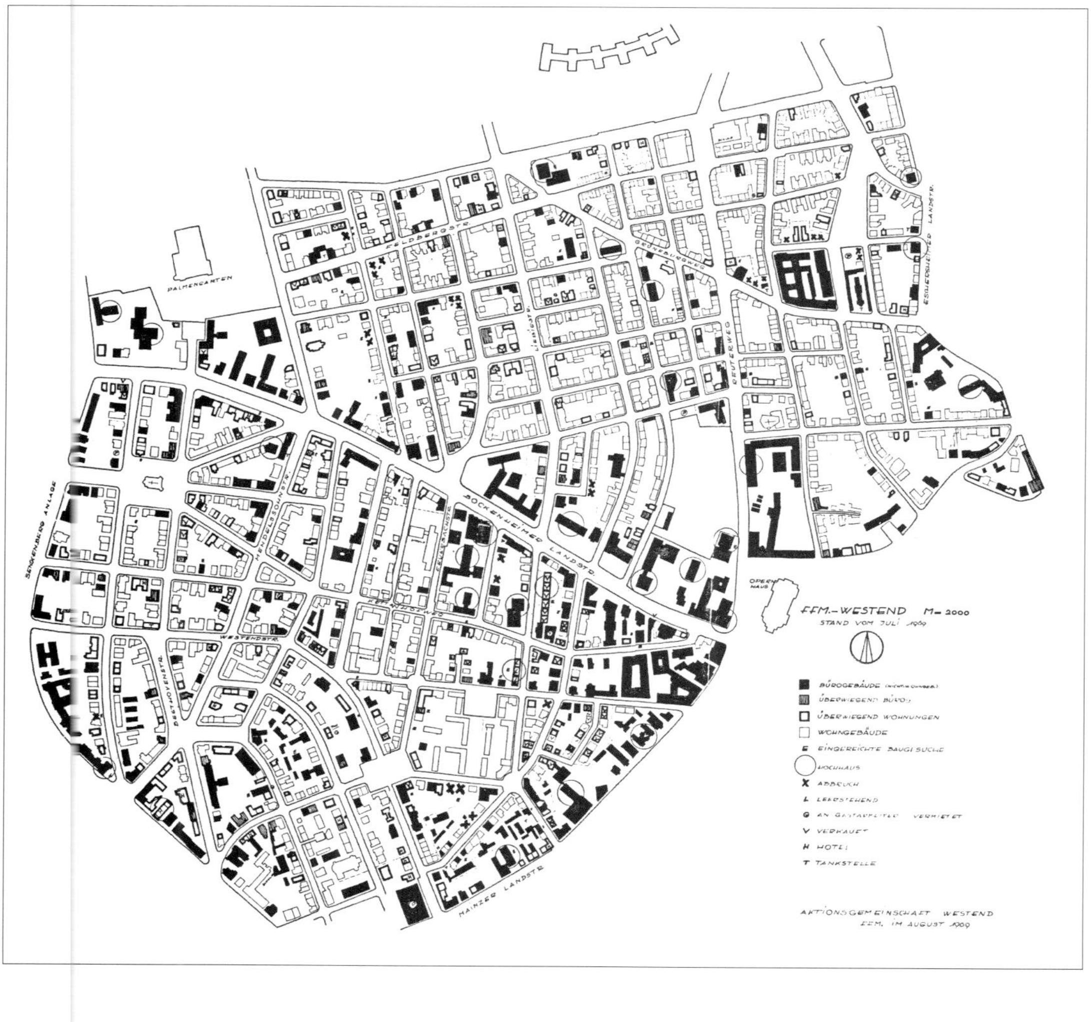

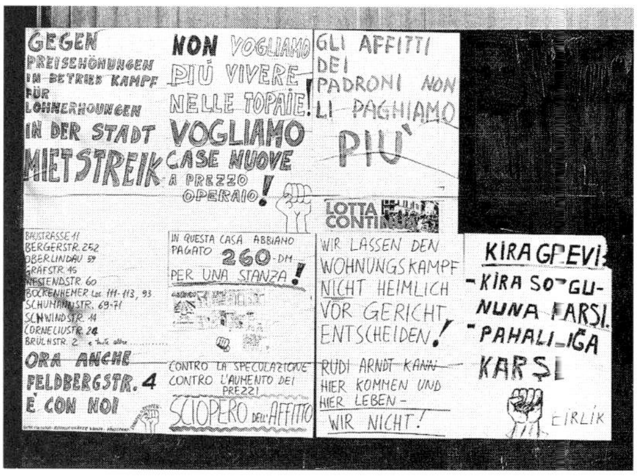

Bewohnerprotest im Westend

Wohnraumzerstörung Schumannstraße

Stadtteilsanierung und
Ergänzung der Strukturen.

ACHTZIGER JAHRE

STADTERNEUERUNG UND „KULTURELLE AUFRÜSTUNG"

EINWOHNERZAHL: 630.000 BIS CA. 610.000

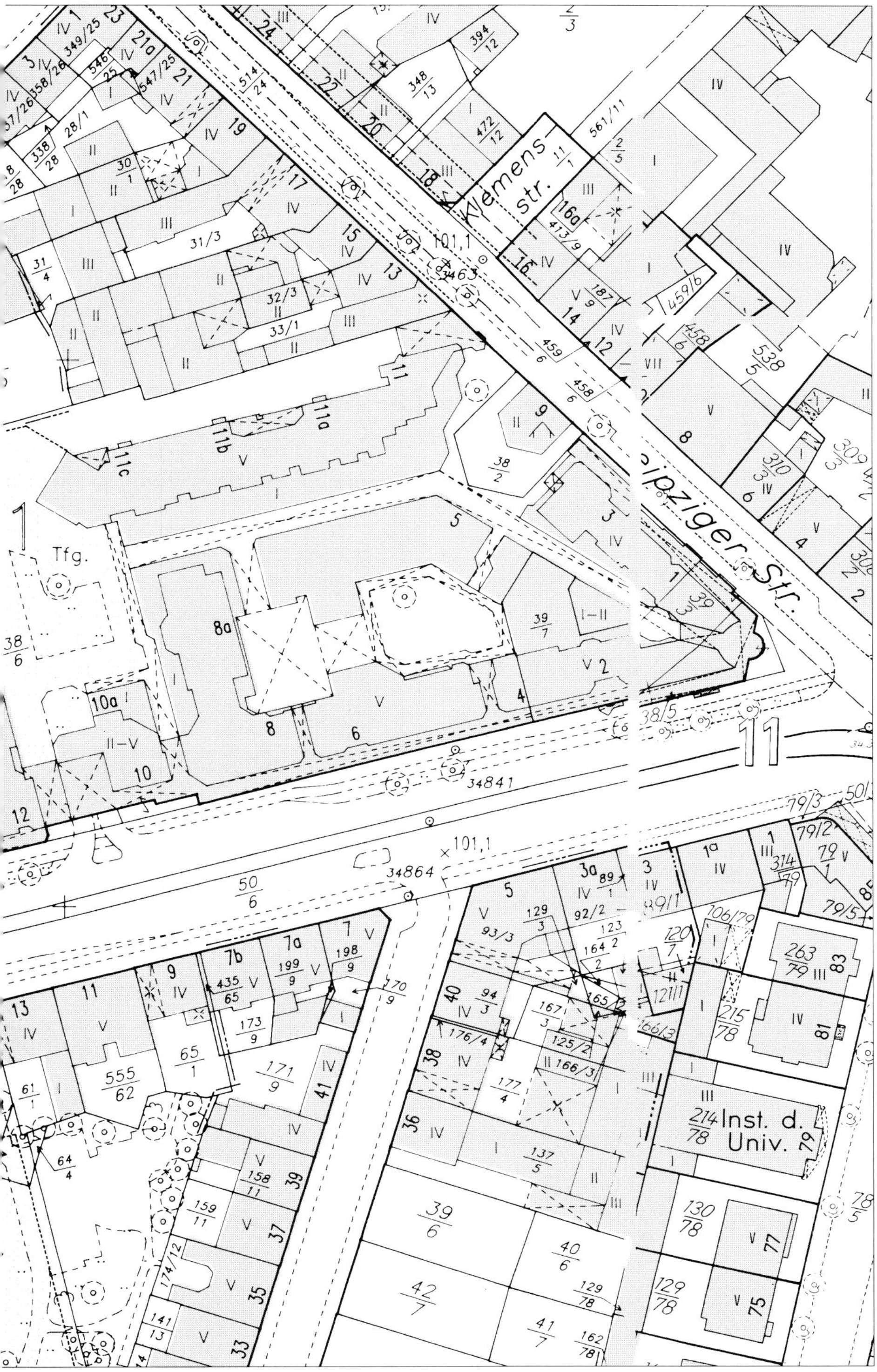

Die Stadt. Aus der wachsenden Kritik an der fortschreitenden kulturellen Verödung und dem Funktionsverlust der Innenstadt sowie an dem sozialen Defizit der Neubausiedlungen entwickelte sich bereits in den 70er Jahren die Forderung nach einer gänzlichen Neuorientierung des Städtebaus. In den 80er Jahren wurde diese Forderung durch handfeste ökonomische und politische Interessen unterstrichen und aufgegriffen. Insbesondere durch die verschärfte Konkurrenz der Städte untereinander kam es zu einem Orientierungswechsel in der Stadtplanung. Parallel zum weiteren Ausbau der Stadt als Wirtschaftsstandort wurden das kulturelle Defizit der Stadt, das wenig attraktive Stadtbild und die Verpflichtung der Stadt für ihren öffentlichen Raum als Faktoren der Stadtplanung entdeckt. Durch gezielte Aufwertungen sollte der Standort Frankfurt als Wirtschafts- und Kulturstadt attraktiviert und so die wirtschaftliche Prosperität der Stadt gesichert werden.
Die Aufwertung der Innenstadt als Zentrum der Kultur und auch als Erlebnis- und Freizeitraum rückte mehr und mehr in den Vordergrund des Interesses von Politik und Planung. Es folgte die „kulturelle Aufrüstung" der Innenstadt mit spektakulären Projekten wie dem Sachsenhäuser Museumsufer, die letztlich in der Rekonstruktion der Römerberg-Ostzeile gipfelte. Bei gleichzeitiger Bejahung und Steuerung weiterer Hochhauskonzentration hatte man mit der kulturellen Aufwertung der Innenstadt eine soziale Befriedung in der Bevölkerung bewirkt, die, stolz auf ihre Stadt, jetzt bereit war, auch eine weitere Konzentration von Hochhäusern an bestimmten Standorten zu tolerieren.
Mit der Neubewertung der kulturellen Identität der Stadt und ihrer anhaltenden Prosperität als Wirtschaftsstandort hatte der Sektor des Wohnungsbaus nicht Schritt halten können. Die Entwicklung neuer Wohnungsbaugebiete in der Stadt kam fast zum Erliegen. Nach den sozialen Konflikten der 60er und 70er Jahre, die sich an der Zerstörung und Umwandlung der citynahen Wohngebiete entzündet hatten, waren die Wiederentdeckung des Städtischen, seine Bewahrung und Reparatur die Hauptthemen eines quantitativ wenig bedeutsamen Wohnungsbaus.

Dom-Römerberg-Bebauung

Römerberg, um 1930 und 1983

Museumsufer

Stadtreparatur und Stadtgestaltung. Trotz weiter steigenden Bedarfs an Wohnfläche und dadurch verstärkt fortgesetzter Abwanderung ins Umland bis 1986 wurde die Stadt in ihrer historisch gewordenen Form auch von der Stadtplanung angenommen, sollte wieder ergänzt und in kleinen Schritten weiterentwickelt werden. Die bestandsnegierende Flächensanierung wich endgültig der „behutsamen Stadterneuerung". Wohnungsmodernisierung und Sanierung von Stadtteilen wie Bornheim oder Bockenheim sowie das Bauen im Bestand wurden – flankiert durch Maßnahmen der Wohnumfeldverbesserung und Verkehrsberuhigung – zu Planungsthemen der 80er Jahre. Es vollzog sich somit im Wohnungsbau eine Planung ohne nennenswertes Stadtwachstum.
Mit dieser städtebaulichen Innenentwicklung unter Schließen von Baulücken und dem Bauen im Bestand konnte der Fehlbedarf an Wohnungen jedoch nicht befriedigt werden. In dem Maße, wie in der Stadt Wohnungen fehlten, schritt in der Region außerhalb des Frankfurter Stadtgebietes die landschaftliche Zersiedelung in Form von Einfamilienhausgebieten fort. Erst seit Ende der 80er Jahre ist es wieder vorrangiges Ziel der Stadtplanung, diesem ungeordneten, bodenverschlingendem Randwachstum entgegenzuwirken.
Im Rahmen der Ergänzung der baulichen Strukturen in der Stadt kam es zu einem gezielten Rückgriff auf städtebauliche und architektonische Elemente der „vormodernen Stadt" des 19. Jahrhunderts. Einzelne Stadträume wie etwa der Römerberg wurden mit Hilfe historisierender Attrappen gestalterisch regelrecht inszeniert. Der Städtebau wurde von der Architektur der „Postmoderne" dominiert und die Stadt als rein gestalterisch-architektonisches Produkt verstanden.

Postmoderne und Historismus: Die Römerberg-Bebauung

Als prägnantester Vertreter der Reästhetisierung und der Wiederentdeckung historischer Formensprache steht in Frankfurt die Römerberg-Bebauung mit der Schirn Kunsthalle, den Saalgassen-Häusern und der Römerberg-Ostzeile. Ganz im Sinne der „vormodernen Stadt" wurde hier im Bereich der ehemaligen Frankfurter Altstadt die städtebauliche Wunde zwischen Dom und Römerberg in eigenständiger Formensprache geheilt und gipfelte in der historisierenden architektonischen Wiederaufnahme der untergegangenen Römerberg-Ostzeile.

Die Stadthäuser an der Saalgasse – ganz im Sinne der Tradition der Frankfurter Bürgerhäuser errichtet – sind eines der wenigen Beispiele der postmodernen Architektur im Frankfurter Wohnungsbau. Mit unterschiedlichsten Elementen rezitieren und interpretieren sie in ihrer äußeren Form die Geschichte der Architektur und setzen so Signale der Geschichtlichkeit der Stadt. Auf schmalen Grundstücken weisen die Gebäude – die Struktur der untergegangenen Altstadt aufnehmend – mit ihren Giebelfronten zur Straße. In ihren Erdgeschossen finden sich durchweg gewerbliche Nutzungen, darüber erheben sich drei Wohngeschosse mit unterschiedlichsten Wohnungsgrundrissen.

Bei einheitlicher Kubatur beschreiben die Stadthäuser jedoch einen repräsentativen Querschnitt durch die Vielfalt der stilistischen Formensprache vergangener Frankfurter Wohnhausarchitektur. So findet sich neben kräftigen Zwerch- und Dachhäusern, Fachwerkelementen oder Holzerkern immer wieder auch das Frankfurter „Belvederchen". Trotz dieser Verschiedenartigkeit der Objekte fügt sich die Bebauung gemeinsam mit Schirn Kunsthalle und Römerberg-Ostzeile heute zu einem repräsentativen Ensemble zusammen und gliedert sich mit eigener Identität in den vorgefundenen Kontext zwischen Dom und Römer ein.

Saalgasse

Rottweiler Platz 1991

Ladengalerie Bockenheimer Warte, 1984

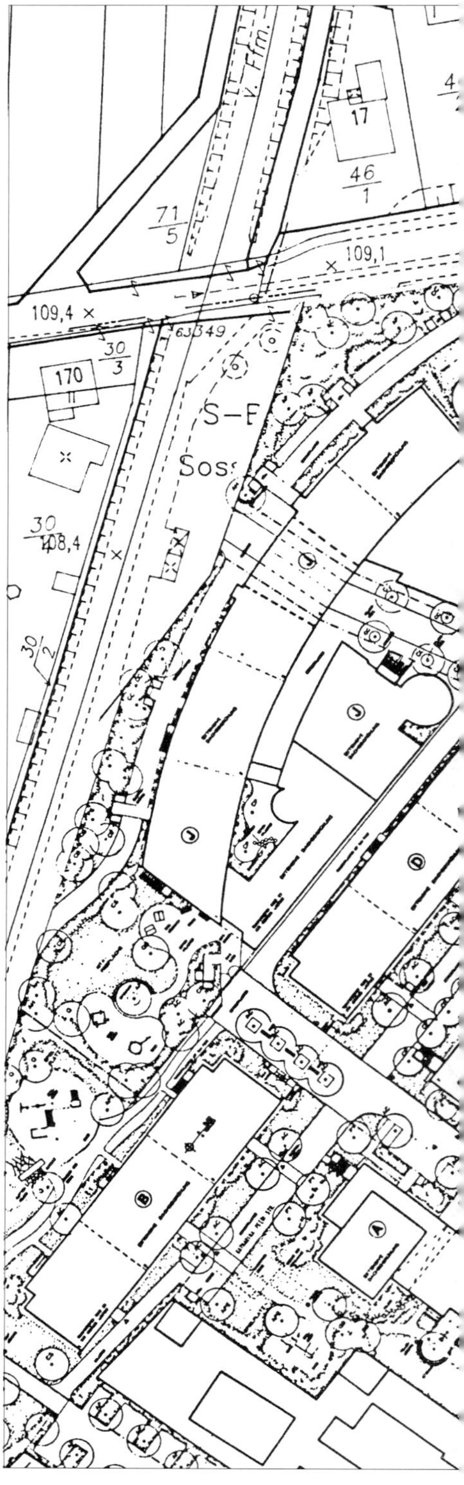

Blockstrukturen mit ruhigen Innenhöfen. Gegliederte öffentliche und private Freiflächen, reduzierte Verkehrsfläche.

NEUNZIGER JAHRE

STÄDTISCH DICHTER GESCHOSSWOHNUNGSBAU
FLÄCHENUMSTRUKTURIERUNG IN DER STADT
STADTRAUM MAIN
WIEDERENTDECKUNG DER BLOCKSTRUKTUREN
NEUE STADTTEILE
EINWOHNERZAHL: 630.000 BIS 660.000 (1994)

Die Stadt. Die Hinwendung zum Historischen und zur städtischen Prachtentfaltung mit Museumsbauten, repräsentativen Bürogebäuden und Hochhäusern in den 80er Jahren war begleitet von einer Vernachlässigung des Wohnungsbaus und in der Konsequenz von einem extremen Anstieg der Mieten. Als Folge der Öffnung Osteuropas und der einsetzenden Ost-West-Wanderungen stieg zudem die Einwohnerzahl Frankfurts bis 1993 um 40.000 Einwohner, während der Wohnungsbestand im gleichen Zeitraum um nur 8.000 Wohnungen zunahm.

Damit waren die Stadt-Umland-Wanderungen jedoch nicht gestoppt. Vielmehr setzt sich dieser Prozeß kontinuierlich fort, wobei primär sozial und finanziell starke Haushalte die Stadt verlassen, sozial und wirtschaftlich schwächere Haushalte in der Stadt verbleiben. Als Konsequenz zeichnen sich heute deutliche soziale Segregationsprozesse in einzelnen Quartieren und Stadtteilen und eine soziale Schieflage zwischen Stadt und Umland ab.

Die quantitativ und qualitativ nicht ausreichende Wohnraumversorgung der Bevölkerung hat sich so zu einem sozial belastenden Faktor entwickelt und stellt mittlerweile einen Engpaß für den Wirtschaftsstandort Frankfurt dar. So besteht 1995 ein rechnerischer Bedarf von ca. 50.000 Wohnungen bis zum Jahr 2005 – jährlich also etwa 5.000 zusätzliche Wohnungen.

Städtisch dichter Mietwohnungsbau. Im Vordergrund der Wohnungspolitik steht heute der städtisch dichte, mehrgeschossige Mietwohnungsbau. In Anlehnung an die gründerzeitlichen Blockstrukturen sind zu Beginn der 90er Jahre wieder erste größere Wohnungsbauprojekte im Frankfurter Stadtgebiet konzipiert und bereits umgesetzt worden. Die Optimierung ökologischer und ökonomischer Aspekte des Wohnungsbaus bei guter Akzeptanz durch die Bewohner führten zu in der Regel vier- bis fünfgeschossigen Quartieren, die von Beginn an durch Versorgungseinrichtungen ergänzt sind. Beispiele sind die neuen Quartiere „Westpark" in Sossenheim, an der Anspacher Straße im Gallusviertel oder an der Howaldtstraße im Ostend.

Wohnsiedlung Westpark, Sossenheim, 1993

Wohnsiedlung
Anspacher Straße 1994

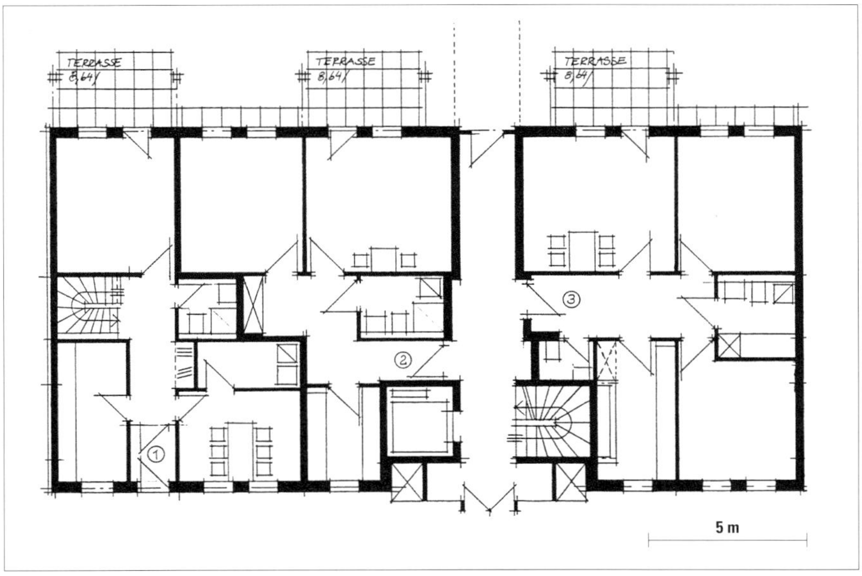

Wohnbebauung
Howaldtstraße, 1994
Ansicht und Grundriß
Erdgeschoß

Die Wohnungsgrundrisse orientieren sich an den veränderten sozio-demographischen Gegebenheiten und bieten ein breites Spektrum an Größe und Zuschnitt. Zum Teil sind flexible Grundrißlösungen für sich wandelnde Bewohneransprüche beispielsweise im Rahmen des Wohnungsbauprojektes an der Howaldtstraße vorgesehen. Insbesondere im freifinanzierten Wohnungsbau ist trotz des wieder steigenden Wohnflächenkonsums je Einwohner, aber angesichts der steigenden Zahl von Single-Haushalten der Trend zu kleineren Wohnungen unübersehbar.

Mehrgleisige Stadtentwicklungspolitik. Durch eine mehrgleisige Strategie in der Stadtentwicklung soll wieder ein ausreichendes Angebot an Bauland als Voraussetzung für zukünftig ausreichenden und preiswerten Wohnraum geschaffen werden. Die Abrundungen und Ergänzungen bestehender Siedlungseinheiten stellen nur einen Weg der Baulandbereitstellung dar. Er wird durch die zeitgleiche planerische Sicherung öffentlicher und offener Grünräume im Rahmen des Frankfurter „Grüngürtel"-Projektes ergänzt und abgesichert. Durch Umstrukturierung und Umnutzung ehemals gewerblich genutzter Flächen und frei werdender US-Liegenschaften im Stadtgebiet wird die städtebauliche Innenentwicklung ausgeweitet. Beispiele sind das Deutschherrnviertel auf dem ehemaligen Schlachthofgelände in Sachsenhausen, die Umstrukturierung des Westhafens zu einem mo-

Stadtentwicklung Frankfurt am Main, Grünflächensicherung und Wohnbaulandbereitstellung

Grüngürtel und andere Grünflächen

projektierte Wohnflächen

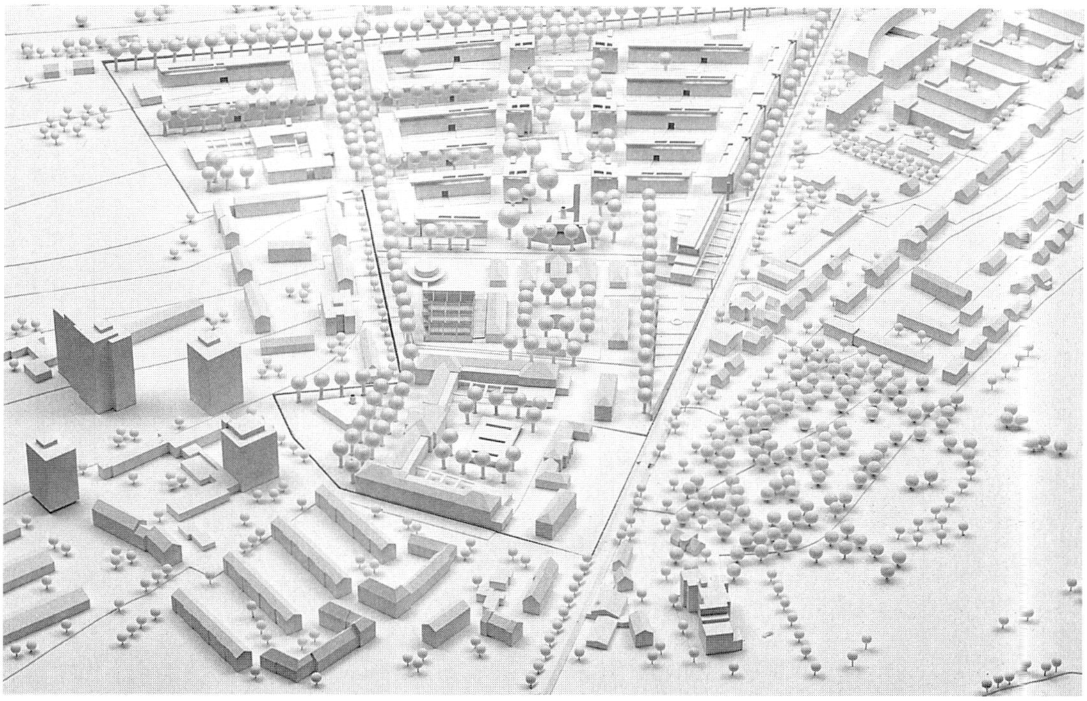

Bebauungskonzept für den Bereich der ehemaligen Michael- und McNair-Kasernen

dernen Stadtquartier oder der auf dem Areal der ehemals durch die US-Streitkräfte genutzten Michael- und McNair-Kasernen in Unterliederbach konzipierte Wohnungsbau.
Dennoch wird dieses Wohnbauflächenpotential den Flächenbedarf für den künftig erforderlichen Wohnungsneubau nicht decken können. Neue Maßstäbe sind deshalb an die Stadtentwicklung und den Wohnungsbau der 90er Jahre anzulegen: die gezielte Entwicklung neuer Stadtteile im Außenbereich der Stadt jenseits des „Frankfurter Grüngürtels", deren Konzeption und städtebauliche Struktur sich von den monofunktionalen Siedlungserweiterungen der vergangenen Jahrzehnte erheblich unterscheiden wird.

Stadtentwicklung durch Umstrukturierung. Um dem ungeordneten Randwachstum in der Region und den landschaftszehrenden Zersiedlungen entgegenwirken zu können, folgt die Stadtentwicklung in den 90er Jahren dem Konzept der „dezentralen Konzentration". Durch Abrundung und Nachverdichtung bestehender Siedlungseinheiten in der Stadt werden wertvolle, zumeist innenstadtnahe Areale einer neuen Nutzung zugeführt. So werden insbesondere bisher gewerblich genutzte Flächen nach Funktionsverlust oder Verlagerung der an diesen Stellen im heutigen Stadtgefüge nicht mehr sinnvollen Nutzungen einer Umnutzung zugeführt. Dabei steht nicht nur der Wohnungsbau im Vordergrund. Vielmehr wird die funktional streng gegliederte Stadt mit ihren monofunktionalen, isolierten Quartieren überwunden. Technologischer Fortschritt, verbesserter Emissions- und Immissionsschutz sowie insbesondere der Strukturwandel gewerblicher Arbeitsplätze ermöglichen heute wieder ein Nebeneinander von Wohnen und Arbeiten und Freizeit als Voraussetzung für qualitätvolles städtisches Leben. Insbesondere im innenstadtnahen Mainuferbereich werden innerhalb des Gesamtkonzeptes „Stadtraum Main" solche durchmischten Wohnquartiere auf ehemals gewerblich genutzten Flächen beispielsweise im Westhafen, am Theodor-Stern-Kai oder am Deutschherrnufer entstehen.

Wiederentdeckung des Quartiers: Deutschherrnviertel

Zurückgehend auf einen 1989 durchgeführten städtebaulichen Wettbewerb entsteht auf dem ehemaligen Schlachthofgelände in Sachsenhausen ein neues Stadtviertel am Deutschherrnufer für künftig rund 3.000 Bewohner. Als Umstrukturierungsprojekt auf ehemals gewerblich genutzter Fläche kann es als Musterbeispiel für die Wiederentdeckung der Funktionsfülle der Stadt und für eine Renaissance der stadtbild- und qualitätsbestimmenden Strukturelemente Baublock, Straßenkorridor und Platz gelten.

In einer Mischung von Wohnen und Arbeiten thematisiert das Quartier den Anschluß an die gründerzeitliche Bebauung Sachsenhausens. Es verzichtet in dieser Innenstadtlage auf ‚vorstädtische' Siedlungsstrukturen und stützt sich bewußt auf die maßvoll verdichtete großstädtische Bautradition der Blockrandbebauung mit ihren Stadthäusern und der Stadtvillen am Mainufer.

Betonung erfährt das Quartier durch die freien, akzentuierenden Elemente Turm und Oval an einem zentralen Stadtplatz als Schnittpunkt des gesellschaftlichen Lebens und der Bewegung der Menschen im Quartier. Das vorherrschende städtebauliche Konzept des Baublocks grenzt deutlich Öffentlichkeit und Privatheit gegeneinander ab. Er setzt einen strengen, aber regenerierbaren und architektonisch unempfindlichen Rahmen, der im Gegenzug der einzelnen Parzelle als kleinstem Stadtbaustein höchsten Entwicklungs- und Nutzungsspielraum einräumt.

Deutschherrnviertel
Modelle, Grundrisse
von 6 Punkthäusern

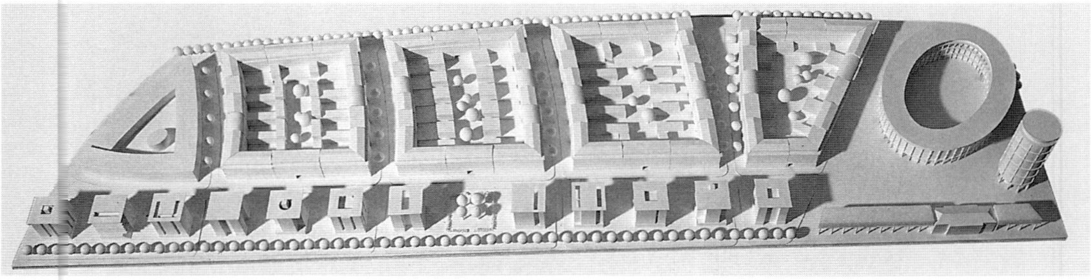

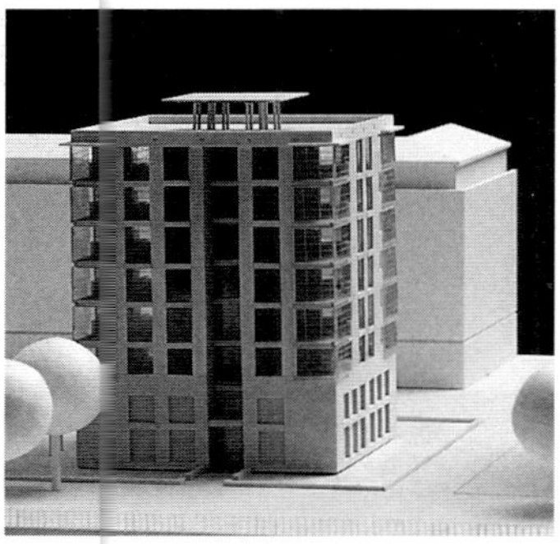

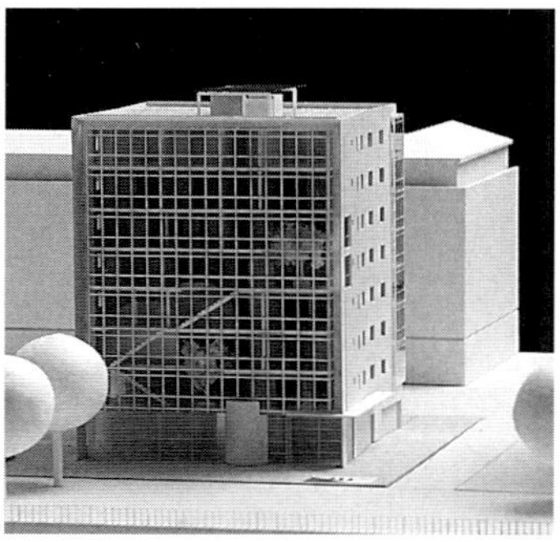

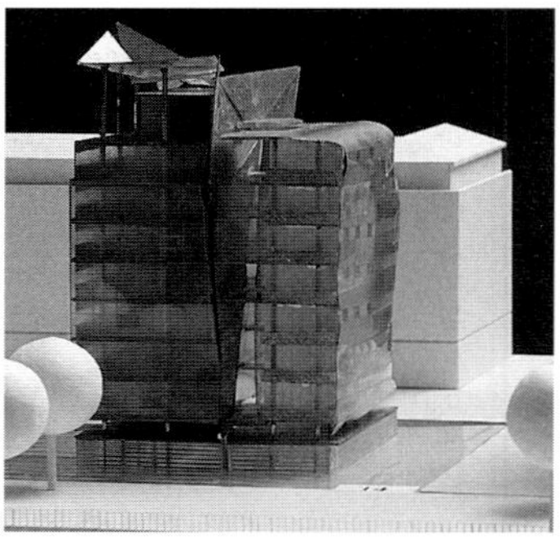

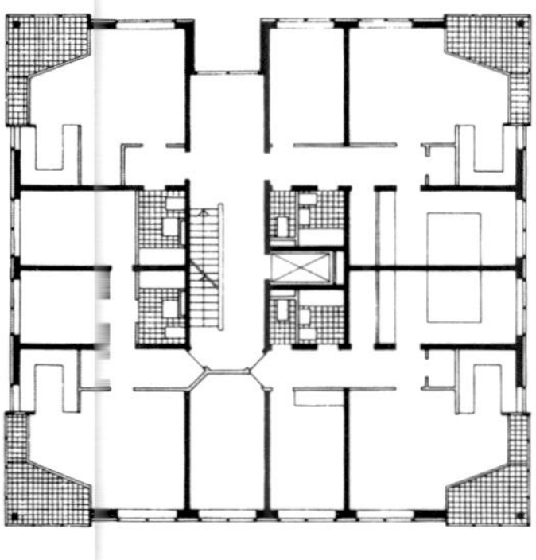

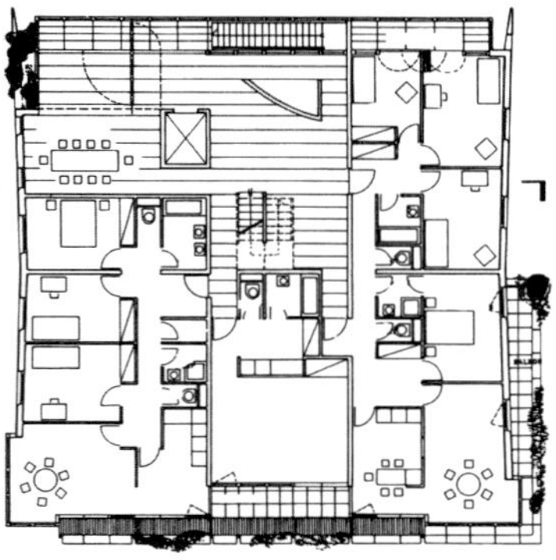

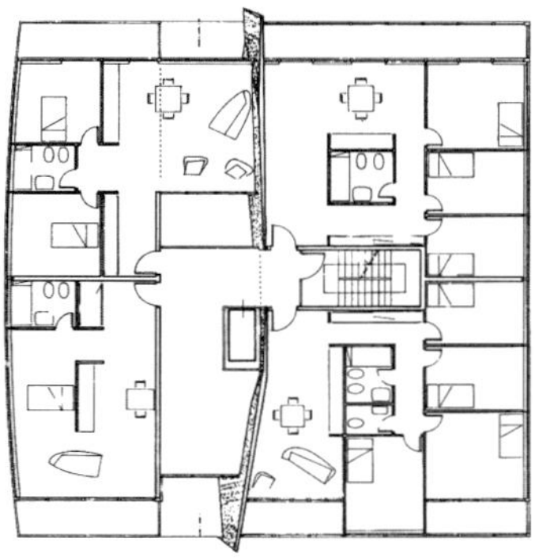

Modell „Der Block"
Modell „Die Parzelle"

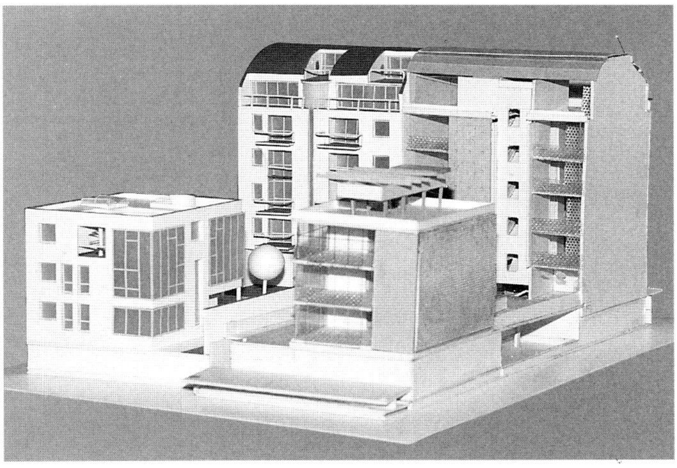

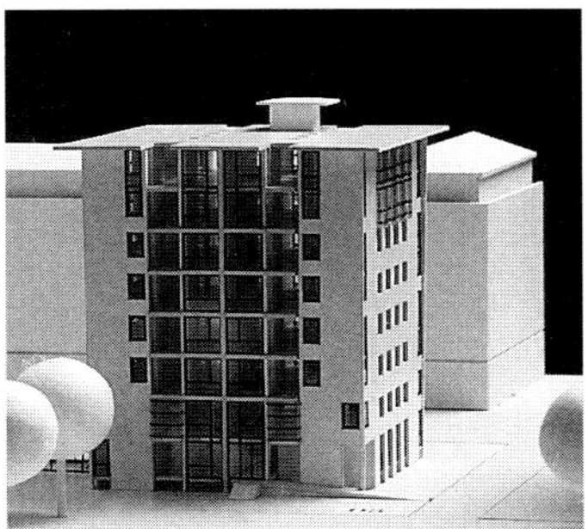

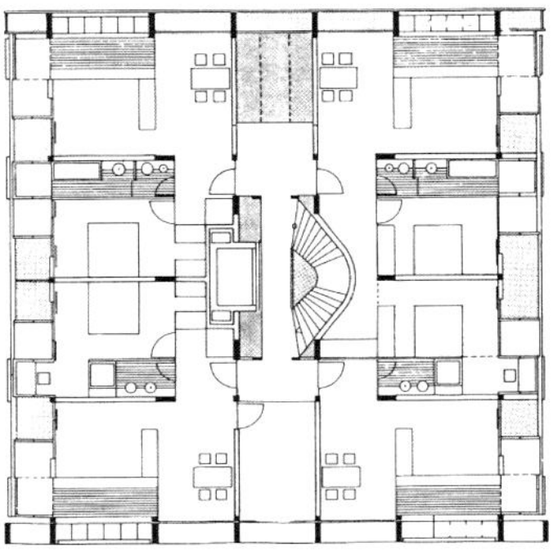

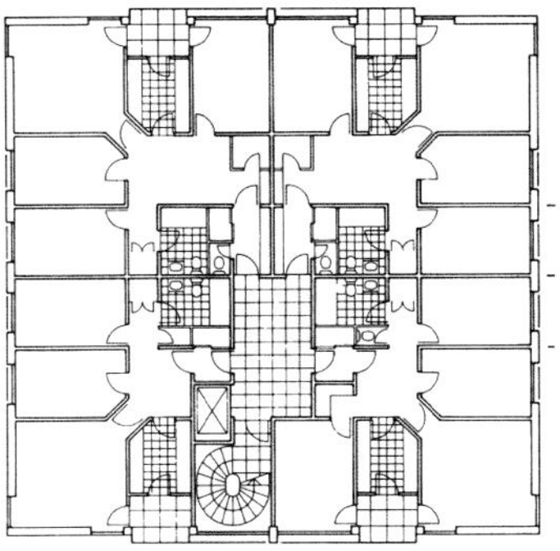

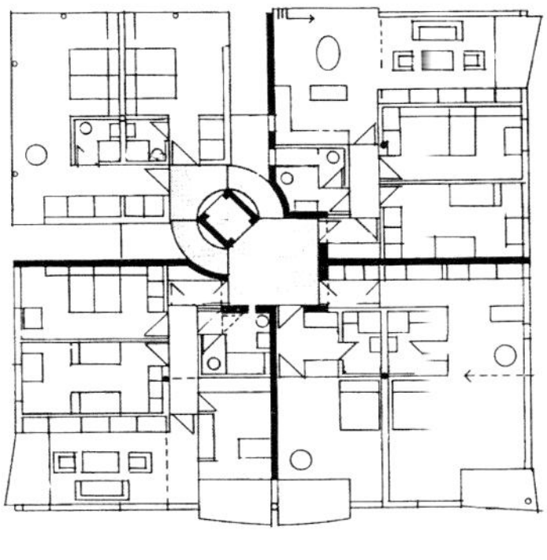

Stadtentwicklung durch neue Stadtteile: Eine neue soziale und ökologische Gründerzeit

Da Abrundungs- und Umstrukturierungsflächen in der Stadt rar und aus im privaten Eigentum begründeten Ursachen auch nur bedingt verfügbar sind, sollen künftig am Rand der Stadt ausgewählte Siedlungsschwerpunkte geschaffen werden. Dabei werden nicht mehr die Abrundung vorhandener und die Integration neuer Strukturen, sondern die Entwicklung neuer eigenständiger Stadtteile Aufgaben der Stadtplanung sein. Einer Phase der städtebaulichen Innenentwicklung in den 80er Jahren wird im ausgehenden 20. Jahrhundert eine neue Stadtwachstumsphase folgen.

Für den Bereich des Niederurseler Hangs zwischen den Stadtteilen Niederursel und Kalbach wird momentan ein neuer Stadtteil – der „Riedberg" – konzipiert. Hier ist weder an eine Trabantenstadt noch an eine freiraumverbrauchende Gartenstadt gedacht. Projektiert wird vielmehr ein städtisch durchmischtes Quartier für voraussichtlich rund 12.000 neue Wohnungen auf 200 Hektar Fläche mit entsprechenden Versorgungseinrichtungen und Anschluß an den öffentlichen Personennahverkehr.
Als städtebauliches Leitbild für die Entwicklung dieses neuen Stadtteils bieten sich die in den Frankfurter Stadterweiterungsgebieten bereits erfolgreich erprobten Strukturen der gründerzeitlichen Stadt an. Ziel ist ein sozial, ökologisch wie gestalterisch ausgewogener und maßvoll verdichteter Städtebau, der die Traditionen der Stadt des 19. Jahrhunderts aufnimmt und Wohnen und Arbeiten, Versorgung und Freizeit unter Berücksichtigung heutiger Ansprüche und ausreichender Freiräume partiell verbindet. Dabei sind Abstufungen von freistehenden Stadtvillen bis zu geschlossenen Baublöcken mit teilweise überbauten Innenhöfen denkbar.
Durch Rückschau und Reflektion der städtebaulichen Leistungen der Vergangenheit ist somit eine Wahlverwandtschaft der Quartiere und des Wohnungsbaus im ausgehenden 20. Jahrhundert mit denen des ausgehenden 19. Jahrhunderts erkennbar und gezielt beabsichtigt.

Skizze Riedberg, D. W. Dreysse, 1994

ABBILDUNGSNACHWEIS

Seite 16 Fotoarchiv Landesamt für Denkmalpflege Hessen (LfD) **17** Fotos: Dezernat Planung der Stadt Frankfurt am Main, Archiv Denkmalamt; Zeichnungen aus: Ulrich G. Großmann, Der mittelalterliche Fachwerkbau in Hessen, Königstein 1983 **20, 21, 23** Fotoarchiv LfD **24, 25** Fotoarchiv LfD; Zeichnungen aus: Walter Saage, Das Bürgerhaus in Frankfurt am Main, Tübingen 1959 **29** Foto aus: Dieter Bartetzko u. a., Wie Frankfurt fotografiert wurde, 1850 - 1940, München 1977 **30** Fotoarchiv LfD; Zeichnungen aus: Jung/Hülsen, Die Baudenkmäler in Frankfurt am Main, 3. Band, Frankfurt am Main 1914 **31, 32** Fotoarchiv LfD **33** aus: Jung/Hülsen, Die Baudenkmäler in Frankfurt am Main, 3. Band, Frankfurt am Main 1914 **39** Fotoarchiv LfD **40** aus: Jung/Hülsen, Die Baudenkmäler in Frankfurt am Main, 3. Band, Frankfurt am Main 1914 **41** Fotoachiv LfD **47** Historisches Museum, Frankfurt am Main **48** Institut für Stadtgeschichte, Frankfurt am Main **50** Archiv Christoph Mohr **51** Dezernat Planung der Stadt Frankfurt am Main, Archiv Denkmalamt **56** Zeichnung aus: Frankfurter Architekten und Ingenieurverein, Frankfurt a. M., 1886 - 1910, Ein Führer durch seine Bauten, Frankfurt am Main 1910; Foto: Archiv Christoph Mohr **57, 58** Historisches Museum, Frankfurt am Main **59** Institut für Stadtgeschichte, Frankfurt am Main **62** oben: Institut für Stadtgeschichte, Frankfurt am Main; unten: Dezernat Planung der Stadt Frankfurt am Main **63** Archiv Christoph Mohr **64** Institut für Stadtgeschichte, Frankfurt am Main **65** Foto: Archiv Christoph Mohr **66** aus: Merten/Mohr, Das Frankfurter Westend, München 1974 **67** aus: Mohr/Schreiber, „Colonie Zeilsheim", o. J. **70** Archiv Christoph Mohr **71** aus: Dieter Bartetzko u. a., Wie Frankfurt fotografiert wurde, 1850 - 1914, München 1977 **72** Institut für Stadtgeschichte, Frankfurt am Main **73** aus: Frankfurter Architekten und Ingenieurverein, Frankfurt a. M., 1886 - 1910, Ein Führer durch seine Bauten, Frankfurt am Main 1910; Foto: Institut für Stadtgeschichte, Frankfurt am Main **74** Zeichnung aus: Frankfurter Architekten und Ingenieurverein, Frankfurt a. M., 1886 - 1910, Ein Führer durch seine Bauten, Frankfurt am Main 1910; Foto: Dezernat Planung der Stadt Frankfurt am Main, Archiv Denkmalamt **75** aus: Frankfurter Architekten und Ingenieurverein, Frankfurt a. M., 1886 - 1910, Ein Führer durch seine Bauten, Frankfurt am Main 1910 **78, 79** oben und unten: Institut für Stadtgeschichte, Frankfurt am Main; mitte: Dezernat Planung der Stadt Frankfurt am Main **80, 81** Institut für Stadtgeschichte, Frankfurt am Main **82** Zeichnungen aus: Mohr/Müller, Funktionalität und Moderne, Frankfurt am Main 1984; Fotos: Historisches Museum, Frankfurt am Main **83** aus: Das Neue Frankfurt **84** Historisches Museum, Frankfurt am Main **85** oben: Germanisches Nationalmuseum, Nürnberg; mitte links: Fotoarchiv LfD; mitte rechts: Dezernat Planung der Stadt Frankfurt am Main; unten: Historisches Museum, Frankfurt am Main **88, 89** Fotoarchiv LfD **90, 91** Fotos: Dezernat Planung der Stadt Frankfurt am Main; Zeichnungen aus: Frankfurt baut auf, Verlag Max Kunz, Stuttgart 1954 **92** Fotoarchiv Nassauische Heimstätte GmbH, Frankfurt am Main **93** oben aus: Frankfurt baut, Band 2, 1961; mitte, unten: Fotoarchiv Nassauische Heimstätte GmbH, Frankfurt am Main **94, 95** Fotoarchiv Nassauische Heimstätte GmbH, Frankfurt am Main **98** Fotoarchiv Nassauische Heimstätte GmbH, Frankfurt am Main (Foto: Aero-Lux, Büscher & Co. KG., Frankfurt am Main) **99** Fotoarchiv Nassauische Heimstätte GmbH, Frankfurt am Main (Foto oben: Klaus Meier-Ude, Foto unten: Aero-Lux, Frankfurt am Main) **100** aus: Frankfurt baut, Band 2, 1961 **101** Fotoarchiv Nassauische Heimstätte GmbH, Frankfurt am Main (Foto: Klaus Meier-Ude) **104** Archiv Christoph Mohr **105, 106, 107** Dezernat Planung der Stadt Frankfurt am Main **108** aus: Aktionsgemeinschaft Westend e. V., Ende oder Wende, Westend, Frankfurt am Main 1969 **109** Archiv Christoph Mohr **112** Dezernat Planung der Stadt Frankfurt am Main **113** oben aus: Bauen für Frankfurt, Frankfurt am Main 1983; unten: Dezernat Planung der Stadt Frankfurt am Main **114 - 124** Dezernat Planung der Stadt Frankfurt am Main

Autoren

Christoph Mohr
ist Abteilungsleiter im Landesamt für Denkmalpflege in Wiesbaden.

Martin Hunscher
ist Mitarbeiter im Dezernat Planung der Stadt Frankfurt am Main.

Die Zukunft des Städtischen
Frankfurter Beiträge

Herausgegeben vom Dezernat Planung der Stadt Frankfurt am Main

Band 1: „Stadtplanung in Frankfurt"
Wohnen, Arbeiten, Verkehr
Herausgegeben von Martin Wentz

Mit Beiträgen von D. Hoffmann-Axthelm, W. Durth, H. Glück, W. Prigge. N. Münster, D. Bartetzko, B. Winkler, F. Herterich, G. Zohlen, A. Krovoza, D. Ipsen, u. a.
1991

Band 2: „Stadt-Räume"
Herausgegeben von Martin Wentz

Mit Beiträgen von V. Flusser, P. Bourdieu, D. Läpple, E. Siepmann, M. Foucault, E. W. Soja, W. Prigge, R. Deutsche, M. Castells, D. Harvey, S. Sassen, A. Lipiets, J. Friedmann, M. Dear, R. Keil, u. a.
1991

Band 3: „Planungskulturen"
Herausgegeben von Martin Wentz

Mit Beiträgen von K. Selle, I. Wiese-von Ofen, A. Speer, W. Heinz, D. Hoffmann-Axthelm, W. Kruse, E. von Einem, M. Schwarze-Rodrian, T. Koenigs, H. Schwengel, T. Schmid, D. Cohn-Bendit, M. Mayer, W. Prigge, u. a.
1992

Band 4: „Wohn-Stadt"
Herausgegeben von Martin Wentz

Mit Beiträgen von G. Albers, J. Maurer, E. Spiegel, P. Steiger, T. Sieverts, H. Stimmann, E. Kossak, u.a.
1993

Band 6: „Stadt-Welt"
Über die Globalisierung städtischer Milieus
Herausgegeben von Peter Noller/Walter Prigge/Klaus Ronneberger

Mit Beiträgen von U. Beck, G. Schulze, H. P. Müller, H. Schwengel, A. Lipietz, M. Castells, S. Sassen, B. Wagner, R. Roth, u. a.
1994

Band 7: „Sprung in die Moderne"
Frankfurt, die Stadt der 50er Jahre
Herausgegeben von Dieter Bartetzko

Mit Beiträgen von H. Drummer, J. Zwilling, H. Kampffmeyer, C. Mohr, C. Mäckler, E. Santifaller, M. Wentz, u. a.
1994

Campus Verlag Frankfurt/New York

ANSCHLUSS AN DIE WELT
VON MORGEN.
Leben · Wohnen · Arbeiten
GALLUS PARK
ADLERWERKE · Kleyerstraße 23 · 60326 Frankfurt · Tel. 069/97 38 38 - 0

MARCEL RUBIN

ÖSTERREICHISCHE KOMPONISTEN DES XX. JAHRHUNDERTS BAND 22

marcel rubin

EINE STUDIE VON HARTMUT KRONES

VERLAG ELISABETH LAFITE WIEN
ÖSTERREICHISCHER BUNDESVERLAG WIEN

Druck: Norbertus Druck Ges.m.b.H., Wien III
ISBN 3 215 02116 1

I. DAS LEBEN MARCEL RUBINS

1. WIEN

Wien 1905. Die Hauptstadt der k. k. österreichisch-ungarischen Monarchie träumte in tiefstem Frieden dahin. Vereinzeltes Aufflackern von Unruhen in den südlichen Regionen des Vielvölkerstaates wurde nicht für sonderlich wichtig erachtet, schon gar nicht als frühes Fanal zu dem ersten großen, organisierten Völkermord des 20. Jahrhunderts, dem Ersten Weltkrieg, gesehen. Man wähnte sich vollkommen sicher, die „aeterna pax" schien durch nichts gefährdet. Daß es in einigen, gar nicht so weit entfernten Ländern der Erde bereits bedenklich brodelte, lieferte zwar den Zeitungen Schlagzeilen, war aber eher von exotischem Reiz. Wien war damals nicht nur Metropole des großen Kaiserreiches und strahlte als solche ungebrochene politische Macht aus, sondern auch Heimstatt zahlreicher Persönlichkeiten aus allen Gebieten der Kunst und Wissenschaft, die nur zu einem Teil hier geboren, zum anderen Teil aber aus vielen Ländern zusammengekommen waren, da sie der kulturellen Anziehungskraft der Donaustadt nicht widerstehen konnten. Der Ruf der Wiener Universität, der Wiener Bühnen und Konzertvereinigungen, um nur einige Beispiele zu nennen, konnte als makellos bezeichnet werden.

Was die Bewohner der Stadt damals bewegte, aber auch, wie sehr sie die verschiedenen Ereignisse bewegten, können wir unschwer der Presse jener Tage entnehmen, wie dies am Beispiel des 7. Juli 1905 versucht werden soll:

Interessantestes Geschehen der internationalen Szenerie war zweifellos die Affäre des „Panzerkreuzers Potemkin", den vor Odessa Revolutionäre in der Hand hatten. Am 7. Juli veröffentlichten sie ein Manifest „an die zivilisierte Welt", in dem es unter anderem hieß: „Der Zeitpunkt ist gekommen, wo die Armee nicht mehr zur Unterdrückung gerechter Volksbewegungen verwendet werden darf." Diese zukunftsweisenden Worte, deren Tenor man zwölf Jahre später bei der Russischen Revolution wieder begegnete, gingen aber in der Berichterstattung gegenüber den „neuesten Schreckensnachrichten" unter, die ein ganzes Volk in Angst vor einigen „Verbrechern" sah.

Am selben 7. Juli landeten auf der Szene des russisch-japanischen Krieges erstmalig japanische Soldaten auf der Insel Sachalin, was aber eher untergeordnet behandelt wurde. Und selbst in Saigon gab es bereits Zwischenfälle: „Die Marine-Behörde entdeckte an Bord des im Saigon-Flusse angekommenen deutschen Dampfers ‚Litsun' Kriegsmunition. Der ‚Litsun' wird ... unter Beaufsichtigung der Marine-Behörde bleiben." (Wiener Zeitung)

Den größten Raum nahm in der Wiener Presse allerdings der Tod des bekannten Wiener Arztes und Wissenschaftlers Prof. Dr. Hermann Nothnagel ein, dessen Lebenslauf die „Neue Freie Presse" zwei Seiten widmete und der auch in anderen Zeitungen des breiten gewürdigt wurde. In einer Sitzung des Abgeordnetenhauses frug anläßlich einer Debatte über die Errichtung einer Juridischen Fakultät in Rovereto ein bekannter Parlamentarier, „wo der Überschuß an gelehrter Intelligenz, der aus einer solchen Anstalt hervorgehen würde, untergebracht werden soll, da schon gegenwärtig die Gefahr der steten Zunahme des geistigen Proletariats besteht".

Weiters behandelte die Volksversammlung eine Interpellation „betreffend die Schädigung des Publikums durch betrügerische Kreditversprechungen im Inseratenwege", in Wien wurde das Projekt für die elektrische Beleuchtung des Hietzinger Kirchenplatzes genehmigt, während die elektrische Beleuchtung des Margaretenplatzes auf 1906 verschoben wurde.

Neben dem Tod von Professor Nothnagel war die wichtigste Kulturnachricht, daß der Minister für Kultus und Unterricht an etliche Lehrkräfte des Konservatoriums der Gesellschaft der Musikfreunde den Titel „Professor" verliehen hatte, unter anderem an Robert Fuchs und Dr. Eusebius Madyczewski. An eher unbedeutender Stelle konnte man noch die Ankündigung lesen, daß die Operette „Fesche Geister" von Carl Michael Ziehrer an diesem Tage zur Uraufführung gelangen würde.

An diesem 7. Juli 1905 wurde in Wien, 18. Bezirk, Dittesgasse 1 a, Marcel Rubin geboren, als Sohn eines Elternpaares, das in beiden Teilen jene Eigenschaften aufwies, die sich später in solch glücklicher Weise in der einen Person des Komponisten vereinen sollten: Intellektualität, Kultur und Künstlertum.

Der Vater, Dr. Erwin Rubin, war Finanzbeamter und machte, ausgehend vom niederösterreichischen Neunkirchen, eine steile Karriere. Zuletzt hatte er als Hofrat im Finanzamt für den 1. Bezirk ein überaus wichtiges Referat inne, nämlich das für das Bank- und Börsewesen. Bereits Anfang der Zwanzigerjahre ging er vorzeitig in Pension, um als selbständiger Steuerberater Herr seiner Zeit zu sein. (Diesen „Freiheitsdrang" werden wir bei etlichen Entscheidungen von Marcel Rubin wieder erkennen.) Die Hofrats-Pension und die Einkünfte als freier Steuerberater ermöglichten es dem Vater, seinem Sohn Marcel insbesondere in den frühen Jahren seines Komponistendaseins jene Unterstützung zuteil werden zu lassen, die es ihm gestattete, viele Jahre in Paris zu studieren und schließlich nach jener Zeit noch in Wien sein Jus-Studium zu vollenden. Noch eine Charaktereigenschaft des Vaters ist hier zu erwähnen: Obwohl er als lebensnaher, intellektueller Finanzbeamter der Absicht seines Sohnes, Komponist zu werden, immer skeptisch gegenüberstand, besaß er die innere Größe, dessen Neigung nicht nur zu tolerieren, sondern auch die Verwirklichung dieses Zieles tatkräftigst zu unterstützen. Die hohe Kultur Dr. Erwin Rubins, gepaart mit Toleranz und Güte, werden wir unschwer in der Person seines Sohnes Marcel wiederfinden.

Entgegengesetzte, gleichzeitig aber auch in glücklicher Weise ergänzende Eigenschaften prägten den Charakter der Mutter Augustine, geb. Maschler. Von ihr erbte Marcel Rubin seine Musikalität und seine schöpferische Begabung. Augustine Maschler war eine ausgezeichnete Pianistin, konnte ihr Künstlertum jedoch leider nur einige wenige Jahre auch in der Erziehung ihres

Sohnes an diesen weitergeben; sie starb bereits 1911, 31 Jahre alt. Noch heute besitzt Marcel Rubin von seiner Mutter neben frühen Erinnerungen eine Gesamtausgabe der Klaviersonaten Ludwig van Beethovens, weiters sämtliche Klavierwerke Frédéric Chopins und Felix Mendelssohn-Bartholdys.

Neben dem damals sechsjährigen Marcel ließ Augustine auch noch eine vierjährige Tochter als Halbwaise zurück: Olga Maria. Mit ihr verband und verbindet Marcel eine überaus herzliche Zuneigung, und darüber hinaus auch eine bisweilen frappante Schicksalsgemeinschaft. Olga Maria wurde Malerin, fühlte sich also ebenfalls zur Kunst berufen; sie heiratete den französischen Schriftsteller, Germanisten und Musikwissenschaftler Marcel Beaufils, der später zum Professor für Musikgeschichte an das Pariser Conservatoire berufen wurde. Beaufils' Spezialgebiet ist die deutsche Musikgeschichte des 19. Jahrhunderts, zu seinen wichtigsten Veröffentlichungen zählen neben Romanen und Dramen Bücher über Robert Schumann und Richard Wagner. Aus dieser Ehe entsprossen vier Kinder.

Um seinen Sohn Marcel und seine Tochter Olga Maria nicht mutterlos aufwachsen zu lassen, heiratete Dr. Erwin Rubin bald nach dem Tod seiner ersten Frau ein zweitesmal, und zwar deren Schwester Ludowika. So verlief die Kindheit und frühe Jugend Marcels in guten und geordneten häuslichen Verhältnissen.

Nach der Absolvierung der ersten vier Volksschulklassen kam Marcel Rubin in das humanistische Gymnasium Rainergasse, das damals unter dem Namen „Elisabeth-Gymnasium" einen hohen Ruf genoß. Diese Schultype, die es wie keine andere verstand und versteht, ihren Schülern neben grundlegender Allgemeinbildung und intellektueller Ausrichtung auch noch Einsicht in das zutiefst Menschliche und Schöpferisch-Künstlerische mitzugeben, prägte auch Marcel Rubin in überzeugender Weise: sowohl seine sprachliche Begabung und Intelligenz als auch das hohe Ethos seines Künstlertums erhielten hier bestimmende Formungen.

Bereits in den ersten Gymnasialjahren erwarb sich Rubin den Ruf eines ausgezeichneten Schülers, was umso wichtiger war, als er in der Oberstufe begann, sich nebenbei immer mehr mit der Musik zu beschäftigen. Insbesondere während der siebenten und achten Klasse, als er neben der Schule auch noch den Lehrgang für Harmonielehre an der Wiener Musikakademie besuchte, mußte er zugunsten seines beginnenden Künstlertums das Gymnasium stark vernachlässigen, was jedoch anscheinend nicht sonderlich auffiel, da sein schulischer „Leumund" immer noch ausgezeichnet war. Diese Tatsache mag umso mehr verwundern, als der junge Marcel Rubin auch in anderer Hinsicht keineswegs gewillt war, in konformistischer Weise ein eindeutig erwartetes Verhalten an den Tag zu legen. Signifikant hiefür mag seine Beantwortung einer Inspektionsfrage aus philosophischer Propädeutik sein. „Was wissen Sie von Raum und Zeit?" hieß die Frage, und knapp und klar formulierte Rubin: „Davon wissen wir alle nichts." Mag sein, daß man in jenem humanistischen Gymnasium an das Wort Sokrates': „Ich weiß, daß ich nichts weiß" dachte, mag sein, daß man dem ansonsten guten Schüler Rubin diese Antwort als Zeichen seines etwas ungebärdigen künstlerischen Naturells verzieh, immerhin ging man sogar über solche, für damalige Verhältnisse sicher schwerer als heute wiegenden Meinungsäußerungen hinweg. Die Matura legte Rubin jedenfalls mit Auszeichnung im Jahre 1923 ab.

Neben der Schule beschäftigte sich Marcel Rubin bereits in den ersten Klassen stark mit der Musik. Er erlernte bei privaten Lehrern das Klavierspiel, hing theoretischen Problemen und kompositorischen Fragen nach und war schließlich mit dreizehn Jahren entschlossen, Komponist zu werden. Aus jener Zeit datiert auch seine erste Komposition, ein „Totentanz" für Klavier. Mit sechzehn, also im Herbst 1921, belegte er an der Wiener Musikakademie (Lothringerstraße) den von Richard Stöhr gehaltenen Lehrgang für Harmonielehre, nachdem die Diskussionen mit dem Vater über die Berufswahl gleichsam mit einem gegenseitigen „Stillhalteabkommen" geendet hatten. Als Gegenleistung für die Ermöglichung eines intensiven künstlerischen Studiums versprach Marcel, nach der Matura neben diesem künstlerischen Studium auch noch Jus an der Wiener Universität zu inskribieren.

Über den Unterricht bei Richard Stöhr war Rubin allerdings nicht glücklich. Stöhr erwies sich ausschließlich als Handwerker und Praktiker, der zwar das „tägliche Brot" der Harmonielehre beherrschte, darüber hinaus jedoch seinen Schülern keinerlei künstlerische Anregungen zu geben vermochte. Wer jemals Stöhrs theoretische Bücher, wie seine Harmonielehre und seine Formenlehre, gelesen hat, kann sich in den Gemütszustand eines genialisch durchpulsten jungen Komponisten, der sich von einer Musikakademie höchste künstlerische Befriedigung erhofft hatte und nun mit buchhalterischem Tonsatz konfrontiert wurde gut hineindenken. Es paßt jedoch zu Rubins konsequenter Lebensauffassung, daß er den zwei Jahre währenden Lehrgang absolvierte, ohne an frühzeitigen Lehrerwechsel zu denken. Die Abschlußprüfung allerdings ging, typisch für Rubins nonkonformistische Haltung, nicht ganz glatt über die Bühne: Der junge Kandidat hatte unter anderem eine einfache Modulation in eine verwandte Tonart durchzuführen. Als Stöhr das Ergebnis mit „zwar richtig, aber zu kurz" klassifizierte, antwortete Rubin (damals achtzehnjährig): „Wenn ich von hier in die Oper gehe, gehe ich auch nicht über Hietzing." Joseph Marx und Franz Schmidt, die der Prüfungskommission angehörten, lachten über diesen Ausspruch und merkten sich den jungen Prüfling nicht zuletzt deswegen.

Der Herbst 1923 sah Marcel Rubin also bereits doppelt geprüft: Matura und Harmonielehre-Lehrgang waren abgelegt, es galt nun die Weichen für die weitere Ausbildung zu stellen. Der eine Weg war vorgezeichnet, gleichsam als Verbeugung vor dem bürgerlichen Denken des Vaters: An der Universität inskribierte Rubin Jus als „Brotstudium". Weniger einfach war der weitere Weg an der Musikakademie, da ein Studium bei Stöhr für den Komponisten nicht mehr in Frage kam. Vielmehr hatte er es sich vorgenommen, zu Franz Schmidt zu gehen, mit welchem Anliegen er denn auch seinen Vater zu Joseph Marx, damals Direktor der Akademie, schickte. Marx, der von der großen Überfüllung der Klasse Franz Schmidts wußte, machte sich erbötig,

Marcel, den er wohl von seinem oben erwähnten Ausspruch noch in Erinnerung hatte, selbst als Schüler anzunehmen, jedoch vor dem bestimmten Wort des Vaters: „Er hat sich aber in den Kopf gesetzt, zu Schmidt zu gehen" kapitulierte er amüsiert. Marcel Rubin wurde zur Fortsetzung seiner Studien im strengen Satz (Kontrapunkt) in die Klasse von Franz Schmidt aufgenommen. Noch eine persönliche Entscheidung wurde für den weiteren musikalischen Lebensweg bestimmend: Im Herbst 1923 legte Rubin eine Art „Aufnahmeprüfung" als Privatschüler bei Professor Richard Robert ab, der damals Wiens berühmtester und bedeutendster Klavierpädagoge war (zu seinen Schülern zählte unter anderen auch Rudolf Serkin). Er spielte eine Beethoven-Sonate vor, worauf Robert äußerte: „Sie haben noch keine Ahnung von Musik" und erklärend hinzufügte: „Die Basis ist, daß man weiß, was ein Auftakt ist; der Auftakt bedarf eines Nachdrucks, denn mit ihm beginnt die Phrase!" Dennoch nahm Robert, der diesen Mangel wohl gegen andere Vorzüge des neuen Schülers aufrechnete, Marcel Rubin in seine Klasse auf. Obwohl der Klavierunterricht bei Robert nicht von langer Dauer war — der Pädagoge starb bereits im Februar 1924 —, erhielt unser Komponist hier bleibende Eindrücke, besonders auf dem Gebiet des musikalischen Atems und der lebendigen Gestaltung. Und wem heute beim Anhören eines Rubinschen Werkes die ausdrucksvollen Auftakte seiner Themen auffallen, der mag sich des zitierten Ausspruches von Richard Robert erinnern.

Das Kontrapunkt-Studium bei Franz Schmidt, das von Herbst 1923 bis Sommer 1925 währte, war für Rubin wie eine Befreiung aus unkünstlerischer Enge. Schmidt benutzte kein Lehrbuch, er diktierte seine Lektionen, die praktische Anweisungen für den strengen und freien Satz sowie für die Fuge darstellten, selber und bemühte sich, niemals trockene „Theorie" zu unterrichten. Maß aller Dinge war für ihn, im Gegensatz zu Stöhr, nicht die Regel, sondern das künstlerische Ergebnis, was ihn auch zu großer Toleranz befähigte. So schüttelte er zwar bisweilen über gewagte Fortschreitungen und Harmonien seines Schülers den Kopf, doch das von Kollegen prophezeite „Donnerwetter" blieb aus. Vielmehr gab Schmidt einmal unumwunden zu, daß das Ergebnis „kühn, aber hochmusikalisch" sei. Rubin, der damals bewußt neue Wege suchte, zeitweise auch etwas unter dem Einfluß Arnold Schönbergs stand — dessen Sechs kleine Klavierstücke op. 19 hatten es ihm so angetan, daß er sie auswendig lernte —, riskierte immer wieder unorthodoxe Experimente, die natürlich häufig nicht die Zustimmung seines Lehrers fanden. Die innere Größe von Franz Schmidt zeigte sich aber auch hier: Er analysierte diese Experimente bis ins Detail und ließ einmal, als Rubin in einem Streichquartettsatz einen Kontrabaß anstelle eines Violoncellos verwendete, das Stück sogar von Schülern realisieren, um an Hand des akustischen Ergebnisses die Frage nach der Opportunität einer solchen Instrumentation in gemeinsamer Diskussion zu lösen. „Sie hören es ja selber, wie das klingt, was sagen Sie dazu?" war die — nicht rhetorisch gemeinte — Frage des Lehrers. Rubin sagte, daß es schlecht klang.

Auch auf musikalischem Gebiet verdankt Rubin Franz Schmidt sehr viel. Ein

unvergessenes Erlebnis für den jungen Studenten war es zum Beispiel, wie

Schmidt mitten in theoretische Erörterungen über die Fugenkomposition hinein sich ans Klavier setzte und mit unnachahmlichem Ausdruck eine Bachsche Fuge vortrug, dabei den Stellenwert jeder einzelnen Stimme genau herausarbeitend. Die lapidare Aufforderung am Ende des Vortrags „Und jetzt macht das nach!" zeugt ebenso von großer Demut vor einem Kunstwerk wie von dem Wissen um die Grenzen jeder Theorie, die für ihn wie für jeden wahren Künstler niemals zum Selbstzweck werden konnte.
Trotz des großen Eindruckes, den Schmidts Unterricht auf Rubin machte, und trotz der bedeutenden handwerklichen und künstlerischen Anregungen, die es hier zu empfangen gab, spürte der junge Komponist dennoch, daß es nicht seine Aufgabe und auch nicht seine Sache sein könne, auf dem Weg seines Lehrers weiterzugehen. Schmidts traditionelle Tonsprache und seine durchaus konservativen Ansichten waren dem jungen Feuerkopf denn doch etwas zu unmodern. Nachdem er 1925 den Theorie-Unterricht mit „vorzüglich" absolviert hatte, überlegte er nun, wo er sein Kompositionsstudium fortsetzen könne. Er wußte, daß er das handwerkliche Grundgerüst besaß, war seinem Lehrer dafür auch wirklich dankbar, hatte aber keinerlei Lust, das nun folgende Kompositionsstudium in ähnlichen Bahnen verlaufen zu sehen.
Zwei Möglichkeiten waren es, die Marcel Rubin damals ins Auge faßte. Die eine war, nach Berlin zu gehen, wo Arnold Schönberg eben als Nachfolger Ferruccio Busonis an der Preußischen Akademie der Künste zum Leiter der Kompositionsklasse berufen worden war, und überdies auch Franz Schreker als Direktor der dortigen Musikhochschule weilte. Als Alternative bot sich Paris an, wo damals die Gruppe der „Six" immer mehr von sich reden machte, eine Gruppe von sechs Komponisten, deren musikantischer, bewußt aromantischer moderner Stil den jungen Künstler äußerst beeindruckte. Selbst noch unschlüssig, wofür er sich entscheiden sollte, frug er Egon Wellesz um Rat, der ihm empfahl, zu Darius Milhaud nach Paris zu gehen. „Ich glaube, daß Sie sich dort wohlfühlen werden." So wußte er Rubins Künstlertum und Persönlichkeit richtig zu analysieren.
Der Vater Marcels, dessen finanzielle Verhältnisse ein Studium seines Sohnes in Paris durchaus zuließen, nahm die Unterbrechung des Jus-Studiums an der Universität in Kauf — bis jetzt hatte Marcel ohnehin nur pro forma inskribiert, nie aber Vorlesungen besucht oder gar Prüfungen abgelegt — und ermöglichte das Vorhaben in großzügiger Weise. „Versuchen wir es", war die zwar skeptische, aber durchaus wohlwollende Reaktion auf das ihm vorgetragene Anliegen.

2. *STUDIUM IN PARIS*

Paris 1925. Jedem Künstler mußte die französische Hauptstadt wie ein wahres Dorado erscheinen, so kunstgeschwängert war die Atmosphäre der Seine-Metropole; nicht nur dadurch, daß eine bedeutende Reihe von Persönlichkeiten aus allen Gebieten der Kunst dort lebte, sondern auch durch das ursprünglich-persönliche Verhältnis der Künstler untereinander und die von Kultur geprägte Form der gesellschaftlichen Ereignisse. Große Teile des Pariser kulturellen Lebens spielten sich entweder in den Künstlercafés ab oder aber in privaten Musiksalons, deren Intimität persönliche Kontakte leicht ermöglichte. Die Cafés „Le Dôme" und „La Rotonde" auf dem Boulevard Montparnasse waren Treffpunkt vieler französischer und ausländischer Künstler, hier lernte man zwanglos Persönlichkeiten, aber auch neue Werke kennen, man diskutierte über aktuelle Ereignisse und ließ sich durch Werkstattgespräche zu eigenen Schöpfungen inspirieren. Ähnlich, durch die sorgfältig getroffene Auswahl der Besucher allerdings exklusiver, ging es in den Musiksalons zu. Hier traf man sich einmal in der Woche, führte eigene Kompositionen vor, besprach sich mit Kollegen und war dadurch eigentlich immer über alles Neue informiert. Durchreisende Künstler wurden eingeladen, berichteten aus anderen Kunstzentren und verhalfen den Salons auch zu internationaler Aktualität.

Eine große Anzahl bedeutender Komponisten war im Paris von 1925 versammelt. Von der älteren Generation seien der damals genau fünfzig Jahre zählende Maurice Ravel, Florent Schmitt und Albert Roussel erwähnt. Ebenfalls zur älteren Generation gehörte der in jenem Jahr verstorbene Erik Satie, der als typischer Nonkonformist die nächste Musikergeneration nachhaltig beeinflußte. In seinen handwerklichen Mitteln gar nicht sonderlich avantgardistisch, kleidete er seine Schöpfungen in ein derart ungewohntes Gewand, daß sich die traditionelle Kritik immer wieder an ihm entzündete. Als man ihm einmal Formlosigkeit vorwarf, war seine Antwort eine Sammlung „Klavierstücke in Form einer Birne". Durch solche Hiebe auf alles Herkömmliche, aber auch durch seine originelle musikalische Sprache wurde Satie zum eigentlichen Vater eines Pariser Kreises, der unter dem Namen „Groupe des Six" historische Geltung erlangte. Sechs Personen waren es, die sich zusammen mit dem Schriftsteller und Philosophen Jean Cocteau verbanden, um die französische Musik von der immer noch dominierenden Spätromantik abzulösen: Georges Auric, Louis Durey, Arthur Honegger, Darius Milhaud, Francis Poulenc und Germaine Tailleferre — also fünf Komponisten und eine Komponistin. Vehement wandte sich dieser Kreis gegen Richard Wagners und César Francks „Sauerkrautpathos" und forderte an dessen Stelle die Dominanz von Verstand und Phantasie gegenüber dem Gefühl. Cocteau, der zum Ästheten und Wortführer der Gruppe wurde, schrieb eine „Kriegserklärung" gegen die Musik, „die man, den Kopf in den Händen, anhört", was kultur- und musikgeschichtlich eine Entsprechung auch bei den Vertretern der deutschen „Neuen Sachlichkeit" fand, deren Hauptmerkmale ein im Zuge des Neoklassizismus aufkommendes verstärktes polyphones Denken, die Betonung des rhythmischen Elementes und die Rückkehr zur musikantischeren „absoluten" Musik waren.

Eine nicht minder repräsentative Anzahl von Vertretern der Malerei lebte 1925 in Paris, die mit Musikern und Schriftstellern in den Cafés und Salons engen Kontakt pflegten. An erster Stelle ist hier Pablo Picasso zu nennen, der nach frühem fauvistischen Beginn den Höhepunkt seiner kubistischen Periode bereits erreicht hatte und bisweilen zu klassizistischen Formen zurückfand. In der Nachfolge Henri Rousseaus, des „Zöllners", der als „Vater der Sonntagsmaler" Begründer der Schule der naiven Malerei wurde, stand Maurice Utrillo, stilistisch von scharfer Gegensätzlichkeit hiezu war Henri Matisse, Führer der Gruppe der „Fauves", der „Wilden". Und schließlich muß der seit 1922 in Paris lebende Russe Marc Chagall erwähnt werden, dessen Expressionismus bisweilen bereits traumhafte surrealistische Züge modernster Prägung aufwies.

Die Pariser Atmosphäre wäre aber mangelhaft beschrieben, würde man nicht noch eines Spezifikums gedenken. Die Seine-Stadt atmete damals einerseits pulsierende Lebensfreude und Vitalität, von der jeder unweigerlich mitgerissen wurde, andererseits besaß sie immer noch jene kleinstädtische Intimität, die es mit sich brachte, daß sich ein Fremder nach kurzer Zeit heimisch fühlte. Der Grund hiefür war darin zu suchen, daß Paris eigentlich eine Summe von mehr oder weniger großen Dörfern darstellte; jedes Viertel hatte sein unverwechselbares Gesicht, jeder Bezirk bildete eine kleine Stadt für sich. Besonders charakteristisch hiefür waren das Quartier Latin und der Montparnasse, Viertel, die insbesondere den großen und kleinen Künstlern aller Musen zur Heimstätte dienten.

Im September 1925 kam nun Marcel Rubin, zwanzigjähriger Student der Komposition, in jene Stadt, eine einzige Empfehlung — von Egon Wellesz an André Coeuroy, den Direktor der „Revue Musicale" — in der Tasche, ansonsten völlig auf sich allein gestellt. Eine Reihe anderer Empfehlungen von seinem Vater und Freunden der Familie mitzunehmen, hatte er abgelehnt, da er fürchtete, auch in Paris, wo er doch der Kunst und nur dieser leben wollte, in ein ähnliches Hofratsmilieu zu geraten, wie er es von Wien her kannte. Coeuroy, den er bald aufsuchte, gab ihm seinerseits zwei Empfehlungen mit, und zwar an Arthur Honegger und Darius Milhaud. Honegger, den Rubin zunächst besuchen wollte, befand sich nicht in Paris und war laut Auskunft so bald nicht zu erreichen. Mehr Glück hatte er bei Darius Milhaud: Ihn anzurufen gelang sehr bald, und Milhaud bestellte Rubin alsogleich in seine Wohnung, die am Montmartre, und zwar Boulevard de Clichy Nr. 10, gelegen war.

Hochgemut, in froher Erwartung, machte sich Marcel Rubin auf den Weg. Die Eindrücke, die er von dem lustigen Treiben am Montmartre, wo man gerade „foire" (Jahrmarkt) feierte, gewann, verstärkten seine Begeisterung über das Pariser Leben. Karussels, Schießbuden und andere Vergnügungsstätten schienen dem jungen Studenten, der sich zudem recht gut auf französisch verständigen konnte, wie ein Symbol für die Befreiung von bisherigem Zwang zu sein. Umso größer war die Enttäuschung, als ihm Milhaud freundlich, aber bestimmt eröffnete: „Ich muß Ihnen leider sagen, daß ich keinen Unterricht gebe; ich bin viel auf Reisen und habe daher keinen Schüler." Rubin ließ jedoch nicht so bald locker und bat Milhaud, trotzdem eine Komposition von ihm anzusehen, was dieser schließlich auch tat. Das ihm vorgelegte Werk, ein Streichquartett in drei Fugen, das als Abschlußarbeit der Kontrapunkt-Studien bei

Franz Schmidt entstanden war, stimmte Milhaud doch noch um. Er gab Rubin zu verstehen, daß er sich für ihn interessiere und bereit wäre, ihm Stunden zu geben. „Sie sind ein ausgezeichneter Kontrapunktiker. Es ist ein Glück für Sie, daß Sie das in Wien gelernt haben, Sie hätten das nirgendwo besser lernen können", war seine erste Analyse der Fähigkeiten seines neuen Schülers. Gleichzeitig erkannte er aber auch, daß es bei diesem gewisse Mängel an Kenntnis der neuesten Literatur geben müsse, und frug ihn, ob er die Klaviersonate von Igor Strawinsky schon einmal gehört hätte. Als Rubin verneinte, machte er ihn aufmerksam, daß der Pianist Jean Wiener — ein der Moderne aufgeschlossener Virtuose — diese Sonate in einigen Tagen spielen werde. Auf eine eigene Visitenkarte schrieb Milhaud, daß man den Überbringer in das Konzert einlassen solle, da er „ein junger Wiener Komponist von großem Talent" sei. Diese Visitenkarte machte damals den jungen Marcel Rubin wohl zum frohsten und stolzesten Menschen in ganz Paris.

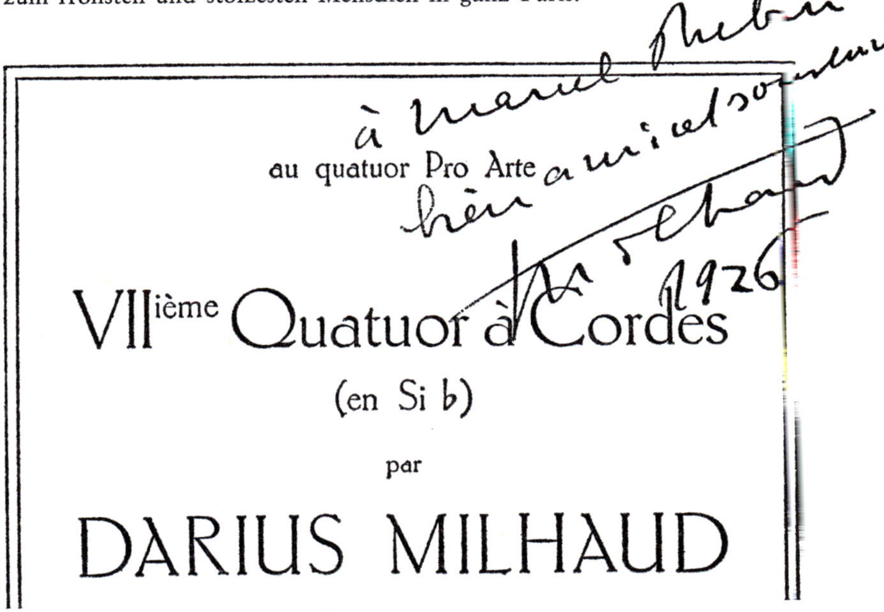

Eine Widmung Milhauds an Rubin

Der Unterricht bei Darius Milhaud war für Rubin der endgültige Schlüssel für sein eigenes Künstlertum. Obwohl er sich äußerst unregelmäßig gestaltete, war er dennoch überaus zielführend, da es Milhaud verstand, stets das Wesentliche im Auge zu behalten und seinen Schüler auch über lange Zeiträume hinweg methodisch richtig zu lenken. „Komponieren Sie, und wenn etwas fertig ist, kommen Sie wieder", war sein Auftrag, Marcel Rubin damit bewußt Zeit für eine freie Entfaltung seiner Persönlichkeit gebend. (Als Entgelt für seine Lehrtätigkeit verlangte Milhaud, der aus einer überaus vermögenden Familie stammte und selbst nur seinem Schaffen leben konnte, übrigens einen eher als symbolisch zu bezeichnenden äußerst niedrigen Betrag.) Rubin nützte die Möglichkeit, durch Milhaud unterwiesen zu werden, jedoch in hohem Maße: Zahlreiche Kompositionen — zehn im ersten Studienjahr — entstanden damals und alle wurden Milhaud vorgelegt. Diejenigen Werke, die sich als unfertige Schülerschöpfungen herausstellten, verwarf Rubin nachträglich wieder. Eine ganze Reihe von Kompositionen fand jedoch Aufnahme in den offiziellen Werkkatalog des Meisters: die drei Klaviersonaten, deren dritte damals sogar von dem Pariser Verlag Max Eschig gedruckt wurde, das Streichquartett, das Streichtrio, die Oboen-Sonatine, die Violoncello-Sonate, die 1. Symphonie und schließlich zwei Liederzyklen nach Texten französischer Dichter. Wenn einige dieser Kompositionen in späteren Jahren einer Überarbeitung unterzogen wurden, dann nie ihrer musikalischen Substanz wegen, sondern immer nur aus instrumentatorischen Gründen oder, um kleinere harmonische oder stimmführungsmäßige Korrekturen anzubringen.

Die vielleicht wichtigste Lehre, die Marcel Rubin durch Darius Milhaud erhielt, war die von der alles überragenden Bedeutung der Melodik, der melodischen Linie als aus dem Gesang geborenem Parameter der Musik. Milhaud, selbst Melodiker von höchsten Graden, wußte seinem Schüler das Gefühl für lineare kantable Stimmführung, aber auch für die Bedeutung der thematischen Erfindung mitzugeben. „Es gibt keine Musik ohne Melodik", war Milhauds künstlerisches Credo, und Marcel Rubin, der seinem Lehrer hier wesensverwandt war, übernahm es als eigenes Bekenntnis.

Das zweite Gebiet, auf welchem Rubin seinem Lehrer Entscheidendes verdankt, ist das der Instrumentation. So basiert die Überzeugung des Komponisten, daß die Instrumentation ein entscheidender Teil der Erfindung ist und daß auch die Wahl der Instrumentenkombination dem Wesen nach dem künstlerischen Einfall und nicht dem Handwerk zuzurechnen ist, auf den Ansichten Darius Milhauds, ging aber manchmal bereits etwas über diese hinaus. Eine Begebenheit aus jenen Lehrjahren mag hier zur Illustration früher Eigenständigkeit angeführt sein:

Als handwerkliche Studie sollte Marcel Rubin einmal eine Klaviersonate von Ludwig van Beethoven orchestrieren, sah sich jedoch bald aus innerer Überzeugung heraus dazu außerstande. Folgende Überlegungen waren hiefür maßgebend: So, wie Beethoven eine Instrumentation angebracht hätte, könne niemand anderer es tun, da man dies niemals kongenial nachträglich erahnen oder gar erschließen könne. Und so wie ein anderer — in diesem Falle also Marcel Rubin — dürfe man es nicht, da dies dem Werk niemals adäquat sein könne. Aus diesem Grund erfüllte Rubin die ihm von Milhaud gestellte Aufgabe nicht und ging anstelle dessen daran, ein eigenes Orchesterstück zu schreiben. Seinem Lehrer erklärte er den Sachverhalt mit den Worten: „Ich kann nicht so wie Beethoven instrumentieren" und den angestellten künstlerischen Überlegungen. Milhaud, der ja ähnlich dachte, nahm die Argumentation wohlwollend zur Kenntnis, sah sich das Orchesterstück an und stellte fest: „Sie instrumentieren sehr gut."

In Paris wurde Marcel Rubin bald heimisch. Neben seinem Privatstudium bei

Milhaud inskribierte er an der faculté des lettres (geisteswissenschaftliche Fakultät) der Universität Kunst und Literatur, ohne allerdings zielstrebig eine Studienrichtung zu absolvieren; mehr war ihm um die Benützung der großen Universitätsbibliothek zu tun, an der er sich selbständig weiterbildete. Seine Wohnorte suchte sich der junge Komponist übrigens nach „atmosphärischen" Gesichtspunkten aus: Im ersten Jahr wohnte er auf dem Montparnasse, im zweiten im Quartier Latin; die dortigen Künstlercafés zählten bald zu seinen liebsten Aufenthaltsorten.

Auch einem privaten Musiksalon, sogar einem der bedeutendsten, gehörte Rubin bald als Mitglied an. Milhaud war es, der ihn bei Madame Clémenceau, einer gebürtigen Österreicherin und Schwester von Bertha Zuckerkandl, einführte, die einen Salon unterhielt, in welchem alle Persönlichkeiten des Kulturlebens ein- und ausgingen. Hier lernte er die übrigen Komponisten der Gruppe der „Six" kennen, aber auch Maurice Ravel, Albert Roussel, Florent Schmitt und viele andere. Künstler auf der Durchreise waren zu Gast, Strawinsky kam häufig auf Besuch, und die Diskussionen über aktuelle musikalische Fragen verhalfen Marcel zu profunder Information über alle Zeitströmungen und Werkstattfragen.

Das zweite Jahr seines Paris-Aufenthaltes, 1927, brachte dem jungen Komponisten sein erstes großes Liebeserlebnis. Eine gleichaltrige russische Emigrantin, Polja Orkine, war es, die Rubins Herz höher schlagen ließ. Auf den Gebieten der Malerei, Bildenden Kunst und Musik sehr intuitiv, vermochte sie ihrem Freund auch in künstlerischer Hinsicht bedeutende Anregungen zu geben, unter anderem zu seiner 1927/28 entstandenen 1. Symphonie, die ihr gewidmet ist. Die Liebesbeziehung fand allerdings sehr bald ein tragisches Ende: ein Jahr nach dem Beginn der Bekanntschaft starb Polja Orkine an Meningitis.

Paris bescherte Marcel Rubin auch die ersten öffentlichen Aufführungen eigener Werke. So sang am 7. Mai 1927 Jane Bathori in einem der Moderne gewidmeten Konzert, mit dem Komponisten am Klavier, neben Liedern von Poulenc, Ibert und Antheil Marcel Rubins „Chansons de Clément Marot"; und zehn Tage später folgte das damals sehr bekannte „Quatuor Roth" mit dem Streichquartett, das dem Komponisten eine überaus positive Resonanz in der Presse eintrug. Im „Monde Musical" vom 31. Mai konnte man folgendes lesen (wobei der in der Kritik angestellte Vergleich sich auf ein vorher rezensiertes Werk bezog): „Das Streichquartett von Marcel Rubin, der aus Wien zu uns kam, ist kaum länger — was ein Vorzug ist —, noch weniger dissonant — was weder ein Vorzug noch ein Fehler ist. Hingegen zeugt es von weitaus mehr Musikalität und persönlichen Ideen."

Ein weiteres bedeutendes Datum für Rubins Karriere als Komponist war der 31. Mai 1930, an welchem Tag er selbst seine 3. Klaviersonate zur Aufführung brachte. Und auch von jenem Ereignis nahm die Presse Notiz: „Wie wir vor kurzem angekündigt haben, hat Marcel Rubin wieder öffentlich seine 3. Klaviersonate gespielt, dieselbe, die leidenschaftliche Kommentare am 7. Abend des ‚Centre International de la Jeunesse Artistique' entfesselt hat. Diese zweite Aufführung fand gelegentlich des ‚Konzertes moderner Musik' statt, dessen

PROGRAMME

Samedi 7 Mai à 17 heures

Concert JANE BATHORI

3e Exposition de Mélodies 1re audition

4 Chansons de Clément Marot.	M. RUBIN
Comme à la lumière de la lune (M. Proust).	F. TURNER
Hanschen als Petruska (1922).	G. ANTHEIL
Das Pferdchen.	—
Morgenrot.	—
Auf Urlaub bin ich gegangen.	—
3 Ballades de Paul Fort.	G. GROVLEZ
a) **J'ai des p'tites fleurs bleues.**	—
b) **La fille morte.**	—
c) **Le ciel est gai, c'est joli mai.**	—
Mélancolie (P. Chabanaix).	J. IBERT
4 Chansons d'amour (XVIIIe siècle).	M. JACOB
Le Potier (T. Klingsor).	Ch. KOECHLIN
Offrande (T. Klingsor).	
Air (Moréas).	F. POULENC
3 Complaintes de J. Lafforgue.	N. KARJINSKY
Complainte du pauvre jeune homme.	
Complainte du petit hypertrophique.	
Simple agonie.	

Au PIANO PLEYEL : **les Auteurs**

Erste Pariser Aufführung am 7. Mai 1927

Programm wir zugleich die Namen Halffter, Milhaud, Tansman entnehmen. Das Publikum, in dem man einige moderne Meister wie Honegger, Roussel und Ibert bemerkte, bereitete diesmal Marcel Rubin einen warmen und vorbehaltlosen Erfolg." (Paris-Presse vom 5. Juni 1930)
Als umfangreichstes Werk entstand gegen Ende der Pariser Zeit, also 1930 und Anfang 1931, eine Oper, „Prinzessin Brambilla", nach einer Novelle E. T. A. Hoffmanns. Den Text hatte ursprünglich Marcel Beaufils, den Rubin während eines Wiener Sommer-Aufenthaltes bei Egon Wellesz kennengelernt hatte — Beaufils studierte damals als Stipendiat in Wien —, verfaßt. Der junge Komponist hat das Libretto dann erweitert, indem er „Gott und die Welt einbezog" und es dadurch, wie er nach Jahren einsah, „gründlich verdorben". Die Musik allerdings fand bei Darius Milhaud überaus lobenden Zuspruch. Milhaud verfaßte sogar ein Empfehlungsschreiben an Emil Hertzka, den Direktor der Wiener Universal-Edition, dem Rubin das Werk im Sommer des Jahres 1931 vorlegte. Die weitere Geschichte dieser Oper wird im nächsten Kapitel noch Gegenstand ausführlicher Behandlung sein.
Sechs Jahre hatte Marcel Rubin also in Paris gelebt — wenn man einmal von den jeweils in Wien verbrachten Sommermonaten absieht —, sechs Jahre, in denen er vom jungen zwanzigjährigen Studenten zum sechsundzwanzigjährigen Komponisten wurde, der seine ersten Meisterwerke bereits geschrieben hatte, dessen erste öffentliche Aufführungen große Erfolge gewesen waren und der im Paris der Jahre um 1930 zu einem angesehenen Mitglied der Gesellschaft geworden war. Jedoch: seinen Lebensunterhalt bestreiten konnte Rubin von den Einkünften als Komponist, Privatklavierlehrer und Musiker keineswegs. Die Vernunft in Gestalt seines Vaters rief Marcel Rubin daher nach Wien zurück. Schweren Herzens verließ der Komponist die Seine-Metropole, die ihm zur geliebten zweiten Heimat geworden war. Bei seiner Abreise aus Paris konnte er nicht wissen, daß er kaum sieben Jahre später wieder in jene Stadt übersiedeln würde und daß ihn mit dieser zeit seines Lebens enge, ja sogar familiäre Bande verbinden sollten.

3. WIEDER IN WIEN

Im Sommer 1931 kehrte Marcel Rubin nach Wien zurück. Der Vater, dessen Großmut er sechs unbeschwerte Studienjahre in Paris verdankte, bestand nun auf Fortsetzung des Jus-Studiums. „Leben kannst du nicht von der Musik, komponiere weiter, aber studiere Jus fertig", war sein Geheiß, dessen Berechtigung dem jungen Komponisten durchaus klar war. In den nächsten zwei Jahren war Rubin also Student der Jurisprudenz, absolvierte in diesem Zeitraum sämtliche Prüfungen und promovierte am 19. Juli 1933 zum Doctor iuris.
Daß unter diesen Umständen natürlich die Musik etwas zu kurz kommen mußte, liegt auf der Hand, dennoch war sich Rubin seiner Bestimmung als Komponist jederzeit bewußt. Die Kontakte mit den Persönlichkeiten des Musiklebens mußten außerdem in jenen Jahren erst wieder aufgebaut werden,

denn während seiner Pariser Jahre stand Rubin mit niemandem in Wien außer mit Egon Wellesz in Verbindung. Auch das Verhältnis zu Franz Schmidt, seinem ehemaligen Lehrer, war nicht mehr ungetrübt. (Rubin hatte erst später von früheren Mitschülern erfahren, daß er Schmidt mit seinem abrupten Abgang von der Wiener Musikakademie gekränkt hatte.) Im Sommer 1926, nach dem ersten Studienjahr in Paris, hatte der Komponist einmal Schmidt aufgesucht, um ihm seine neuesten Schöpfungen vorzulegen. Das erste Werk, das er ihm vorspielte, war natürlich auch das revolutionärste; wahrscheinlich wollte Rubin damit zeigen, wie sehr er jetzt die Fesseln jeder Tradition abgeschüttelt hatte, einer Tradition, der zu entkommen er ja auch nach Paris gezogen sei. Jenes Werk, eine aus drei Presto-Sätzen bestehende Suite für Klavier, war Franz Schmidt dann auch wirklich zu gewagt. „Lieber Freund", sagte er zu dem damals Einundzwanzigjährigen, „Sie wissen, ich habe sehr viel von Ihnen gehalten, hier komme ich aber nicht mehr mit." Im übrigen war diese Suite auch Milhaud zu dissonant, und Rubin hat einige Jahre später das Werk verworfen, da er die Einwände seiner Lehrer doch für richtig ansah. (Das Thema des 3. Satzes jener Suite findet sich allerdings im Finale des Divertimentos für Klavier, Violine und Violoncello wieder.)

Einer der ersten Wege in Wien führte, wie bereits erwähnt, zu Emil Hertzka, dem Direktor der Universal-Edition, um die Oper „Prinzessin Brambilla" mit dem Empfehlungsschreiben Milhauds vorzulegen. Hertzka war zunächst sehr ablehnend, und auch Dr. Heinsheimer, der bei jenem Termin anwesend war, schien skeptisch zu sein. Aus seiner Verleger-Erfahrung teilte Hertzka dem Komponisten gleich zu Beginn mit, daß „die erste Oper jedes Komponisten unbrauchbar" sei. Rubins forsche Antwort „Herr Direktor, ich habe gleich mit der zweiten angefangen" ließ ihn wohlgesinnter werden, und er bequemte sich doch dazu, die Oper anzuhören. Sie gefiel ihm dann so gut, daß er meinte, es ließe sich „vielleicht doch etwas machen", und sogar Vorspiele bei verschiedenen in- und ausländischen Intendanten arrangierte. Und es schien zu gelingen: In Düsseldorf gefiel die Oper sowohl dem dortigen Intendanten als auch Jascha Horenstein, dem Generalmusikdirektor. Für die Saison 1933/34 wurde das Werk angenommen. Zu einer Aufführung konnte es in jenen Jahren allerdings nicht mehr kommen; Horenstein mußte 1933 aus rassischen Gründen emigrieren, und auch Marcel Rubin war als „Nicht-Arier" den neuen Machthabern in Deutschland nicht genehm. Da Rubin die Oper einige Jahre später verwarf, weil sie ihm sowohl textlich als auch musikalisch so revisionsbedürftig schien, daß eine Umarbeitung mühsamer gewesen wäre als die Komposition einer neuen Oper, gelangte das Werk nie zur Aufführung.

Nach Beendigung seines Jus-Studiums absolvierte Rubin sein Gerichtsjahr und arbeitete dann einige Zeit als Konzipient einer großen Rechtsanwaltskanzlei, eine Tätigkeit, die ihm sehr zusagte. Jene Jahre waren für Rubin äußerst lehrreich, was logisches Denken, dialektische Diskussionsführung und klaren Stil in Sprache und schriftlichen Arbeiten betrifft. Hier ist eine der Wurzeln zu suchen, die Rubin später zu einem der prominentesten Funktionäre von Komponistenorganisationen und Urheberrechtsvereinigungen werden ließ. Die Tatsache, daß ein Komponist gleichzeitig Jurist und auch auf intellektuellem Gebiet Berufsfunktionären nicht unterlegen ist, hat insbesondere in den letzten Jahren den Standesvertretungen der Komponisten unschätzbare Vorteile gebracht.

Als Konzipient gewann Rubin einmal in erster Instanz einen Prozeß gegen Dr. Arthur Seyss-Inquart, damals Anwalt der Alpine-Montan-Gesellschaft, später Hitlers Helfer in der Regierung Schuschnigg. Einige Witwen von Arbeitern dieser Gesellschaft hatten geklagt, weil ihre Männer wegen schlechter Entlüftungseinrichtungen an Staublunge gestorben waren. Die Gesellschaft wurde in erster Instanz verurteilt, die zweite Instanz allerdings wies die Klage ab.

Während jener Konzipienten-Jahre war Rubin auch auf musikalischem Gebiet organisatorisch tätig. Zusammen mit Friedrich Wildgans, mit dem ihn eine tiefe Freundschaft verband, leitete er ab 1936 die Konzertreihe „Musik der Gegenwart“, in welcher er ein breites Publikum mit modernen Kompositionen bekannt machte. Die Gemeinde Wien subventionierte das Unternehmen, das zahlreiche bedeutende Werke zur österreichischen Erstaufführung brachte. So standen auf dem Programm des ersten Konzertes der Saison 1936/37 vom 28. November 1936 Erstaufführungen von Igor Markevitch, Erik Satie („Sokrates“ in der Klavierfassung, mit Marcel Rubin am Flügel), Paul Hindemith und Darius Milhaud sowie eine Uraufführung von Josef Matthias Hauer. Das zweite Konzert war als Gedenkfeier für Alban Berg diesem Meister und seinen Schülern, unter ihnen Hans Erich Apostel, gewidmet.

Ein Absatz aus der programmatischen Erklärung, die Marcel Rubin für die Konzertreihe verfaßt hat, soll hier seine Aufnahme finden, da er ein charakteristisches künstlerisches Credo unseres Meisters darstellt. Hier heißt es folgendermaßen: *„Die Wahl der aufzuführenden Werke wird ausschließlich nach dem Grundsatz der Lebendigkeit erfolgen. In ihm liegt eine Ablehnung der Gleichsetzung des Begriffes ‚moderne Musik‘ mit einer einzigen Stilrichtung; denn die moderne Musik ist in Wahrheit reich und vielgestaltig und ist neu nicht vermöge einer besonderen Technik, deren sich auch der Unlebendigste bedienen kann, sondern kraft des in ihr verkörperten Lebens.“*

An eigenen Schöpfungen entstanden in den Jahren 1932 bis 1938 das Tanzstück „Die Stadt“, die 2. Symphonie, sowie die Liederzyklen „Vier Gedichte nach Rimbaud“ und „Gegenwart“ (sechs Lieder nach Goethe). „Die Stadt“, ein pantomimisches Tanzstück nach einem Märchen von Maxim Gorki, wurde bei ihrer Uraufführung am 5. März 1933 im Volksbildungshaus Stöbergasse durch Gertrud Kraus, die berühmte Wiener Tänzerin und Choreographin, realisiert, die verbindenden Sätze schrieb Elias Canetti. Der Erfolg des Stückes, von der „Neuen Freien Presse“ als „ein wahrer Wolkenbruch von Applaus“ bezeichnet, hatte zwei Wiederholungen im Volksbildungshaus und eine dritte in einer sommerlichen Burggarten-Veranstaltung zur Folge. (Dieses Werk, für elf Bläser und zwei Kontrabässe konzipiert, bearbeitete der Komponist nach dem Krieg für großes Orchester.) Die Uraufführung der 1937 entstandenen 2. Symphonie, die Hermann Scherchen im Frühjahr 1938 in Wien leiten sollte, wurde

Konzerte MUSIK DER GEGENWART

SEKRETARIAT: Dr. MARCEL RUBIN, WIEN, VI. MARIAHILFERSTR. 31

Die Konzerte MUSIK DER GEGENWART, gegründet von Dr. Paul A. Pisk, eröffnen ihre dritte Spielzeit. Sie werden in diesem Jahre von Dr. ERNST BACHRICH, Dr. MARCEL RUBIN und FRIEDRICH WILDGANS geleitet.

Die Konzerte MUSIK DER GEGENWART stellen sich die Aufgabe, Musik, die der Zeit und dem Geiste nach von heute ist, aufzuführen und dem Verständnis des Publikums zu erschließen. Ein zeitgenössisches Werk ist dem Geiste nach von heute, wenn es seinen Ursprung unmittelbar im Erleben von heute hat und nicht in anderen, schon bestehenden Werken; wenn der Künstler, der es geschaffen, die Welt neu gesehen und neu zu gestalten versucht hat.

Die Wahl der aufzuführenden Werke wird ausschließlich nach diesem Grundsatze der Lebendigkeit erfolgen. In ihm liegt eine Ablehnung des Epigonentums. In ihm liegt aber auch eine Ablehnung der Gleichsetzung des Begriffes „moderne Musik" mit einer einzigen Stilrichtung; denn die moderne Musik ist in Wahrheit reich und vielgestaltig und ist neu nicht vermöge einer besonderen Technik, deren sich auch der Unlebendigste bedienen kann, sondern kraft des in ihr verkörperten Lebens.

Die Leitung der Konzerte ist sich bewußt, daß Aufführungen neuer Musik eine Notwendigkeit nicht nur für die Künstler sind, die zu Menschen sprechen und auf Menschen nicht verzichten können; sondern auch für das Publikum, das die Fühlung mit den künstlerischen Strömungen der Gegenwart nicht verlieren will. Wahre Musik entsteht heute wie immer. Heute wie früher befremdet manchen die Neuheit ihrer Ausdrucksformen, die aus der Neuheit des Erlebnisses kommt. Aber heute wie früher genügt es, solche Musik aufgeschlossen und bereit zu hören, um das Schöne zu begreifen, das sie ausdrückt. Die Musikgeschichte beweist, daß diejenigen, die das Neue ihrer Gegenwart so hören und bejahen, recht behalten.

Die Konzerte MUSIK DER GEGENWART werden ihren Zweck erfüllen, wenn sie zu der Erkenntnis beitragen, daß aus den echten Werken unserer Zeit das Leben, neu geschaffen, so stark spricht wie aus den Schöpfungen der Vergangenheit.

Wien, im November 1936 MARCEL RUBIN

Konzerte MUSIK DER GEGENWART
1936/1937

1. KONZERT

Samstag, den 28. November 1936, halb 8 Uhr abends, im großen Ehrbarsaal, Wien, IV. Mühlgasse 30

Ausführende:

Gertrude Rhoden (Sopran), Kurt Fuchsgelb und Max Jäckel (Violine), Richard Goldner (Bratsche), Emmerich Gara (Violoncello), Willi Stukart (Flöte), Rudolf Klose (Oboe und Heckelphon), Friedrich Wildgans (Klarinette), Franz Killinger (Fagott), Ernst Bachrich und Marcel Rubin (Klavier)

1. MARKEVITCH: Serenade für Violine, Klarinette und Fagott
   Erstaufführung
2. SATIE: Der Tod des Sokrates
   Erstaufführung
3. HINDEMITH: Trio für Bratsche, Heckelphon und Klavier
   Erstaufführung

---

4. MILHAUD: 8. Streichquartett
   Erstaufführung
5. STRAWINSKY: Zwei Gesänge nach K. Balmont
   TOCH: Vier Lieder aus op. 41
6. HAUER: Tanzsuite für neun Soloinstrumente
   Erstaufführung

Karten von 1 bis 4 S in der Kartenzentrale Gronner, Graben 28, bei Richard Lanyi, Kärntnerstraße 44, und an der Abendkasse

---

2. Konzert am Sonntag, den 13. Dezember 1936, halb 12 Uhr mittags, im kleinen Ehrbarsaal

Gedenkfeier für Alban BERG

Programm: Werke von Berg und seinen Schülern

Verein Wiener Sinfonie-Orchester

Arrangement: Konzertdirektion GEORG KUGEL

BURGGARTEN

8 UHR

Donnerstag den 1. Juni 1933

(bei ungünstiger Witterung in einem Saal der Neuen Burg)

8 UHR

Tanzabend

Gertrud Kraus und Gruppe

Mitwirkend: Das Wiener Sinfonie-Orchester — Dirigent: Marcel Rubin

Tanzgruppe: Mariette Belusic, Bleyer Axie, Lix Hassberg, Hansi Hilber, Herma Joch, Grete Kerndl, Hilde Leschetizky, Lotte Löw, Traute Reuter, Olga Rubin, Melitta Ruppnig, Else Scharf, Lottc Stockhammer, Bertl Zischka, Fritz Berger, Franz Eybner

Bewegungschor: Lea Bergstein, Edith Buchwald, Loli Fuchs, Natascha Hammermann, Blanca Löwinger, Lilly Moisse, Nini Schüller, Friedl Seiger, Irmgard Setz, Hedy Tröstl, Edith Wolf, Herta Zuckermann

1. Südamerikanisches Tanzlied . . . . **Gertrud Kraus**
2. Pavane pour une Infante defunte . . . . M. Ravel . . . . **Gertrud Kraus**
3. Marsch . . . . Prokofieff . . . Berger-Hilber-Joch-Leschetizky-Zischka
4. Arabische Impression . . . . **Gertrud Kraus**
5. Hagar auf der Flucht . . . . **Gertrud Kraus**

Kleine Pause

6. **Die Stadt wartet**

Tanzstück in einem Akt (10 Szenen) von Gertrud Kraus

Nach einer Idee von Maxim Gorki — Musik von Marcel Rubin

Ausführend: Gertrud Kraus, Tanzgruppe und Bewegungschor — Sprecherin: **Gerta Landers**

Szenen:

Vorspiel — Der Knabe auf dem Weg zur St dt — Chor der leidenden Stadt — Dämmerung — Erleuchtung — Amüsement — Die unvollendete Stadt — Traum vom Glück — Der Knabe unter den Menschen — Erwartung

Sprechtext:

Ein Knabe zog in die Stadt
Die Nacht spielte ihm auf, denn der Weg war weit
Er hörte die Stadt, wie sie seufzte und litt
Gegen Morgen erwachten die Aecker und Bäume
Das Elend schwoll bis zu ihm hinaus
Da wußte er, daß die Stadt ihn braucht —

Drinn saßen einige glücklich beisammen
Die Schönheit tanzte für sie — die Armut war allein
Draußen bauten viele im Schweiße ihres Angesichtes
Bauten und zerbrachen — zerbrachen und bauten
Aber alles war umsonst, denn es war nicht für sie
Da taten sie sich zusammen und hatten einen [großen Traum

Freiheit — Freiheit —

Der Knabe legte seinen Traum zu ihrem
Er trat unter die Menschen
Sie nahmen ihn mit sich

Große Pause

7. Der seltene Gast . . . . . Sarasate . . . . **Gertrud Kraus**
8. Jemenitisches Tanzlied . . . . Berger-Hilber-Joch-Leschetizky-Stockhammer-Reuter-Zischka
9. Danse rituel du feu . . . . de Falla . . . . **Gertrud Kraus**
10. Ungarische Rhapsodie . . . Liszt . . . . . Berger-Hilber-Joch-Stockhammer-Reuter-Zischka
11. Trojka (Russisches Volkslied) . . . . **Gertrud Kraus**

Programmänderungen vorbehalten! — Am Flügel: Gideon May — Programmänderungen vorbehalten!

Die Klaviere sind von der Firma Schweighofer zur Verfügung gestellt

Samstag den 3. Juni. Anfang 8 Uhr: **Tosca.** Oper in drei Akten von Puccini (szenische Aufführung)
Sonntag den 4. Juni. Anfang 8 Uhr: **Humoristischer Kammerspiel-Abend**

Karten: Konzerthauskasse, III., Lothringerstraße 20 (Telephon U-13-1-16) und Burggartenkassa beim Goethe-Denkmal ab 10 Uhr vormittags, Oskar Gronners Kartenzentrale, I., Graben 28 und an den Abendkassen

„Elbemühl", Wien IX.

durch die historischen Ereignisse verhindert. Rubin nahm das Werk mit in die Emigration.

Die Ereignisse setzten auch der juristischen Periode in Rubins Leben ein Ende. Am 13. März 1938, dem Tag der Annexion Österreichs durch Hitler-Deutschland, verließ er seine Vaterstadt und reiste nach Paris, wo inzwischen seine Schwester verheiratet war. Wenige Monate später folgten ihm Vater und Stiefmutter.

22

Mitte März 1938 befand sich Marcel Rubin also wieder in Paris, der geliebten Stadt seiner schönsten Studienjahre. Die Trauer um den Verlust der Heimat und die Gewißheit einer unsicheren Zukunft waren allerdings große Wermutstropfen in der natürlich auch vorhandenen Wiedersehensfreude. Schwester und Schwager erwarteten den Emigranten und nahmen ihn in ihr Haus gastfreundlich auf, Marcel Beaufils war ihm außerdem sofort bei der Beschaffung von Klavier- und Deutschstunden behilflich, mit denen Rubin zu seinem Lebensunterhalt beitrug. Seine Eltern, die etwas später nach Paris nachkamen, konnten überdies von hier aus über ihr in die Schweiz und in die Vereinigten Staaten gerettetes Vermögen verfügen, das ihnen bis zum Ende ihres Lebens ein sorgenfreies Dasein gestattete.
In jener Pariser Zeit entstand die 3. Symphonie, ein großartiges Zeugnis ungebrochenen Schöpferwillens, ein Werk, das zwar 1962 einer Überarbeitung unterzogen, dabei in seiner Substanz aber unverändert gelassen wurde.
Der 1. September 1939, der Tag des Ausbruchs des Zweiten Weltkrieges, wurde auch für alle Emigranten zum Schicksalstag. Als Österreicher waren sie nämlich deutsche Staatsbürger und damit Angehörige einer Frankreich feindlichen Nation. Wie alle anderen rassischen und politischen Flüchtlinge kam daher auch Marcel Rubin in ein Konzentrationslager, obwohl er sich sogar freiwillig für den Dienst im französischen Heer gemeldet hatte. Zahlreiche Interventionen seiner Pariser Freunde waren fruchtlos; die einzige Möglichkeit, aus dem Lager entlassen zu werden, wäre die Meldung zur Fremdenlegion gewesen, ein Ansinnen, das von Rubin natürlich abgelehnt wurde.
Die Monate im französischen Konzentrationslager waren keine angenehmen, selbst wenn man bedenkt, daß den Häftlingen keine physische Gefahr drohte. Die hygienischen Einrichtungen waren indiskutabel und auch die Behausungen waren eher ungemütlich, auch wenn auf dem Jahrmarktszelt, in dem Rubin mit vielen anderen untergebracht war, die Aufschrift „Noces et Banquets" („Hochzeiten und Bankette") prangte. Dazu kam der ständige Druck von seiten der Lagerleitung, man möge doch noch der Fremdenlegion beitreten, ein Druck, dem zahlreiche Lagerinsassen schließlich erlagen. Aus diesem Grund schrieb Marcel Rubin ein Spottlied über die Fremdenlegion, das von den Freiwilligen sogar beim Auszug aus dem Lager gesungen wurde. Trotz seiner bewußt einfachen, ins Ohr gehenden Melodik stellt es ein typisches Produkt unseres Meisters dar, wenn man einerseits den von scharfem Intellekt geprägten Text, andererseits die signifikante Motivik der Musik betrachtet (Notenbeispiel 1, Seite 24).
Neben dieser Gelegenheitskomposition entstanden im Lager Meslay du Maine noch vier Balladen nach François Villon für Bariton und Klavier sowie die drei „Lieder von unterwegs" nach Texten von Jura Soyfer und Ondra Lysohorsky.
Anfang des Jahres 1940 wurde Rubin in ein Lager des englischen Arbeitsdienstes in der Nähe von Rennes (Bretagne) überführt, wo die äußeren Bedingun-

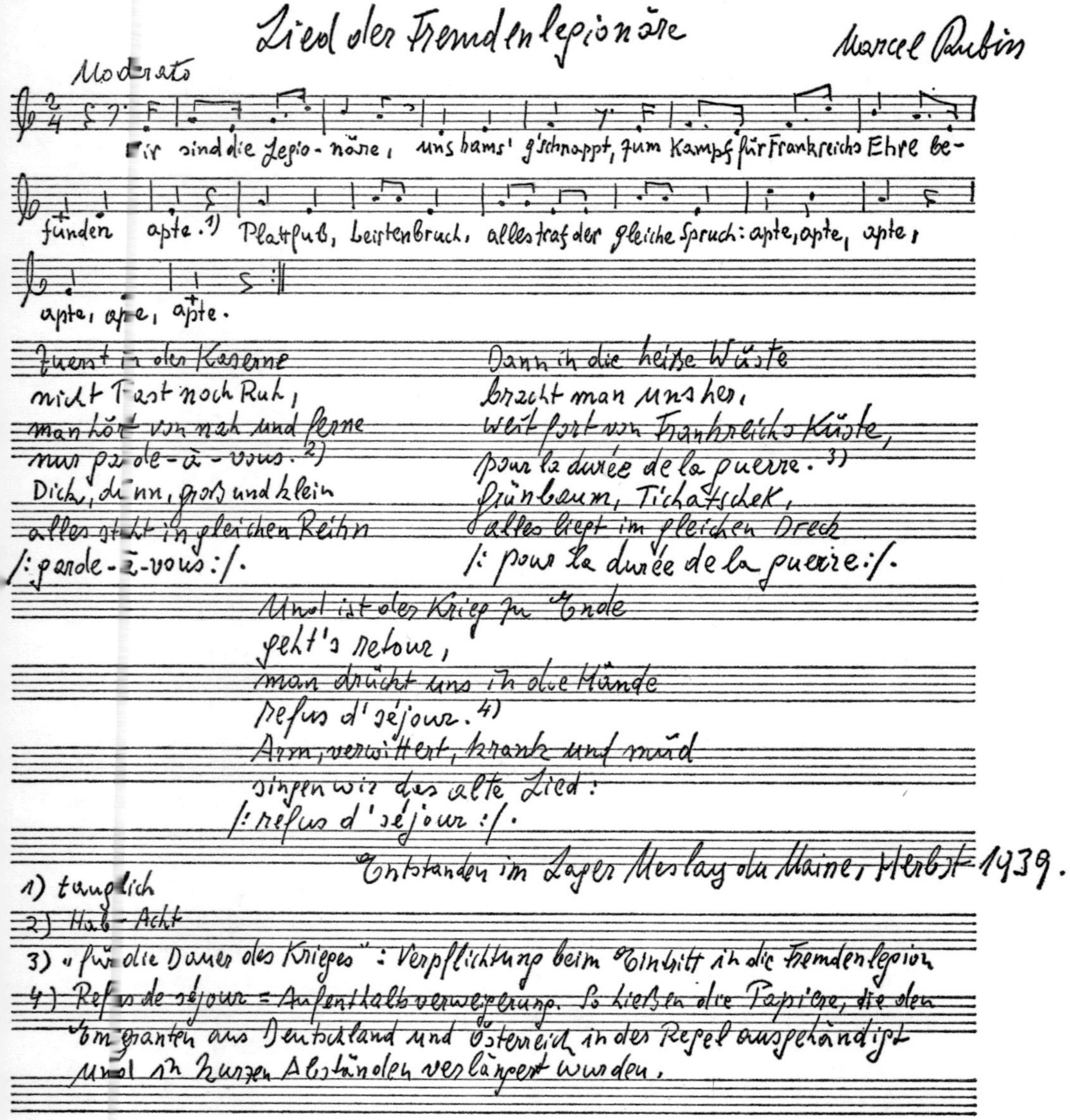

Notenbeispiel 1

gen um einiges besser waren. Eines Morgens, kurz vor der Kapitulation Frankreichs, war dann plötzlich das Häftlingsdasein beendet. Die Engländer hatten über Nacht das Lager aufgegeben und noch, gentlemenlike, jedem Häftling fünf Francs als „Überbrückungshilfe" — sie reichten für ein Frühstück — zurückgelassen. Es galt nun, sich nach Paris durchzuschlagen, was Marcel Rubin schließlich im Juli 1940 gelang. Seine Eltern, seine Schwester und sein Schwager hatten aber inzwischen Paris verlassen und waren nach Marseille geflüchtet, wo sich Beaufils, militanter Linkskatholik, der Widerstandsbewegung gegen Hitler angeschlossen hatte. Einige Monate verbrachte der Komponist noch in Paris, wo er in der Wohnung seines Schwagers lebte und mit Hilfe von Freunden sein Dasein fristete, ehe er im Herbst seinen Verwandten nach Marseille nachreiste. (In Paris waren damals die ersten zwei „Marienlieder" entstanden, die zusammen mit einem 1971 komponierten Lied heute einen dreiteiligen Zyklus bilden.)

In der Nähe Marseilles hatte Beaufils ein altes Schloß gemietet, das der gesamten Familie als Aufenthaltsort diente. Marcel Rubin trat damals, obwohl auf kommunistische Betätigung die Todesstrafe stand, der illegalen Kommunistischen Partei Österreichs bei, da er der inneren Überzeugung war, daß der Kommunismus die einzige Kraft wäre, die den Faschismus erfolgreich bekämpfen könne. Er wurde ausnahmsweise als Mitglied aufgenommen — im allgemeinen herrschte damals Aufnahmestop — und war in der nächsten Zeit intensiv für die kommunistische Idee tätig.

Auf musikalischem Gebiet waren der Aktivität des Komponisten durch die Zeitverhältnisse natürlich enge Grenzen gesetzt. Einige wenige Privatstunden vermochten die Kassa nur geringfügig aufzubessern, zum Komponieren fehlte meist die innere Ruhe. Dennoch entstand damals — neben einem inzwischen verworfenen Violinkonzert — ein Werk, das in seiner Aussage von unmittelbarer und hoher Kraft ist: der Liederzyklus „Fünf Gedichte von Goethe" für Bariton und Klavier.

In Marseille blieb Rubin bis zum Frühjahr des Jahres 1942. Schwester und Schwager waren bereits einige Monate vorher nach Paris zurückgekehrt, wo sie in der französischen Widerstandsbewegung aktiv waren, und auch Marcel Rubin trug sich mit diesem Gedanken. Da aber seine Eltern Frankreich verlassen wollten und er sich doch für sie mitverantwortlich fühlte, gab er dieses Vorhaben schließlich auf. Im Frühjahr 1942 gelang es Rubins Vater, über einen ehemaligen Klienten, der in Mexiko lebte, mexikanische Visa zu bekommen. Da auch unser Komponist nach einigem Überlegen zustimmte, nach Mexiko auszuwandern, schifften sich Vater, Mutter und Sohn ein, um wieder einmal einer ungewissen Zukunft entgegenzufahren.

Die Schiffsreise brachte für Marcel Rubin eine für sein weiteres Leben entscheidende Begegnung. Hier lernte er seine spätere Frau kennen, die damals ebenso wie er nach Mexiko emigrierte. Hilda Maddalena, geborene Eble, eine Badenserin, war die Frau des deutschen Reichstagsabgeordneten Max Maddalena, der als Leiter der kommunistischen Untergrundorganisation zuerst zum Tod, später zu lebenslänglichem Zuchthaus verurteilt worden war. 1943, nach der Schlacht von Stalingrad, wurde er im Zuchthaus ermordet. Hilda Maddalena, die während des Prozesses gegen ihren Mann vom Elsaß aus eine Kampagne für ihn geführt und während des Krieges gleichfalls die französischen Lager kennengelernt hatte, war nun auch auf dem Wege in eine zweite Emi-

gration. Mit Marcel Rubin verband sie also eine aus Leid geborene Schicksalsgemeinschaft, bald aber auch eine herzliche Freundschaft.
Im April des Jahres 1942 kam die Familie Rubin in Mexiko an, einem Land, das für Emigranten geradezu ideale Verhältnisse aufwies. So konnten diese ohne Arbeitsbewilligung jeden Posten annehmen, ja, sie mußten als Ausländer nicht einmal Steuern zahlen. Marcel Rubin wurde in seiner neuen Heimat schnell zu einem geachteten Mitglied der Musikszene: Als Korrepetitor an der Oper von Mexico City erhielt er eine ausgezeichnete Bezahlung, zahlreiche private Korrepetitionsstunden und Auftritte als Liedbegleiter besserten sein Salär zusätzlich auf und machten ihn darüber hinaus allgemein bekannt. Und auch als Komponist war er äußerst erfolgreich. So dirigierte Carl Alwin, ehemals Kapellmeister an der Wiener Staatsoper und nun musikalischer Leiter der Oper von Mexiko, eine Konzertaufführung der „Stadt“ mit positivem Presseecho: „Es lohnt die Mühe, Marcel Rubins Suite ‚Die Stadt‘ enthusiastische Aufmerksamkeit zu widmen. ... In ihren verschiedenen Sätzen folgt sie den hauptsächlichen Phasen einer Erzählung von Gorki, aber es wäre unverzeihliche Leichtfertigkeit, ihr die Bedeutung eines mehr oder weniger glücklichen Kommentars zuzuschreiben. Sie gehört vielmehr ins Kapitel der ‚originalen Resonanzen‘, weil ihre Akzente und Rhythmen, ihre Verbindungen von Schweigen und Perspektiven eine eigenständige musikalische Qualität besitzen ... Ihre lyrischen Vorzüge werden unvermindert in der Zukunft bestehen, da die Hoffnung, die sie ausdrückt, nicht das Privileg einer Generation ist ...“ (Apuntes de Arte y Literatura, 1. Dezember 1943)
In einem von der Regierung am 28. Mai 1944 im Palacio de las Bellas Artes (der Oper von Mexiko) unter der Leitung von Jascha Horenstein veranstalteten Festkonzert war Marcel Rubin als einziger lebender Komponist mit dem „Traum von der Freiheit“ aus der „Stadt“ vertreten.
Der Höhepunkt seiner Erfolge als Komponist bildete die Uraufführung seiner 2. Symphonie am 14. März 1946, gleichfalls im Palacio de las Bellas Artes, die Rubin im zweiten Teil eines Abonnementkonzertes — vor der Pause standen Beethovens 3. Leonoren-Ouvertüre und Brahms' Doppelkonzert auf dem Programm — selbst dirigierte. Die Kritik würdigte sowohl das Werk als auch die Leistung des Dirigenten: „Wir müssen unterstreichen, daß wir nur selten in diesen Konzerten eine so glänzende Wiedergabe wie die dieser Symphonie gehört haben. Marcel Rubin, der ihr Dirigent war, hat außerordentliche Fähigkeiten zur Leitung von Symphonieorchestern, und wir würden mit lebhaftem Interesse einem Konzert mit verschiedenartigem Programm beiwohnen, das von diesem hervorragenden Musiker dirigiert würde.“ (Sucesos, 26. März 1946)
In seinem Brotberuf als Korrepetitor fühlte sich Marcel Rubin im übrigen auch recht wohl, obwohl die Zustände am Opernhaus, das einen reinen Stagione-Betrieb hatte, nicht gerade die besten waren. Die persönliche Freundschaft mit Carl Alwin und dem Oberregisseur Wilhelm von Wymetal half ihm jedoch über alle Unannehmlichkeiten hinweg. Dazu kam, daß Alwin ein großartiger Musiker war und die Zusammenarbeit mit ihm Rubin natürlich auch fachlich

SEXTO CONCIERTO

Jueves 14 de marzo
A las 21.00 horas

PROGRAMA

I

Obertura "Leonora Nº 3" . . . . *Beethoven.*

II

Doble Concierto para Violín, Cello y Orquesta. . *Brahms.*

1. Allegro Moderato.
2. Adagio.
3. Allegro.

Solistas:
Violín: Alexander Feinland,
Cello: Elisabeth Feinland.

Dirección: José ROCABRUNA.

INTERMEDIO

III

Segunda Sinfonía "Tierra". . . . . . . *Marcel Rubín.*

Labranza — Los Campos en el Crepúsculo — Canto de la Liberación — Dos Seres — Cosecha.

Dirección: Marcel RUBIN.

Programm der Uraufführung der 2. Symphonie am 14. März 1946 in der Oper von Mexiko

sehr reizte. (Über Alwin weiß die Fama zu berichten, daß er, der alle Opern prinzipiell auswendig dirigierte, in Wien einmal glaubte, „Lohengrin“ stünde auf dem Programm, als er die „Carmen“ zu leiten hatte. Er war dann sehr erschrocken, als das Orchester seinen zaghaften Pianissimo-Einsatz mit volltönendem Fortissimo beantwortete.)

Da es zu Marcel Rubins Aufgabenbereich zählte, mit den Sängern sowohl die Partien einzustudieren als auch ihre Auftritte durchzubesprechen und zu üben, war er natürlich am ärgsten von dem allgemein herrschenden Schlendrian betroffen. Die gastierenden Stars von der „Met“ hielten es zumeist für unter ihrer Würde, überhaupt zu proben, so daß manche Aufführungen nahezu ungeprobt über die Bühne gingen. So waren zum Beispiel bei der einzigen Arbeitsprobe für eine „Carmen“-Vorstellung zum Zeitpunkt ihres Beginnes (10 Uhr vormittags) neben dem Korrepetitor Rubin nur der Dirigent und der Regisseur anwesend. Um 10.45 Uhr traf die Sängerin der Frasquita ein, um 11.30 der Darsteller des Zuniga, Don Escamillo geruhte um 12 Uhr zu kommen. Don José erschien erst bei der Generalprobe, die aber auch kein echtes Bild von der zu erwartenden Aufführung geben konnte, weil die Titelheldin nicht gekommen war. Diese sang dann erstmals bei der Premiere. Da die Verhältnisse eher immer schlimmer wurden, entschloß sich Rubin, der Direktion zu schreiben, daß er unter diesen Bedingungen nicht arbeiten könne und daher sein Amt zurücklege. Daraufhin bestürmte man ihn zu bleiben, da er der einzige Korrepetitor sei, der Wagner spielen könne. Einesteils, um die Direktion abzuschrecken, anderenteils, um vielleicht doch für seinen Nervenverschleiß ein größeres finanzielles Äquivalent zu erhalten, forderte Rubin das Doppelte seines bisherigen Gehaltes, was ihm sofort gewährt wurde. Von dieser ungeheuren Wertschätzung seiner Person doch überwältigt, erklärte er sich schließlich bereit, sein Amt weiter auszufüllen.

Neben seiner Funktion als Korrepetitor der Oper von Mexiko City, neben seinen Privatstunden und neben der Tätigkeit als ausübender Künstler war Marcel Rubin auch musikerzieherisch tätig. So hielt er — in spanischer Sprache, die er bereits auf der Überfahrt erlernt hatte — an der Arbeiteruniversität über musikhistorische und musiktheoretische Themen eine Reihe von Vorträgen, deren Widerhall erfreulich war. Und noch eine ehrenvolle Aufgabe bekam er übertragen: er war der Leiter der Musikabteilung einer regelmäßigen Sendereihe, die die mexikanische Regierung der österreichischen Emigration am offiziellen Sender des Innenministeriums zur eigenständigen Gestaltung überließ. Das erstaunlichste Erlebnis im Rahmen dieser Tätigkeit war folgendes: Anläßlich der mexikanischen Buchmesse sollte die Österreich-Sendung in einem dort errichteten Pavillon live aufgenommen werden. Marcel Rubin hatte einen Vortrag über Wolfgang Amadeus Mozart vorbereitet, nach welchem er die c-moll-Fantasie für Klavier zu spielen beabsichtigte. Als er in den Pavillon kam, war er zutiefst erschrocken, denn der Raum war von über 200 Indios mit Strohhüten gefüllt. Wie würden sie auf das ihnen fremde Thema reagieren? Doch es kam anders, als Rubin gefürchtet hatte: niemals hatte er ein aufmerksameres und dankbareres Publikum.

Auf kompositorischem Gebiet entstand in Mexiko die 4. Symphonie, ein großartiges symphonisches Gemälde mit zum Teil autobiographischem Programm, welches das persönliche Erlebnis des Zweiten Weltkrieges zunächst unter dem Titel „Krieg und Frieden“ zusammenfaßte. Unter dem Eindruck des keineswegs befriedigenden Friedens arbeitete Rubin das Werk 1972 um und gab ihm den Titel „Dies irae“, den ehemals jubelnden Abschluß durch ein verhaltenes, stilles Pastorale ersetzend. Außer dieser Symphonie schrieb der Komponist in Mexiko kein weiteres Werk, wenn man von der Umarbeitung der „Vier Gedichte von François Villon“ und einigen Chansons für Filme absieht.
Die guten menschlichen Kontakte, die beruflichen und künstlerischen Erfolge und nicht zuletzt auch das angenehme Wetter (durch die Höhenlage wird es in der Hauptstadt niemals unerträglich heiß, es herrscht gleichsam ein permanenter Frühling; um den Kreislauf nicht zu überanstrengen, sollte man nur als Europäer zweimal im Jahr einige Zeit in tiefer gelegenem Gebiet verbringen) gestalteten Marcel Rubin den Aufenthalt in Mexiko äußerst angenehm. Dennoch wollte er, zeit seines Lebens „unverbesserlicher Europäer“, wieder nach Österreich zurück. Seine Stiefmutter war inzwischen gestorben, er selbst hatte am 19. Dezember 1945 geheiratet, und so machte er sich im Dezember des Jahres 1946 zusammen mit seinem — inzwischen siebenundsiebzigjährigen — Vater und seiner Frau Hilda auf die Rückreise nach Europa. In New York, wo er das Schiff bestieg, stand Jascha Horenstein am Hafen, um seinem alten Bekannten die Hand zu drücken und kopfschüttelnd zu sagen: „Ich und alle meine Freunde erklären Sie für verrückt, in dieses traurige Europa zurückzufahren, nachdem Sie sich in Mexiko schon durchgesetzt haben.“ Man ließ sich von solchen Warnungen aber nicht mehr beirren und reiste weiter, der Heimat entgegen. Einige Tage vor dem Heiligen Abend erreichte die Familie Rubin in Cherbourg das europäische Festland und wenig später Paris, wo ihnen ein herzlicher Empfang bereitet wurde. Die Verhältnisse in Frankreich waren damals allerdings keineswegs angenehm, die Versorgung mit Lebensmitteln war denkbar schlecht, Beaufils schlug sich, wie alle anderen, mehr schlecht als recht durch. Dennoch mußte Rubin noch einige Wochen in Paris bleiben, bis er endlich von der französischen Militärregierung die Erlaubnis erhielt, in die französische Zone Österreichs (Vorarlberg und Tirol) zu fahren. Im Februar 1947 traten Marcel und Hilda Rubin schließlich die Reise nach Wien an, der Vater blieb, nicht zuletzt aus gesundheitlichen Gründen, in Paris bei Tochter und Schwiegersohn zurück, wo er wenig später starb.

5. RÜCKKEHR NACH WIEN

Bei großer Kälte kamen Marcel Rubin und seine Frau in Wien an, von der langen Reise — in Innsbruck mußten sie sich erst österreichische Identitätskarten verschaffen — äußerst ermüdet, aber dennoch in froher Erwartung der alten bzw. neuen Heimat. Friedrich Wildgans erwartete die Ankömmlinge auf dem Bahnhof und hatte alles vorbereitet, um ihnen über die Schwierigkeiten der ersten Tage hinwegzuhelfen. Er quartierte sie bei seiner Schwiegermutter, der Mutter der Sängerin Ilona Steingruber, ein und ging ihnen auch sonst sehr an die Hand. Obwohl, bedingt durch die neunjährige Abwesenheit, doch die Brücken ziemlich abgebrochen waren, erinnerte man sich noch unseres Komponisten, dem zu Ehren sogar eine festliche Pressekonferenz im Wiener Rathaus arrangiert wurde. Außerdem beeilte man sich, das Oeuvre Rubins dem Wiener Publikum vorzustellen, unter anderem dirigierte Hans Swarowsky im Österreichischen Rundfunk die Erstaufführung der 2. Symphonie.

Dennoch stellte sich unserem Meister sehr bald die Frage, womit er seinen Lebensunterhalt bestreiten wollte, denn wieder als Jurist zu arbeiten hatte er keine Lust. Zwei Möglichkeiten boten sich ihm in den nächsten Monaten: Professor Wilhelm Fischer, Direktor des Wiener Konservatoriums, trug ihm eine Professur für Musiktheorie und Komposition an, ein verlockendes Angebot, das abzulehnen sich Rubin nach manchen Überlegungen doch entschloß, da er sich nicht dem Zwang eines regelmäßigen Stundenplanes unterwerfen wollte. Die zweite Chance ergab sich wenig später: Die „Volksstimme", Zentralorgan der Kommunistischen Partei Österreichs, bot ihm an, als Erster Musikkritiker ihrer Redaktion zu arbeiten. Diese Aufgabe reizte Marcel Rubin weit mehr, einerseits, da er über seine Zeit recht frei verfügen konnte, andererseits, da er der Musikkritik erzieherische und kulturpolitische Funktionen zumaß, die wahrzunehmen er sich sowohl für imstande als auch für geeignet hielt. Der Vertrag mit der „Volksstimme" kam außerdem den persönlichen Intentionen des Komponisten äußerst entgegen: Er hatte keinerlei Redaktionsstunden, bezog als offiziell halbtags beschäftigter Redakteur ein Fixum und hatte dafür regelmäßig Kulturkritiken bzw. Artikel zu liefern, wobei ihm bei der Wahl der zu besprechenden Konzerte bzw. der allgemeinen Themen freie Hand gelassen wurde.

Zwischen Frühjahr 1948 und Herbst 1969 war Marcel Rubin als Musikkritiker tätig. Doch niemals stellte er sich als Richter über Künstler oder gar Komponisten hin, stets sah er sich als einen der ihren, und jede negative Kritik war eher als freundschaftlicher Rat denn als „Verriß" formuliert. Wie wenig leicht es sich Rubin hiebei machte, zeugt ein Artikel „Als Kritiker unter Künstlern", der im Programmheft des Philharmonischen Konzertes vom 17./18. Februar 1962 (Nicolai-Konzert) veröffentlicht wurde. Die Wiener Philharmoniker hatten in jener Saison die Idee, ihrem Publikum die wichtigsten Konzertkritiker vorzustellen, und baten sie, über ihre Tätigkeit zu berichten und diese eventuell selbst kritisch zu beleuchten. Die klarste und gleichzeitig tiefschürfendste Antwort traf damals von Marcel Rubin ein, dessen Artikel persönliches Bekenntnis und gleichzeitig grundlegende Standortbestimmung des Kritikerberufes zugleich war. Die wichtigsten Abschnitte der Arbeit sollen hier zitiert werden, da sie die humanistische Menschlichkeit Rubins augenfällig werden lassen:

„Als Georges Bizet sich dem Pariser Publikum als Musikkritiker vorstellte, rechnete er damit, daß man ihm, einem Komponisten, mangelnde Objektivität

zumindest gegenüber seinen schaffenden Kollegen vorhalten würde. In einem Artikel, erschienen in der ‚Revue Nationale' am 3. August 1867, ... setzte er sich mit den Kritikern der kritisierenden Komponisten auseinander. Was würde man sagen, so fragte er, wenn die Börsenberichte von Leuten geschrieben würden, die nichts von Geschäften verstehen? Wichtig sei, daß der Kritiker keiner Clique angehöre, daß er nicht zwischen Musik der Vergangenheit, der Gegenwart und gar der ‚Zukunft' unterscheide, sondern zwischen guter und schlechter Musik. Und wichtig sei, daß er wisse, wie es einem Schaffenden ums Herz ist, daß er die Probleme der Kunst kenne. Warum also sollte ein Künstler nicht Kritiker sein?

Wenn ich dieses Bekenntnis Bizets zu meinem eigenen mache, so verkenne ich damit durchaus nicht das Wissen und Können meiner hochgeschätzten Kollegen, die ausschließlich Kritiker sind — und es mit Sachlichkeit und Menschlichkeit sind. Doch mir persönlich hat das musikalische Handwerk, das ich erlernt habe und hauptberuflich ausübe, auch bei der Beurteilung anderer geholfen. Seit ich als Gymnasiast das erste Thema einer Klaviersonate ein Jahr lang mit mir herumtrug, bis in einer glücklichen Pariser Woche das ganze Stück Gestalt annahm, weiß ich um den oft weiten und mühevollen Weg, der von der Vision eines Werkes zu seiner Realisierung führt. Als ich später notgedrungen auch Kritiken zu schreiben begann, ... wie hätte ich da von oben her Künstler aburteilen können, die mit Herz und Kopf einem Ziel zustreben? Allerdings: das Ziel muß erstrebenswert sein und der gewählte Weg erkennbar zu ihm führen. In der weiten, blühenden Landschaft der Musik scheint mir nämlich das Logarithmenbuch kein Weg zu sein, und kein Ziel das Treiben der ausgemergelten Totengräber, die Goethes Mephisto mit den Versen beschwört: ‚Herbei, herbei! Herein, herein! ihr schlotternden Lemuren, aus Bändern, Sehnen und Gebein geflickte Halbnaturen.' Ich gestehe, daß ich, solchen Halbnaturen gegenübergestellt, nicht dem Beispiel jener (zum Glück wenigen) Kritiker folge, die in panischer Angst, vor der Zukunft nicht zu bestehen, sich in der Gegenwart blamieren.

Noch ist nicht bekannt, wessen Artikel die Nachwelt lesen wird. Darum ist es für uns alle ratsamer, an die Verantwortung gegenüber der Mitwelt zu denken. Ich jedenfalls empfinde diese Verantwortung als schwer genug. Der Kritiker, der ihr gerecht werden will, wird — das halte ich für sein erstes Gebot — die Druckerschwärze, über die er verfügt, nicht zur Anschwärzung Wehrloser mißbrauchen. Gewiß hat er das Recht und sogar die Pflicht, auch ein negatives Urteil offen auszusprechen. Denn die Atmosphäre des Konventikels, in dem jeder jeden lobt, ist für Kunst und Künstler ebenso ungesund wie die des Dschungels, in dem jeder jedem auflauert. Doch der Ton macht die Musik. Er macht auch die Musikkritik. ‚Je gereifter das Urteil, desto einfacher und bescheidener wird es sich aussprechen ...' Diese Sätze stammen von einem, der sowohl zu komponieren als auch zu kritisieren verstand: von Robert Schumann. Wer sie beherzigt, wird das Besserwissen den Schlechterkönnern überlassen.

31 *Die Verantwortung des Rezensenten gegenüber den Lebenden fordert, wie ich*

meine, noch ein Bemühen. Auch dieses habe ich beim Komponieren fürs Kritisieren gelernt. Wie jeder andere, der an einem Werk bis zur relativen — seinen Kräften erreichbaren — Vollendung zu arbeiten gewohnt ist, weiß ich, daß im künstlerischen Reifeprozeß das Unverbesserliche die Ausnahme, das Ausbaufähige die Regel ist. Daher ist es richtig, in fremden wie in eigenen Leistungen die Mängel zu erkennen und zu definieren, damit ihre Korrektur ermöglicht werde. Unfair hingegen ist es, das Verfehlte vom Geglückten zu isolieren und so das Bild des Ganzen zu verzerren; die Großaufnahme einer Warze im Gesicht ist kein Portrait. Mit einem Satz: Freund und Helfer der Künstler zu werden, ist eine der schönsten Aufgaben des Kritikers. Um sie zu erfüllen, sollte der Kritiker freilich nicht — von Chefredakteurs Gnaden — über den Künstlern stehen, sondern in ihrer Mitte sein.“

Politische Ereignisse waren es, die Rubins Kritikerlaufbahn ein Ende bereiteten. Als im August des Jahres 1968 russische Armee-Einheiten die Tschechoslowakei besetzten, deren vom sogenannten „Prager Frühling“ geprägter liberalerer Kurs den sowjetischen Machthabern nicht mehr annehmbar schien, war der Komponist tief erschüttert. Für ihn, der im Kommunismus eine humanitäre Gegenkraft gegen den unmenschlichen Faschismus gesehen hatte, war der hier offensichtlich nach Prinzipien des Faustrechtes agierende Bolschewismus untragbar geworden. Rubin, der damals einen Sommerurlaub am Gardasee verbrachte, wartete die Reaktionen der Kommunistischen Partei Österreichs ab und war zunächst tief befriedigt, daß diese die Okkupation schärfstens verurteilte. Als sich die Partei in den nächsten Monaten jedoch langsam immer mehr den sowjetischen Standpunkt zu eigen machte, zog sich Rubin aus der Redaktion der „Volksstimme“ zurück, ohne die politischen Gründe expressis verbis zu nennen. Einen von ihm verfaßten Abschied von den Lesern, „In eigener Sache“ betitelt, enthielt man diesen zunächst noch einige Zeit vor. Als im Herbst 1969 Ernst Fischer, der sich gegen den „Panzerkommunismus“ gestellt hatte, aus der KPÖ ausgeschlossen wurde, zog auch Rubin die Konsequenzen: er trat aus der Partei, der er neunundzwanzig Jahre lang angehört hatte, aus.

Dieser Schritt, der Rubins bis zur letzten Konsequenz humanitäre Einstellung bewies, wurde von der gesamten westeuropäischen Presse gemeldet. Von dem schweren inneren Kampf, der dem Austritt vorhergegangen war, wußten aber nur die wenigsten; immerhin hatte der Komponist eine ihm ans Herz gewachsene Lebensanschauung und seine bisherige politische Heimstatt aufgeben müssen und öffentlich einen persönlichen Irrtum zugestanden.

Nach seinem Austritt aus der Partei erschien in der Volksstimme Rubins bis dahin zurückgehaltener Artikel „In eigener Sache“, dessen versöhnlicher Ton von der tiefen Toleranz des Meister kündet:

„Nach mehr als zwanzigjähriger Mitarbeit an der Kulturseite der ‚Volksstimme‘ nehme ich heute, im Einvernehmen mit der Redaktion, als Musikkritiker Abschied von meinen Lesern.

Ich habe es immer vermieden, die Druckerschwärze zur Anschwärzung Wehrloser zu gebrauchen. Denn ich weiß aus Erfahrung, was es dem Künstler, auch dem selbstbewußten, bedeutet, sich dem Urteil der Hörer zu stellen, von ihnen verstanden oder mißverstanden zu werden. So wollte ich nicht richten, sondern helfen; den Künstlern helfen, indem ich ihre Leistungen bejahte, auch enthusiastisch bejahte, wo Bejahung und Enthusiasmus am Platze waren, und, als einer unter ihnen, Möglichkeiten der Verbesserung zeigte, wo solche bestanden. Und den Lesern wollte ich helfen, indem ich versuchte, ihnen Neues in der Musik näherzubringen — denn es stimmt nicht, daß Neues von Wert immer von allen beim ersten Hören begriffen wird —, aber auch das Alte, Junggebliebene in der Musikgeschichte, die ich als einen Teil der Menschheitsgeschichte sehe.

Dabei bildete ich mir nie ein, im Besitze ‚der' Wahrheit zu sein. Habe ich doch oft erlebt, daß selbst meine Wahrheiten sich im Laufe der Jahre änderten. Darum habe ich andere Meinungen sowohl der Kollegen als auch der Amateure — der Liebhaber, für die Musik schließlich gemacht wird — immer geachtet. Intolerant war ich nur gegenüber der Intoleranz.

Der ‚Volksstimme' danke ich, daß sie es mir in zwei Jahrzehnten ermöglicht hat, zu den musikalischen Ereignissen zu sagen, was ich für richtig hielt. Und von vielen meiner Leser hoffe ich, daß sie in Zukunft zu meinen Hörern werden."

Dem steten Bestreben Rubins, seinen Komponistenkollegen zu helfen, ihr künstlerisches, damit aber auch ihr materielles Fortkommen zu beschleunigen, entsprang auch eine Reihe weiterer seiner Aktivitäten. So war er von 1948 bis 1965 ehrenamtlicher Sekretär des „Österreichischen Komponistenbundes" (ÖKB) — Präsident war Joseph Marx —, welche Vereinigung es sich als Aufgabe gestellt hatte, den künstlerischen Werdegang ihrer Mitglieder zu unterstützen. Rubin organisierte die Konzerte, deren fünf bis sechs pro Jahr im Kammersaal des Musikvereinsgebäudes stattfanden, lancierte seine Kollegen bei Rundfunk und anderen Veranstaltern und erwarb sich so unschätzbare Verdienste um die allmähliche Besserstellung der österreichischen Komponisten. Dennoch hatte er meistens keinen Dank. Wurde ein Werk nicht aufgeführt, gab man Rubin die Schuld daran; schließlich hätte er sich doch mehr dafür einsetzen können. Gelangte ein Werk zur Aufführung und fiel beim Publikum durch, waren — welcher Komponist hätte wohl mangelnde Qualität seiner Schöpfung zugegeben — entweder die Programmreihenfolge oder die schlecht ausgewählten Ausführenden die Ursache des Mißerfolges. Und kam eine Komposition beim Publikum an, sonnte sich ihr Verfasser im Ruhm des Erfolges; daß sich der Komponistenbund tatkräftigst für das Werk eingesetzt hatte, wurde als Selbstverständlichkeit angesehen — schließlich war es doch ein gutes Stück!

Aber noch einer weiteren Vereinigung von Komponisten gehörte und gehört Marcel Rubin an — der Österreichischen Gesellschaft für Zeitgenössische Musik (ÖGZM); hier zählt er sogar zu den Gründungsmitgliedern. Die 1948 ins Leben gerufene Gesellschaft sieht ihre Aufgabe in der Ermöglichung von Aufführungen zeitgenössischer Musik, ein Anliegen, das sich mit den Bestrebungen unseres Meister vollkommen deckt.

 Die Tätigkeit Rubins in diesen Standesvertretungen bzw. Interessens-Gemein-

schaffen hatte bald zur Folge, daß man sich der juristischen Vergangenheit des Komponisten erinnerte. Immer öfter wurde er nun mit rechtlichen Fragen konfrontiert, und 1964 wurde er als Nachfolger von Joseph Marx in den Vorstand der AKM, der „Staatlich genehmigten Gesellschaft der Autoren, Komponisten und Musikverleger", berufen. Zunächst gehörte er ein Jahr diesem Gremium an, dann wieder ab 1970 in ununterbrochener Reihenfolge; am 6. März 1975 schließlich wurde Marcel Rubin zum Präsidenten der Gesellschaft gewählt.
Rubin hielt die Arbeit in der AKM immer für besonders wichtig, schließlich geht es dort um die materielle Existenz der schöpferischen Künstler, was von ursächlicherer Bedeutung als alle theoretischen und ästhetischen Diskussionen ist. Hier hatte und hat er die beste Möglichkeit, konkret zu helfen und in Urheberrechtsfragen den Standpunkt der Komponisten zu vertreten.
Von der AKM wurde Rubin in den Internationalen Komponistenrat der CISAC (Conféderation Internationale des Sociétés d'Auteurs et Compositeurs) delegiert, der seinen Sitz in Paris hat und sich auf internationaler Ebene mit der Vertretung und Erweiterung der urheberrechtlichen Interessen der Komponisten und Autoren beschäftigt. Auch hier bemüht er sich, bessere Voraussetzungen für die Bezahlung der Urheber zu schaffen; ist es doch der Komponistenrat der CISAC, der Empfehlungen zentral an die nationalen Verwertungsgesellschaften ausgibt. Die organisatorische Arbeit Rubins in Zusammenhang mit seinem Namen als Komponist fand schließlich im Dezember 1974 einen sichtbaren Ausdruck der internationalen Anerkennung: in Paris wurde er zum Präsidenten des Rates der Komponisten und Autoren innerhalb der CISAC gewählt.

Neben diesen zahlreichen Tätigkeiten als Kritiker, Organisator, „Komponisten-Jurist" und Funktionär kam dennoch nie die eigentliche Aufgabe Rubins zu kurz: die der schöpferischen Arbeit. In den Wiener Jahren seit der Rückkehr im Jahre 1947 entstanden die meisten bedeutenden Werke des Komponisten, in diesen Jahren fand sein Durchbruch zu allgemeiner und internationaler Anerkennung statt. In chronologischer Reihenfolge seien die betreffenden Werke hier kurz aufgezählt, Näheres darüber findet sich sowohl im Analysen-Teil als auch im Werkverzeichnis am Ende des Buches.

1948:	Ballade für Orchester (ursprünglich „Eine Österreichische Ouverture") Orchesterfassung des Tanzstückes „Die Stadt"
1955:	„Tageszeiten", vier Klavierstücke
1956:	„In den Bergen", sechs Lieder
1957:	2. Fassung der 1. Symphonie „Dorfbilder", sechs Lieder
1957/61:	„Die Albigenser", Oratorium
1958:	Musik zu einer Nestroy-Posse
1960:	Rondo-Burleske für Orchester
1961:	2. Fassung des Streichquartettes

1962: 2. Fassung der 3. Symphonie
2. Fassung des Streichtrios
„Nocturnes“, sieben Lieder
1963: „Drei Komödianten“
1964/65: 5. Symphonie
1965: Sonatine für Orchester
1965/66: Sinfonietta für Streichorchester
1966/67: Divertimento für Klavier, Violine und Violoncello
1966/69: „Kleider machen Leute“, komische Oper
1970: Kontrabaßkonzert
Pastorale für Streicher
Orchesterfassung des Liederzyklus „Gegenwart“
1971: Serenade für fünf Bläser
Lied „Das Wagnis“ aus „Drei Marienlieder“
1971/72: Trompetenkonzert
1972: 2. Fassung der 4. Symphonie
1973/74: 6. Symphonie
1974: 2. Fassung der 2. Symphonie
Sonate für Violine und Klavier

Wenn in dieser imposanten Reihe der relativ hohe Anteil von Umarbeitungen auffällt, so mag dies ein neuerlicher Beweis für das absolute Perfektionspostulat sein, das Rubin an seine Schöpfungen stellt. Er feilt an jedem Werk so lange, bis er es guten Gewissens der Öffentlichkeit vorlegen kann — ein Grund für die höchst geringe Anzahl wenig erfolgreicher Kompositionen.
Neben diesen aufgezählten Arbeiten komplettieren das Oeuvre noch eine Reihe von Gelegenheitsstücken. Die meisten stammen aus jener Zeit bis 1955, in der Rubin zahlreiche Bühnenmusiken für das Theater „Die Scala“ schrieb, Bühnenmusiken, die zum Teil reizvollste Genremusik von illustrativer und charakterisierender Natur sind. Insbesondere Nestroy-Komödien inspirierten den Komponisten. Die besten Einfälle aus jener Theater-Epoche bildeten die thematische Grundlage dreier kleiner Orchesterwerke, die unter den Titeln „Musik zu einer Nestroy-Posse“, „Rondo-Burleske“ und „Drei Komödianten“ veröffentlicht wurden. Auch viele Kompositionen für Arbeiterchöre entstanden damals. Die große Schaffenspause zwischen den Jahren 1948 und 1955 erklärt sich aber nicht nur aus dieser zeitraubenden Tätigkeit als Gelegenheitskomponist, sondern auch aus der — durchwegs ehrenamtlichen — Erziehungsarbeit, die er vielen Volkskunstgruppen und Arbeiterchorvereinigungen widmete.

*

Von den zahlreichen Daten, die für Rubins Leben und Schaffen Bedeutung erlangt haben, sind es drei, die hier besondere Erwähnung finden mögen, drei Daten, die jeweils den Durchbruch eines Hauptwerkes des Meisters markieren.

Das erste bzw. die ersten sind die Tage vom 13. bis zum 16. November 1969, an welchen in einer Konzertserie des Wiener-Symphoniker-Zyklus im Großen Musikvereinssaal Wolfgang Sawallisch Rubins 5. Symphonie zu triumphalem Erfolg führte.

Bevor das Presse-Echo der Aufführungen gestreift werden soll, sei noch kurz der Vorgeschichte des Ereignisses gedacht. Die 5. Symphonie war schon im Frühjahr 1966, ebenfalls im Großen Musikvereinssaal, uraufgeführt worden, allerdings in einem jener „Ghetto-Konzerte“ der ÖGZM, in welchen ausnahmslos moderne Werke auf dem Programm stehen. Neben Rubins 5. Symphonie wurden noch vier weitere Novitäten gespielt, so daß die vorhandene Probenzeit unmöglich für alle Werke reichen konnte. Noch bei der Generalprobe ging es im Orchester derart „drunter und drüber“, daß Rubin sein neues Opus noch im letzten Moment zurückziehen wollte, was er aber dem Dirigenten zuliebe doch nicht tat. Die Aufführung war dann, wie befürchtet, wirklich äußerst mangelhaft, dennoch hatte das Werk bei Publikum und Presse einen großen und einhelligen Erfolg. Wolfgang Sawallisch, damals Chefdirigent der Wiener Symphoniker, hörte von der neuen Symphonie, ließ sich einen Mitschnitt des Konzertes in der Wohnung des Komponisten vorführen und setzte das Werk auf das Programm eines Abonnementkonzertes im Großen Musikvereinssaal.

Die Aufführungsserie im November 1969 bedeutete für Rubin einen bis dahin in Wien noch nie erlebten Triumph. Bei jedem Konzert konnte er Ovationen des Publikums entgegennehmen. Und die Presse war völlig übereinstimmend der Meinung, eines der bedeutendsten österreichischen symphonischen Werke der Zeit nach dem Zweiten Weltkrieg gehört zu haben. So schrieb Norbert Tschulik in der „Wiener Zeitung“:

„Es ist gewiß kein Zufall, daß Marcel Rubin in einem der Zyklen der Gesellschaft der Musikfreunde zu Wort kommt. Der Grund hiefür ist nur in der Qualität zu suchen. Rubin weiß, daß das Experiment nicht die allein selig machende Methode ist, neue Musik zu komponieren. Es fällt ihm genug ein, er ist im Einfall auch originell genug und kann genug, um nicht mit Absonderlichem bluffen zu müssen. Was er schreibt, ist neue Musik für jedermann, also gerade das, was man in den Konzerten mit vorwiegend konservativem Publikum braucht. Hier wird die Kluft überbrückt, die falsche Propheten immer wieder aufreißen.“

Franz Endler sprach in der „Presse“ von „Rubin, der mit seiner V. Symphonie das einprägsamste symphonische Werk schrieb, das sich nur vorstellen läßt ... Da ist Musik, die existiert und nicht wegzuleugnen ist, zwei sehr aggressive Ecksätze, ein skurriler langsamer Satz ... Man hört es gern, und man bewundert, immer wieder, die ökonomische Verwendung des Orchesters, die sichere Wahl der Klangfarben ...“

Fritz Walden überschrieb seine Konzertkritik in der „Arbeiter-Zeitung“ „Ein funkelnder Rubin von eigenem Feuer“ und berichtete von „einem echten Erlebnis ... Ein Programm mit zwei Werken, die ihrer Wirkung von vornherein sicher sind (Beethovens 4. Klavierkonzert und Ravels „La Valse“; Anm. d. Verf.). Das dritte wird es in kürzester Zeit sein.“

Autograph aus der Partitur der 5. Symphonie

Rudolf Weishappel attestierte im „Kurier" der Symphonie: „Hier hat man ein Werk vor sich, das ohne Krampf modern, das ganz und gar Musik ist ... Rubins 5. Symphonie ist ein Werk des Einfalls — der melodischen, der harmonischen und vor allem auch der rhythmischen Ideen — und hält dadurch den Hörer in Spannung, zwingt ihn zu dauernder Aufmerksamkeit. Was aber vielleicht das Schönste daran ist: Es ist trotz der Blickrichtung nach Frankreich ein Werk, das aus der österreichischen Musiklandschaft geboren ist, aus einer Landschaft, die etwa auch Mahler beschworen hat."
Und im „Volksblatt" charakterisierte Kurt Schmidek die Novität: „Diese Symphonie ist eines jener Werke, die selbst Skeptiker davon überzeugen müssen, daß mit Einfällen, Können und gescheitem Musikantentum auch heute noch in herkömmlicher Notenschrift und ohne Rechenschieber mit Erfolg komponiert werden kann ... Rubins 5. Symphonie ist Musik unserer Zeit, wobei aber die Betonung auf dem Wort Musik liegt. Da werden in konzentrierter Form klare, musikantisch inspirierte Themen intelligent eingesetzt und mit großem Können verarbeitet, da steht Lyrisches und Dramatisches im rechten Verhältnis zueinander, und die scharf pointierte Groteske atmet immer noch einen Hauch Poesie. Vier Sätze, von denen keiner zu lang geraten ist, sind zur echten symphonischen Einheit geschlossen und zeugen von einer musikalischen Persönlichkeit, die etwas zu sagen hat. Die raffinierte Instrumentation tut noch das ihre dazu, das Interesse des Zuhörers in jeder Phase wachzuhalten ..."
Nicht viel mehr als zwei Jahre später, vom 9. bis 12. Dezember 1971, gab es den nächsten großen Erfolg für Marcel Rubin, wieder im Wiener-Symphoniker-Zyklus der Gesellschaft der Musikfreunde. Diesmal war es Josef Krips, der sich eines Werkes des Komponisten annahm, und zwar des Kontrabaßkonzertes, das über Anregung von Ludwig Streicher, dem brillanten Virtuosen auf dem schwierigen Instrument, entstanden war. (Für die nicht Eingeweihten ein paar Worte über den Solisten: Streicher spielt als einer der ganz wenigen Kontrabaß-Solisten auf einem normalen, 2,08 Meter großen Orchester-Kontrabaß. Wegen seiner Virtuosität verlieh ihm die internationale Kritik bald das Prädikat „Oistrach des Kontrabasses". Als David Oistrach ein Konzert mit Ludwig Streicher gehört hatte, meinte er, er könnte sich glücklich schätzen, wenn er der „Streicher der Violine" wäre.) Wieder waren sich Presse und Publikum einig, ein Werk von besonderer Qualität und höchstem Einfallsreichtum gehört zu haben.
So befand Herbert Schneiber, den insbesondere die humoristische Seite des Konzertes angesprochen hatte, im „Kurier" folgendes: „Rubin, der sich mit seinem symphonischen Oeuvre längst einen Namen gemacht hat, gönnt sich mit diesem Opus den Spaß, Instrument und Solisten auf Herz und Nieren zu prüfen, im verwirrend-virtuosen Spiel natürliche Wirkungen mit verfremdeten Effekten zu kombinieren, mit lebhafter Teilnahme des Orchesters, das mit muß durch das instrumentale und rhythmische Gestrüpp. Ein Schelmenstreich."
Und Fritz Walden lobte in der „Arbeiter-Zeitung" — „Ein Kontrabaß wird

1971/72

WIENER SYMPHONIKER-ZYKLUS

DIRIGENT:

JOSEF KRIPS

5 KONZERTE

DEZEMBER
Sonntag, 12.

C. M. WEBER	Ouverture zur Oper „Euryanthe"
RUBIN	Konzert für Kontrabaß und Orchester (Uraufführung) Solist: LUDWIG STREICHER
R. STRAUSS	Ein Heldenleben Opus 40

zum Ereignis" — neben dem Musikantentum Rubins auch dessen hohe handwerkliche Meisterschaft: „Man muß vermutlich den Einstieg in seine zweite Jugend gefunden haben, um mit dieser jugendlichen Leichtigkeit das gesamte Tonmaterial durch die Luft zu jonglieren wie Marcel Rubin in seinem Konzert für Kontrabaß. ... So souverän bewegte sich wohl seit Hindemith noch niemand im tonalen Gelände; bloß, daß der Österreicher über mehr geschmeidigen Charme verfügt. In jenem vegetativen Treiben, in dem Mozart als Lehrmeister für die gesamte Komponisteninternationale gelten kann, scheinen sich alle drei Sätze eigentlich nur rhythmisch und melodisch gleich aus dem ersten Hauptmotiv zu entfalten; mit der vergnügt in die Höhe hüpfenden Oktave, die uns zum Schluß des ersten Satzes das Soloinstrument im Pizzikato zuraunt, gleich einem Versprechen, man komme wieder.
Auch dessen sich scheinbar in slawische Weite verlierender Sologesang, der den langsamen Mittelsatz einleitet, wird alsbald von dem antwortenden Orchester in bestrickende Melodik eingefangen, die uns beruhigt, daß es nicht so ernst gemeint sei. Und in einem sprühenden Klangpointenregen geht es schließlich in die Zielgerade des Finales; ständig gehegt von reifer Meisterschaft, die mit nicht mehr überbietbarer Ökonomie in den Noten sichtet und Überflüssiges wegsichelt und das bereits etwas abgebrauchte Wort Transparenz wieder in seinem ursprünglichen, voll gültigen Zauber einsetzt. Wenn dem Werk ein Mangel vorgeworfen werden kann, so der, daß es viel zu rasch aus ist."
Der Zwei-Jahres-Turnus der Rubin-Erfolge blieb weiter erhalten. Am 14. Dezember 1973 gelangte die Oper „Kleider machen Leute" anläßlich des fünfundsiebzigjährigen Jubiläums der Wiener Volksoper zur Uraufführung. Auch hier wollen wir uns aber zunächst der Vorgeschichte des Werkes zuwenden.

 Seit Rubin seine erste Oper „Prinzessin Brambilla" zurückgezogen hatte,

nahm er sich vor, eine zweite Oper zu schreiben; was fehlte, war lediglich der Stoff bzw. ein Textbuch. Da führte im Jahre 1965 endlich der Zufall freundliche Regie: Auf seinen Sommeraufenthalt in Malcesine am Gardasee nahm der Komponist die Novellensammlung „Die Leute von Seldwyla“ von Gottfried Keller mit und las dort nach langer Zeit wieder die Novelle „Kleider machen Leute“. Bei der Lektüre jener Geschichte empfand Rubin sofort Liebe auf den ersten Blick und wußte, daß nur sie und nichts anderes sein Opernstoff werden müßte. Er stellte sich nun natürlich die Frage, wer das Libretto verfassen könnte. Nach den üblichen Erfahrungen kamen zwei Typen von Librettisten in Frage: die, die zwar sehr viel vom Theater verstanden, dafür aber kaum etwas von Musik, und diejenigen, die auf musikalischem Gebiet bewandert waren, nicht aber in bezug auf das Theater. Da Rubin nicht warten wollte, bis er vielleicht zufällig jemandem begegnete, der beide guten Eigenschaften in sich vereinigte, entschloß er sich bald, selbst das Textbuch zu schreiben. Nicht um, wie böse Zungen behaupteten, sowohl die Tantiemen des Autors als auch die des Komponisten kassieren zu können, sondern weil er die notwendige Zusammenarbeit mit einem Textdichter doch scheute und daher lieber auf sich selber reduzierte, wobei er sozusagen einer verwandten künstlerischen Seele sicher sein konnte.
Ursprünglich sollte die Oper „Trojanischer Krieg in Seldwyla“ heißen, da es durch die „Entführung“ Nettchens durch den Schneidergesellen Stanislaus beinahe zu einer Art Trojanischem Krieg zwischen den Bürgern von Goldach und Seldwyla gekommen wäre. Volksoperndirektor Karl Dönch veranlaßte gemeinsam mit Marcel Prawy, dem Chefdramaturgen des Hauses, Rubin jedoch, den seiner Meinung nach etwas zu hochgestochenen Namen in den ursprünglichen Titel der Novelle Gottfried Kellers, „Kleider machen Leute“, umzuändern. Aus Gründen der allgemeinen Verständlichkeit stimmte der Komponist zu. (Im übrigen sollte die Oper nach dem Plan des Staatsoperndirektors Rudolf Gamsjäger in der Staatsoper aufgeführt werden. Erst der aktuelle Anlaß des 75-Jahr-Jubiläums der Volksoper bewirkte die Transferierung des Werkes an den Währinger Gürtel.)
Die Aufführungsserie von „Kleider machen Leute“ brachte dem Komponisten sehr beachtliche Zustimmung, aber auch der Wiener Volksoper bescheinigte man, daß sie aus Anlaß ihres Jubiläums „kaum etwas Besseres“ hätte tun können, „als eine Novität herauszubringen“. „Die Wahl fiel auf ein Werk von Marcel Rubin“, heißt es in der „Wiener Zeitung“ weiter, „der als Instrumentalmusiker schon seit langem in der ersten Reihe der zeitgenössischen Komponisten steht und sich immer wieder dadurch auszeichnet, daß er trotz des Verzichtes auf neue Kompositionsstrukturen und -methoden eine neue Musik zu schreiben vermag, die verschiedene Elemente des musikalischen Erbes eigenpersönlich weiterzupflegen vermag. Und das ist auch in seiner neuen Oper der Fall. Ein echter Musiker mit ebensoviel Können wie Einfall.“ Und besonders gelobt wurde, „daß hier wirklich gesungen wird ... ohne komplizierte, stimmfremde Eskapaden. Die Melodik bleibt stets faßlich ... und ist immer wieder vom Stil der komischen Oper geprägt, den Rubin mit vielerlei Pointen durch-

Freitag, 14. Dezember 1973 *Volksoper*

Anläßlich des 75jährigen Jubiläums der Wiener Volksoper

URAUFFÜHRUNG

Kleider machen Leute

Komische Oper in einem Vorspiel
und vier Akten
nach Gottfried Kellers Erzählung

von	Marcel Rubin
Musikalische Leitung	Walter Weller
Inszenierung	Wolfgang Weber
Bühnenbild	Toni Businger
Kostüme	Alice Maria Schlesinger
Einstudierung der Chöre	Franz Gerstacker
Stanislaus, genannt Graf Dobrowitz	Claudio Nicolai
Eisenhut, Amtsrat	Artur Korn
Pütschli, Notar	Gerhard Stolze
Nimmersatt, Fabrikant	Peter Branoff
Böhnli, Buchhalter	Frederick Guthrie
Nettchen, Eisenhuts Tochter	Sigrid Martikke
Der Wirt	Fritz Uhl
Die Köchin	Elisabeth Schwarzenberg
Christian, ein Lehrbub	Monique Lobasa
Der Kutscher	Rudolf Wasserlof
Ein Unbekannter	Rudolf Katzböck

Die Bürger von Goldach
Die Leute von Seldwyla. Bediente

Das Stück spielt in vergangenen Zeiten, teils auf den Plätzen von Goldach und Seldwyla, teils auf einer Landstraße zwischen den beiden Orten

Technische Gesamtleitung	Ernst Lux
Technische Einrichtung	Franz Paul
Beleuchtung	Wilhelm Kreihsl
Größere Pause	nach dem zweiten Akt
Beginn	19.30 Uhr
Ende	etwa 21.45 Uhr

geführt hat.“ Und auch die „Arbeiter-Zeitung“ attestiert, daß dem Komponisten hier eine „unwahrscheinlich singbare Oper“ gelungen sei.
Gerühmt wurde, wenn man die zahlreichen Pressestimmen auf ihre Essenz zurückführen will, „daß Rubin eine spezielle Begabung für das Komisch-Burleske, für das Buffoneske und spielerisch Heitere besitzt“ („Die Furche“) und mit dem Werk „zum 75. Geburtstag der Volksoper ... ein attraktives Stück Oper“ („Kronen-Zeitung“) gemacht hat, das „zweifellos richtig ausgewählt“ („Linzer Volksblatt“) wurde. Die Resonanz der Aufführungen drang dementsprechend weit: nahezu sämtliche bedeutende Bundesländer-Zeitungen nahmen Notiz davon, deutsche Blätter rühmten die „heitere bis spritzige Komödienmusik“, die in einer vorzüglichen Realisation (Dirigent war Walter Weller, Regie führte Wolfgang Weber) zur Aufführung gelangt sei.

*

Neben diesen großen Erfolgen bei Publikum und Presse gab es für unseren Meister aber eine Reihe weiterer, nicht minder erfreulicher Ereignisse. Denn auch das offizielle Österreich gedachte immer wieder seines großen Sohnes und ließ seinem Oeuvre die Anerkennung zuteil werden, die ihm gebührt. Bereits 1959 erhielt Rubin für seine beiden Liedzyklen „In den Bergen“ (sechs Lieder nach Conrad Ferdinand Meyer) und „Dorfbilder“ (sechs Lieder nach Gedichten aus dem Slowenischen von Anastasius Grün) den staatlichen Förderungspreis, zwei Jahre später für das Projekt des Oratoriums „Die Albigenser“ den Theodor-Körner-Preis. 1964 wurde ihm in Würdigung seiner Verdienste der Titel „Professor“ verliehen, der ihm als immerwährendem „Bekenner“ zu humanitärer Menschlichkeit und Kunst wohl wie wenigen anderen zustand. Für das Vorhaben, eine Oper zu schreiben, erkannte man Rubin 1965 ein zweites Mal den Theodor-Körner-Preis zu. Die höchsten Preise, die Wien bzw. Österreich für Komponisten zu vergeben hat, folgten 1969 und 1970: zunächst der Große Preis der Stadt Wien und schließlich, in Würdigung seines bis dahin vorliegenden Gesamtschaffens, der Große Österreichische Staatspreis. 1972 wurde Rubin Mitglied des Österreichischen Kunstsenates im Bundesministerium für Unterricht und Kunst, zwei Jahre später erhielt er noch das Ehrenkreuz für Wissenschaft und Kunst I. Klasse. Gleichwohl der Komponist nie sehr an Äußerlichkeiten hing, freuten ihn diese Auszeichnungen, waren sie doch sichtbarer Beweis dafür, daß er als Musiker und Künstler mitten im Leben stand, daß seine Absicht, für die Menschen und nicht für einen imaginären elfenbeinernen Turm zu schaffen, verwirklicht und verstanden wurde.
Womit wir vorläufig am Ende der Biographie Marcel Rubins angelangt wären. Wer jedoch den Komponisten näher kennt, weiß, daß eine große Anzahl ihrer Kapitel noch nicht geschrieben werden kann, weil sie erst von der Zukunft verfaßt werden. Getreu seinem Lebensgrundsatz „nulla dies sine linea“ — was frei übersetzt soviel wie „Kein Tag, der ohne Arbeit verstreichen soll“ heißt — komponiert Rubin weiter, seine Schaffenskraft ist nach wie vor ungebrochen. Daneben harren seiner die Aufgaben in AKM und CISAC, die eben-

falls einen ganzen Mann erfordern und ihn in unserem Meister finden. Wie jeder wirklich Schaffende hat er nicht einmal Zeit zur Retrospektive, die ihn mit Stolz erfüllen könnte; auf die Frage, ob seine vielen Zeitungsartikel und Kritiken chronologisch oder thematisch geordnet wären, gab er die Antwort: „Dazu komme ich erst, wenn ich wirklich zum Rentner werde. Solange mir Noten einfallen, habe ich keine Zeit."

Rubins glückliches Zusammenleben mit seiner verständnisvollen Frau und seine stets unversehrte Privatsphäre, zu der auch verläßliche Freunde und nicht zuletzt die Pariser Verwandten zählen, sind dem Komponisten Garant für die innere Ruhe und Ausgeglichenheit, die ihm schon immer sicherer Hort für die schöpferische Rekreation war, und aus der er auch — das wollen wir alle ihm wünschen — in Zukunft die Kraft für die Bewältigung weiterer Aufgaben wird nehmen können.

II. GESPRÄCH MIT MARCEL RUBIN

K.: Jeder Künstler wird, wenn man ihn interviewt, meist zuerst gefragt, worin er seine Aufgabe bzw. die Aufgabe seiner Kunst sieht. Ich darf Sie, Herr Professor, daher fragen: Worin sehen Sie die Aufgabe eines Komponisten?

R.: *Ich sehe die Aufgabe des Komponisten darin, zu schreiben, was vor seinem eigenen menschlichen und künstlerischen Gewissen bestehen kann. Daraus ergibt sich, daß ich keiner Mode folge und mich so — ich hoffe es jedenfalls — davor bewahre, eines Tages altmodisch zu sein. Eine andere Sache als die Tagesmode ist freilich die Zeit, in der wir leben, deren geistigen und politischen Strömungen der Künstler, der ein ganzer Mensch ist, sich ebensowenig entziehen kann wie ihren stilbildenden Merkmalen. Doch muß er auch hier, seinem Gewissen gehorchend, die Freiheit haben, nicht nur mit den Strömungen, sondern notfalls auch gegen sie zu schwimmen, was allerdings mühsamer und undankbarer ist.*
Damit sind wir bei der heute so beliebten Forderung nach „engagierter Kunst" angelangt. Ich verstehe unter dem Engagement eines Künstlers sein überzeugtes Eintreten für den Stoff, den er gestaltet. Das besagt zunächst, daß ich jede ausschließlich politische Definition des Begriffes ablehne. Die „Matthäus-Passion" ist nicht minder engagierte Kunst als die „Eroica". Eine solche Weite des Blicks auf die Welt scheint mir auch für die Künstler der Gegenwart wichtig zu sein. Und wenn ich vorhin von einem „überzeugten Eintreten" sprach, so heißt dies, daß mir die Opportunisten unter den „engagierten Künstlern" fremd sind. Ich achte, die sich engagieren, aber ich schätze nicht, die sich engagieren lassen.

K.: Welchen Stellenwert geben Sie als Komponist der Musik innerhalb der gesamten Kultur, wie wollen Sie die Menschen an die Musik heranführen, und welche Postulate an den Komponisten ergeben sich daraus?

R.: *Wenn ich der Musik eine wichtige Rolle in der Formation der Menschen zuerkenne, so wiederhole ich nur, was schon seit Jahrtausenden immer wieder gesagt wurde. Aber ich schreibe nicht Musik, um damit „nützlich" zu sein; man würde die Absicht merken und wäre verstimmt. Ich komponiere einfach, weil ich etwas zu sagen habe und es nicht anders als mit Tönen sagen kann. Die Musik muß durch sich selbst wirken.*
Ich bin mir allerdings auch klar darüber, daß ein Teil der zeitgenössischen Musik einen Weg in die Isolierung geht und daher auf die Menschen nicht zu wirken vermag. Entscheidend scheint mir zu sein, daß der Komponist — ganz besonders der wirklich moderne Komponist — seine Kunst nicht als einen Monolog, sondern als einen Dialog mit den Menschen verstehen sollte. Das heißt,

nicht allein sich auszudrücken, sondern darüber hinaus sich mitzuteilen sollte sein Ziel sein. Konkret gesagt, es ist mein Ziel. Daß damit kein Hinabsteigen auf ein billiges stilistisches Niveau gemeint ist, versteht sich wohl von selbst.

K.: Wenn man also davon ausgeht, daß der Komponist mit seiner Musik der Umwelt Mitteilungen im weitesten Sinn machen möchte, steht man damit eo ipso vor dem Problem einer Semantik, der Findung von allgemein verständlichen Zeichen für diese Mitteilungen — und dieses Problem der „Sprachlichkeit" der Musik ist es ja, das den Stil eines Komponisten, der bewußt für seine Umwelt schafft, weitgehend prägt. Was hat, so betrachtet, auf diesen Stil einzuwirken, und nach welchen Richtlinien haben Sie Ihren Stil gewählt?

R.: *Die „Musiksprache", von der gewöhnlich die Rede ist, hat mit der Wortsprache eines gemein, nämlich ein Verständigungsmittel zu sein. Doch ist der Komponist, der heute Wichtiges auf verständliche Weise mitteilen will, in einer weitaus schwierigeren Situation als die Meister der Vergangenheit. Wenn wir daran denken, daß das Werk Johann Sebastian Bachs schon quantitativ so immens ist, daß ein Kopist Mühe hätte, es in seinem Leben auch nur abzuschreiben, dann wird es uns klar, daß die Musiksprache für Bach bei all ihrer hohen Organisiertheit etwas Selbstverständliches war, so selbstverständlich wie für unsereinen die Abfassung eines Briefes.*
Von einer solchen Selbstverständlichkeit des Stils kann heute keine Rede mehr sein, denn die traditionelle Musiksprache ist in den zurückliegenden drei Jahrhunderten so gründlich genutzt und abgenutzt worden, daß ihre kritiklose Übernahme die Gefahr der Formelhaftigkeit, der Konvention mit sich brächte. Ein Beispiel ist der berühmte C-dur-Akkord in Haydns „Schöpfung" bei der Stelle „und es ward Licht". Rein analytisch liegt hier eine simple Kadenz vor, deren Wirkung auf der Gegenüberstellung von Moll und Dur, auf dem Kontrast von pianissimo und fortissimo beruht. Heute einen C-dur-Akkord auf diese Weise herbeizuführen, wäre sinn- und wirkungsloses Epigonentum. Trotzdem glaube ich daran, daß ein C-dur-Akkord auch von einem lebenden Komponisten mit ähnlicher Wirkung geschrieben werden kann, nur müßte er auf eine ganz andere Art, also gewiß nicht als Abschluß einer klassischen Kadenz, entstehen.
Darin sehe ich eben die Problematik unserer Musiksprache. Wir dürfen wohl Dinge sagen, die schon einmal gesagt wurden, denn die wesentlichen menschlichen Empfindungen wiederholen sich ja, nur dürfen wir sie nicht auf die gleiche Art sagen, wie unsere Vorfahren es taten. Kokoschka hat eine „Schule des Sehens" begründet; er hat seine Schüler gelehrt, die alte Welt auf eine neue Weise zu sehen. Ich glaube, daß auch an die Komponisten der Gegenwart diese Forderung zu stellen ist: Man muß als Musiker wie als Maler die Welt auf eine neue Art zu sehen, zu hören und darzustellen lernen.

K.: Daraus könnte man schließen, daß Sie als Komponist nicht unbedingt mit der Tradition brechen, wohl aber diese nach den Erfordernissen der Gegenwart umformen. Kann man das so ausdrücken?

R.: *Im Ergebnis ist es gewiß so. Daß ich nicht ganz mit der Tradition breche, ist eine logische Folge meiner Erkenntnis, daß die Musiksprache ein Verständigungsmittel bleiben sollte, und die Sprache als Verständigungsmittel setzt voraus, daß Elemente, die eine Assoziation von Klängen und Tonfolgen mit bestimmten Empfindungen oder Gedanken ermöglichen, bestehen bleiben. Womit ich aber ganz und gar gebrochen habe, das ist die Konvention. Daher mag es kommen, daß meine Musiksprache noch manchen Hörern Schwierigkeiten des Verständnisses bereitet, Schwierigkeiten, die, wie bei jeder neuen Sprache, nur durch die Gewöhnung an diese behoben werden können.*

K.: Könnte man Ihrer Meinung nach Ihr Werk in eine der üblicherweise apostrophierten „Richtungen" einordnen oder nicht?

R.: *Nein. Ich habe natürlich, wie jeder Künstler, vieles auch von der Musik der Gegenwart gelernt, etwa von Milhaud, Satie, Poulenc und Honegger in meiner Pariser Zeit, damals und später von Strawinsky und Bartók, aber ich halte es für überflüssig, den Weg eines dieser Meister zu gehen, weil auf ihm nur schlechter gesagt werden könnte, was bereits gültig ausgesprochen wurde. Von solch verstandesmäßigen Überlegungen abgesehen, läge mir ein Beschreiten bereits begangener Wege auch instinktiv nicht. Ich bin, als ich noch jung war, jeder Schule, sobald ich in ihr gelernt hatte, was zu lernen war, entlaufen, den Schulen Richard Stöhrs und Franz Schmidts zuerst, später auch der Schule Darius Milhauds, von dem mich bei aller bleibenden Dankbarkeit dann doch eine eigene Entwicklung weggeführt hat. So kommt es, daß ich mich mein ganzes Leben lang keiner „Richtung" verschrieben habe, denn „Richtungen" uniformieren, und ich bin ein Feind der Uniform, in der Kunst wie im Leben.*

K.: Sie haben gesagt, daß Sie den Schulen Stöhrs und Schmidts entlaufen sind, nachdem Sie alles dort Lernbare erlernt haben. Könnten Sie näher umreißen, was Sie dort profitierten?

R.: *Ich habe an der Wiener Musikakademie eine Schule durchgemacht, die ich nicht missen möchte. Ich glaube, daß ich das Handwerk des musikalischen Satzes — ich vermeide absichtlich das falsche Wort „Theorie", denn es geht wirklich um die Praxis — hier auf die beste Weise gelernt habe. Von Franz Schmidt insbesondere habe ich in den Kontrapunkt-Stunden unvergeßliche musikalische Eindrücke empfangen. Aber als Komponist seinem Beispiel zu folgen, fühlte ich mich nicht berufen. Das war ja auch der Grund, warum ich nach Absolvierung der beiden Kontrapunkt-Jahrgänge nach Paris ging, ohne mich dem Studium des „Komposition" genannten Faches an der Wiener Musikakademie zu unterziehen.*

K.: Wenn man ihre früheren Werke genau anhört, merkt man, daß insbesondere auf melodischem und klanglichem Gebiet Einflüsse durch Darius Milhaud und andere Komponisten aus der Gruppe der „Six" bestehen. Sie bezeichnen sich dennoch nicht als dieser „Richtung“ angehörig. Welche Kriterien sind es, die Ihrer Meinung nach Ihr Oeuvre von dem der „Six“ abheben?

R.: *Daß ich vor allem auf dem Gebiet der Melodik in Paris bleibende Lehren erhielt, kann ich nicht oft und nicht dankbar genug betonen. Milhaud war es, der mir, einem jungen, aufs Umstürzlerische ausgerichteten Wirrkopf, zu meiner Verwunderung erklärte, daß die Melodik unter allen Elementen der Musik das wichtigste ist. Natürlich meinte er — und verstand auch ich darunter — nicht die gefällige „Melodie“ der Banausen, sondern die melodische Linie als das primäre Element der Gestaltung. Aber ich habe damals in Paris — und zwar besonders am Beispiel Strawinskys — auch die neue Art der Rhythmik, vor allem das rhythmische Instrument ständig wechselnder Taktarten gelernt. Was die Instrumentation betrifft, so verdanke ich nicht nur Milhauds Anweisungen, sondern vielleicht mehr noch der kammermusikalischen Art des Instrumentierens bei Gustav Mahler und vor allem Strawinsky („Geschichte vom Soldaten“) Grundlegendes: die Kombination heterogener Instrumente zu einem transparenten und plastischen Klangbild. Doch halte ich jede charakteristische Instrumentation, ebenso wie jede echte Melodik, für ein Ergebnis des Einfalls. Lernen kann man wohl das Wissen um die Rangordnung der Melodik in der Musik. Eine Melodie mit eigenem Gesicht aber muß einem ja doch einfallen. Und lernen kann man auch die Eigenart der Instrumente; die vielfältigen Möglichkeiten ihrer Verbindungen aber muß jeder selbst entdecken, erfinden.*
Damit ist die Frage, was meine Musik von der der „Six“ abhebt, eigentlich schon beantwortet: der Umstand nämlich, daß sie, auch schon in den Frühwerken, von mir ist und nicht von ihnen. Aber auch noch aus einem anderen Grund konnte ich mich ihrer „Richtung“ nicht anschließen: weil sie nämlich gar keine gemeinsame Richtung bildeten. Jeder von ihnen schrieb seine eigene Musik und hatte seine eigene Ästhetik. Was sie miteinander verband, war eine gemeinsame Freundschaft und eine Anzahl gemeinsamer Abneigungen. Das ist ein wichtiges Argument für meine Annahme, daß es in der Musik weit weniger „Richtung“ gibt als gemeiniglich behauptet wird. Was die Musikgeschichte seit jeher bestimmt hat, waren doch vor allem Persönlichkeiten; daß man aus den Werken von Zeitgenossen rückblickend gemeinsame stilistische Merkmale herausanalysiert, macht die Persönlichkeiten noch nicht zu Mitgliedern einer „Richtung“.

K.: In der Beantwortung der letzten Frage wurde neben Melodie und Instrumentation, also der klanglichen Komponente, auch bereits die Rhythmik erwähnt. Was offen bleibt, wäre, wenn man die allgemein übliche Scheidung der Musik in vier Parameter — Melodie, Harmonie, Rhythmus und Klang — akzeptiert, die Harmonie. Damit stellt sich auch die Frage nach dem Zustandekommen der Zusammenklänge in Ihrer Musik: Ist das „harmonische“ Produkt Ergebnis Ihrer persönlichen klanglichen Empfindung oder ein Ergebnis einer übergeordneten genauen Determinierung des Vertikalen, insbesondere im Hinblick auf die in der Zeit Ihrer kompositorischen Entwicklung gerade aufkommende „Richtung“ der Dodekaphonie, also der strengen Zwölftonkomposition?

R.: *Ich bin ein Gegner des Ausschließlichkeitsanspruchs sowohl des linearen als auch des harmonischen Prinzips. Ich halte die Möglichkeiten der Tonalität noch nicht für erschöpft, aber die in diesem Bereich begangenen Wege für allzu ausgetreten. Das heißt, daß ich wohl am tonalen Prinzip eines Grundtons festhalte, auch wenn dieser im Verlauf eines Musikstücks ständig wechselt (das war ja auch schon im „Tristan“ der Fall); doch die tonale Funktion der Akkorde scheint mir als Regel überholt zu sein. Für mich sind in einer modernen tonalen Musik die Akkorde den Farben in einem Bild vergleichbar, also Mittel, um in einer musikalischen Landschaft leuchtende Akzente zu setzen, aber nicht, um Beziehungen zu einem Grundton herzustellen. Deswegen wähle ich die Akkorde frei nach ihren klanglichen Valeurs, ohne mich an die Gesetze der Harmonielehre zu binden. Zugleich aber sind in meinen Arbeiten die Zusammenklänge meistens auch das Ergebnis selbständig geführter Stimmen. Nur ist dieses Ergebnis nicht ausschließlich von der Führung der Stimmen abhängig; vielmehr werden die Stimmen so geführt, daß sie bei jedem Zusammentreffen bestimmte, mit meinen Vorstellungen übereinstimmende Klänge ergeben.*
Daraus folgt, daß so geführte Stimmen nicht den Gesetzen der Zwölftonkomposition unterworfen sein können. Diese Gesetze begründen eine Determinierung, die mir nicht liegt, auch wenn ich das System für eine Achtung gebietende Gestaltungsmethode halte.
Im übrigen haben die Stimmen in meiner Musik auch eine architektonische Funktion. Der abgestufte Wechsel von zwei- bis zu vielstimmigen Episoden ist mir ein Mittel, um den Aufbau und die Dichte selbst eines Orchestersatzes zu gestalten. „Füllstimmen“ kenne ich nicht. Sie erinnern mich immer an die Watteauflagen, mit denen Schneider abfallende Schultern zu verdecken suchen.

K.: Da Sie gegen jede Determinierung sind, könnte man erwarten, daß es in Ihrem Oeuvre — insbesondere, da in letzter Zeit diese Möglichkeit sich ja nahezu aufdrängt — auch aleatorische oder zumindest teilweise aleatorische Kompositionen gäbe. Aus welchem Grund sind Sie niemals diesen Weg gegangen?

R.: *Weil ich mir wohl nicht von irgend einem System vorschreiben lasse, wie ich zu komponieren habe, aber auf der anderen Seite den Interpreten so genau wie möglich vorschreibe, was sie zu spielen haben. Ich bin also gegen jede Determinierung in der Komposition, aber für die Determinierung in der Interpretation. Einfacher gesagt, ich lasse mir nicht gern hineinkomponieren.*

K.: Sieht man Ihre Werkliste, so fällt sehr bald auf, daß die Titel Ihrer Instrumental-Kompositionen durchaus traditionell sind und meist gängige Gattungsbegriffe wie „Symphonie“, „Konzert“ und Ähnliches darstellen. Wie traditionell sind nun tatsächlich diese Werke in bezug auf ihre Form?

Oben: Mexiko 1943

Links: Paris 1925

Unten: Marcel Rubin mit seiner Frau am Schreibtisch seines Arbeitszimmers, Wien 1975

Links: Bühnenbild aus dem 2. Akt

Unten: Bühnenbild aus dem „Vorspiel“ der Oper „Kleider machen Leute“ in der Inszenierung der Wiener Volksoper; Uraufführung am 14. Dezember 1973

(Szenenphotos: Elisabeth Hausmann)

R.: *Ich gebe meinen Werken, vor allem der Instrumentalmusik, gern schon dagewesene Titel, um den Hörern, die mit dem Inhalt doch einige Nüsse zu knacken bekommen, die Möglichkeit einer Assoziierung an ihnen bereits bekannte Genres zu geben. Es genügt mir, wenn das, was unter dem Titel steht, nicht als schon dagewesen empfunden wird.*
Natürlich sind für mich auch die alten Formen keine Klischees. So gibt es bei mir Sonatensätze, in deren Exposition die klassische Gliederung von Haupt-, Seiten- und Schlußsatz durch eine Vielfalt von Themen ersetzt wird, die zum Teil auch noch in der Durchführung eingeführt werden. Aber das Prinzip der Modifizierung und Erweiterung der klassischen Formen ist ja nicht neu, man findet es schon bei Bruckner und sehr ausgeprägt bei Gustav Mahler.

K.: Apropos Gustav Mahler — wie weit wurden Sie als Symphoniker von ihm beeinflußt?

R.: *Ich halte Mahler für einen genialen Symphoniker und einen der größten Wegbereiter des 20. Jahrhunderts. Formal allerdings scheint mir seine Symphonik ein Einzelfall zu sein. Ich persönlich liebe es, wenn Formen überschaubar und „überhörbar" sind, was bei einem Symphoniesatz, der die Länge einer späteren Haydn-Symphonie erreicht, nicht gut möglich ist. Mir ist in dieser Beziehung weit eher Haydn ein Vorbild, der gezeigt hat, wieviel Musik sich in einem Zeitraum von weniger als einer halben Stunde gestalten und mitteilen läßt.*

K.: Sie sagten vorhin, daß Sie die kammermusikalische Führung der Instrumente auch von Mahler gelernt hätten. Eine solche kammermusikalische Führung stellt eigentlich ein bewußtes Gegeneinander verschiedener Farben dar, ist also deutlich unterschieden von homogenisierenden Blockbildungen. Ein ähnliches Gegeneinander von Farben kennzeichnet aber auch den konzertanten Stil, den wir, wohl nicht zuletzt wegen seiner Verwandtschaft mit dem kammermusikalischen, häufig in Ihren Werken erkennen können.

R.: *Es ist richtig, daß dieser Stil in meiner Instrumentalmusik, und zwar nicht nur in den beiden Konzerten, eine wesentliche Rolle spielt. Ich erinnere mich daran, daß Wolfgang Sawallisch meine 5. Symphonie, in der nicht nur allen Bläsern, sondern auch den führenden Streichern solistische Aufgaben gestellt werden, ein „Konzert für Orchester" nannte. Ich liebe Kontraste, darum stelle ich gern dem Einsatz des ganzen Orchesters kammermusikalische Episoden gegenüber.*

K.: Wir sprachen zuvor von der „Traditionalität" in der Titelgebung Ihrer Instrumentalwerke. Es gibt in Ihrem Oeuvre aber auch eine bedeutende Reihe von Vokalwerken, deren Aufbau naturgemäß weniger von formalen Gesichtspunkten, sondern weit mehr von der textlichen Vorlage bestimmt wird. Wie gehen Sie an die Vertonung eines Textes heran?

R.: *Zunächst komponiere ich, wie schon auf den Titelblättern meiner Liederzyklen zu lesen ist, nicht Gedichte, sondern Dichter. Weiters sind wohl die einzelnen Lieder, wie Sie richtig sagen, formal wohl von der textlichen Vorlage abhängig; was aber von mir abhängt, ist die Zusammenfassung der Lieder zu Zyklen. Innerhalb eines Zyklus hat jedes Lied die formale Funktion eines Sonaten- oder Suitensatzes, nicht nur im Tempo, sondern auch in der Stimmung. Dies und die Person des Dichters gibt dem Zyklus die formale Einheit. Was nun die Komposition jedes einzelnen Liedes betrifft, so gehe ich nicht von der Sprachmelodie aus, die in eine musikalische Linie zu übertragen wäre, sondern von der dem Gedicht zugrunde liegenden und aus ihm wieder hervorgehenden Stimmung. Ich war immer bestrebt, für diese Stimmung den ihr adäquaten melodischen Bogen zu finden, der nicht in jedem Taktteil mit den Hebungen und Senkungen der Verse und Wörter übereinstimmen muß. Damit folge ich eher dem Vorbild Franz Schuberts als dem Hugo Wolfs.*

K.: Wie weit läßt sich das Gesagte auch auf die großen Vokalwerke, also Ihre Oper und Ihr Oratorium, übertragen?

R.: *Naturgemäß erfolgt in diesen Werken eine Verschmelzung der instrumentalen und vokalen Eigenschaften meiner Musik. Die Instrumentation ist vor allem in der Oper weitgehend kammermusikalisch, schon, um die Verständlichkeit des gesungenen Wortes zu erleichtern. Der Primat der Singstimmen ist immer gewahrt, das Orchester schafft mit seinen Klangfarben den singenden Menschen die sie umgebende Atmosphäre. Und die einzelnen Szenen, nicht nur im Oratorium, sondern auch in der Oper, sind formal in sich geschlossene Einheiten und haben zugleich eine Funktion im musikdramatischen Ganzen, so wie im kleineren Maßstab die einzelnen Lieder in einem Zyklus.*

K.: Bei Durchsicht der Liste Ihrer Werke fällt — wenn man mit anderen Oeuvres vergleicht — auf, daß der umfangreiche Komplex der geistlichen Musik nicht vertreten ist. Hat das einen bestimmten Grund?

R: *Es mag den Grund haben, daß ich immer nur Musik schreibe, an die ich glaube, und daß mein bewußtes Leben sich bisher zum größten Teil in Bahnen bewegt hat, die abseits von der Religion liegen. Trotzdem gab es Perioden, in denen ich im hergebrachten Sinn gläubig war; ohne einen solchen Glauben hätte ich die Marienlieder nicht komponiert, und es könnte sein, daß ich in Zukunft auch noch den Zugang zu einem größeren geistlichen Werk finden werde. Aber das ist auch eine Frage äußerer Anlässe, denn für die Schreibtischlade zu komponieren bin ich nicht mehr bereit.*

K.: Zwar nicht für die Schreibtischlade konzipiert, jedoch letzten Endes für die Schreibtischlade oder sogar für den Ofen komponiert haben Sie allerdings die zahlreichen Werke, die Sie einige Zeit nach ihrer Entstehung wieder verworfen haben. Wurden die Kompositionen tatsächlich vernichtet oder wird die Nachwelt später einmal doch Gelegenheit haben, sie als „Opera posthuma“ kennenzulernen? Und was hat Sie bewogen, eventuell schwächere Werke zurückzuziehen oder gar zu vernichten? Zumindest wissenschaftliches Interesse bestünde doch sicher an ihnen, wenn man einmal davon absieht, daß sogar objektiv als schwach erkannte Werke durchaus subjektive Aussagekraft für eine Reihe von Menschen besitzen können.

R.: *Die von mir verworfenen Werke sind nicht vernichtet worden. Teile daraus, die ich für gut hielt, habe ich in späteren Arbeiten verwendet. Erhalten sind auch die ursprünglichen Fassungen einiger Werke, die ich später überarbeitet habe. Nur bitte ich, sie nicht dereinst als „Urfassungen“ zu veröffentlichen. Ich erkläre feierlich, daß ich sie unter keinem anderen Druck als dem anfangs erwähnten meines künstlerischen Gewissens geändert habe.*

K.: Nun haben wir das Wichtigste darüber gehört, was war. Können Sie uns noch kurz sagen, was sein wird, also was Sie für die nächste Zukunft planen?

R.: *Ich wurde eben vom Cellisten-Ensemble der Berliner Philharmoniker ersucht, ein Stück für zwölf Violoncelli zu schreiben, und habe zugesagt. Die Idee zu einer weiteren Komposition mit „sonderbarer“ Besetzung kam mir selbst, als ich vor einigen Monaten wieder die Sinfonia concertante für Oboe, Klarinette, Horn und Fagott von Mozart hörte. Nach dem Stück für das Berliner Ensemble also möchte ich eine Sinfonia concertante unserer Zeit für Violine, Trompete, Horn und Fagott komponieren.*
Ansonsten arbeite ich mit Vorliebe — nun, sagen wir: von der Hand in den Mund. Das heißt, ich mache keine Fünfjahrespläne der musikalischen Produktion, sondern entscheide, wenn ich mit einer Arbeit fertig bin, was ich dann beginnen will.
Ich glaube, daß ich noch einiges geben kann. Und ich hoffe, daß mir gegeben werde, es zu vollenden.

III. DAS WERK MARCEL RUBINS*

A BÜHNENWERKE

a) Oper „Kleider machen Leute"

Es gehört in der heutigen Zeit schon eine tüchtige Portion Mut dazu, ohne direkten Auftrag oder gar finanzielle Subvention an die Komposition einer Oper zu schreiten. Wenn es dennoch dazu kommt, dann muß derjenige, der an die Ausführung eines derartigen Planes denkt, entweder eine finanziell anderweitig abgesicherte Persönlichkeit oder aber ein künstlerisch Besessener sein, der von seiner Mission und Berufung überzeugt ist. Im Falle Marcel Rubins trifft wohl beides zu. Einerseits gestatteten ihm seine steigenden Einnahmen als Komponist in Verbindung mit den bescheidenen Kritikerhonoraren bereits ein relativ sorgenfreies Leben, andererseits war es für den Künstler, der schon immer ein besonders persönliches Verhältnis zu seinem Publikum besaß, eine innere Notwendigkeit, sich wieder einmal — seine erste Oper war inzwischen längst verworfen — mittels eines Bühnenwerkes auszudrücken. Der Satz „Das Komponieren von Opern ist hierzulande bei Strafe des Verhungerns verboten", von Rubin bereits Jahre zuvor angesichts der Schwierigkeiten eines solchen Vorhabens formuliert, traf für ihn selber also nur bedingt zu, so daß die äußeren Schwierigkeiten die innere Notwendigkeit nicht zu überwältigen vermochten.

Seine künstlerischen Beweggründe legte Rubin selbst anläßlich der Uraufführung des Werkes in der „Szene", dem Informationsblatt der Österreichischen Bundestheater, dar: *„Warum schrieb ich unter solchen Umständen* (gemeint sind die jahrelange unbezahlte Arbeit und die fragliche Annahme durch ein Theater, d. Verf.) *trotzdem eine Oper ...? Zunächst weil ich es wollte und mußte, so wie ich mich als Zwanzigjähriger für den auch ansonsten hinlänglich unpraktischen Beruf des Komponisten entschieden hatte, weil ich für mich keinen anderen Weg sah. Dazu kam die Überzeugung, daß die Kunst kein Monolog des Künstlers, sondern sein Dialog mit den Menschen ist. Nun bietet das Theater — das Gelingen von Werk und Wiedergabe vorausgesetzt — die Möglichkeit zur Erfassung einer größeren Zahl von Menschen als der Konzertsaal. Wie sollte es mich nicht reizen, mich auf diesem Boden zu versuchen?"* Als Stoff fand Rubin Gottfried Kellers Novelle „Kleider machen Leute", das Libretto verfaßte er selber.

Bereits bei Durchlesen des Textbuches zeigt sich die ausgereifte Künstlerschaft

* Die Besprechung der Werke erfolgt innerhalb der einzelnen Gattungen in chronologischer Reihenfolge.

des damals Sechzigjährigen. Die zahlreichen Schauplätze der Novelle wurden auf zwei reduziert, die Plätze von Goldach und Seldwyla, die einander in Rubins Konzeption trotz den gegensätzlichen Inschriften — sittenstreng die einen, genüßlich die anderen — völlig gleichen. Weit schärfer als in der Vorlage wird auch das Spießertum der „guten Gesellschaft" karikiert. Die Hervorhebung der bei Keller weniger betonten Tragik im Erleben des Schneidergesellen gleich zu Beginn des Vorspiels muß als ebenso gelungen bezeichnet werden wie der Abschluß des zweiten Aktes in noch ungetrübtem Glück; der Bogen der Stimmungen ist damit aufs weiteste gespannt, und die Frage, nach welcher Seite sich das Schicksal neigen wird, bleibt bis zur Pause offen. Die nun folgende Entwicklung der Handlung, zunächst bis zur Demaskierung Stanislaus', dann über die beißende Groteske des „Trojanischen Kriegs" um Nettchens Vermögen bis zum öffentlichen Bekenntnis Nettchens zu ihrer Liebe, wird äußerst gekonnt dramaturgisch umgesetzt und mit nie unterbrochener Stringenz durchgeführt. Dennoch bleibt immer der Charakter einer „komischen Oper" gewahrt, textlich durch wohlüberlegten Einbau lustiger Szenen, musikalisch durch instrumentatorische, rhythmische und melodische Kunstgriffe voll treffender Situationskomik.
Bei der folgenden genauen Besprechung der Oper soll hierauf noch im einzelnen eingegangen werden, aktweise wird zunächst die Inhaltsangabe des Komponisten, die auch dem Programmheft beigegeben war, abgedruckt und dann die musikalische Realisation besprochen. Nach Abhandlung aller Akte folgt ein Überblick über die wichtigsten Stilmerkmale und dramaturgisch-musikalischen Mittel.

VORSPIEL

Straße zwischen Seldwyla und Goldach. Sonniger Herbstnachmittag. Der arbeitslose Schneidergeselle Stanislaus wandert gegen Goldach. Er ist hungrig und müde, denn er hat den ganzen Tag noch nichts gegessen. Und zu seinem Unglück trägt er seinen Sonntagsanzug, in dem er den Leuten nicht bittend die Hand hinhalten kann. „Wer hilft mir weiter bis nach Goldach?" Ein Kutscher, der eine Karosse mit gräflichem Wappen fährt, hat Stanislaus' letzte Worte gehört. Er ist unterwegs zu seinem Herrn und bereit, den Wanderer bis nach Goldach zu bringen.

Gleich im Vorspiel zeigt sich der ständig zwischen Komik und Tragikomik schwankende Charakter der Oper. Das durch die Intervalle von kleiner Sekund und reiner Quint gekennzeichnete Thema des Stanislaus (Notenbeispiel 2) er-

Notenbeispiel 2

klingt zunächst, von einer einsamen Oboe über gedämpften Streicher-Akkorden vorgetragen, mit trauriger, müder Gestik, wird dann von Stanislaus selbst aufgenommen und weitergeführt und im Orchester motivisch verarbeitet, wobei zahlreiche seufzerartige Motive der Bässe das Schmerzliche der Szenerie symbolisieren. Da diese Seufzermotive Variationen der kleinen Sekund im Stanislaus-Thema darstellen, wird der Zuhörer sofort mit der Dichte der kontrapunktischen Arbeit Rubins konfrontiert, die die gesamte Oper — wenn man einmal von den notwendigen rein illustrativen Stellen absieht — durchzieht. Mit dem Auftauchen des Kutschers erfährt die Stanislaus-Melodie eine Charakteränderung; die zuvor müde und matt wirkenden Intervall-Kombinationen scheinen plötzlich von tänzerischem Schwung durchzogen, die Umrhythmisierung in einen 3/4-Takt erhält tanzbodenartige Akzentuierungen und zahlreiche Triller der Klarinette künden von dem Umschwung der Szenerie ins Positive. Im weiteren Verlauf der vom Kutscher gesungenen Linie entpuppt sich das zuvor noch Mattigkeit symbolisierende abfallende Quint-Intervall als Ausgangspunkt für optimistische Aufwärtsbewegungen, die von punktierten Achtelläufen der Violinen unterstützt werden. Das rasante Zwischenspiel zum 1. Akt nimmt Gedanken der nächsten Szene vorweg, so deren parodistischen Charakter andeutend.

1. AKT

Platz in Goldach. Abenddämmerung. An den Häusern sittenstrenge Devisen wie „Zur Bürgertugend", „Zur Rechtlichkeit". Vor dem Gasthof „Zur Waage" ist das Volk versammelt. Eine schöne Kutsche nähert sich dem Ort. Wo sie wohl halten wird? Spannung erfaßt die Bürger, aber auch die Bedienten des Gasthofs, die sich von vornehmem Besuch manche Vorteile erwarten. Nun hält die Karosse, man erkennt das gräfliche Wappen. Ein Aufschrei: „Ein Graf steigt ab zu Goldach in der Waage!" Der Wirt stürzt aus dem Gasthof und begrüßt Stanislaus, der der Kutsche entstiegen ist, ehrerbietig als Grafen. Stanislaus will abwehren, doch er kommt vor dem Redeschwall des Wirts nicht zu Wort. Das schönste Zimmer wird ihm versprochen, und vorher ein glänzendes Mahl. Die Köchin erhält den Auftrag, es zu bereiten. Sie ist ratlos, denn wichtige Bürger, die „Abendherren", werden wie allabendlich zum Essen erwartet. Der Wirt aber befiehlt, die Vorratskammern zu leeren. Und schon kündigt die Köchin die Abendherren an. Es erscheinen der Amtsrat Eisenhut, begleitet von seiner Tochter Nettchen, der Fabrikant Nimmersatt, der Buchhalter Böhnli und der Notar Pütschli. Sie umkreisen vorsichtig Stanislaus, der versunken an einem Tisch vor dem Gasthof sitzt. Fast kommt es zum Streit zwischen Pütschli, der sich um Nettchens Hand bewirbt, und Eisenhut, der nun für sein Kind eine bessere Partie wittert. Doch angesichts des hohen Gastes bewahren sie Haltung. Der als Graf angesprochene Schneider will abermals abwehren. Da tritt der Kutscher hinzu und erklärt rundheraus, der Ankömmling sei der polnische Graf Stanislaus Dobrowitz. Nun bleibt Stanislaus nichts übrig, als die ihm aufgezwungene Rolle zu spielen. In einem Kartenspiel, das in Erwartung des Abendessens vorgeschlagen wird, gewinnt er fünf Taler. Nun meldet der Wirt erregt, daß der Kutscher weggefahren sei und vergessen habe, des Grafen Gepäck abzuladen. Er wolle dem Wagen einen Boten nachschicken. Stanislaus verbietet es, man müsse für einige Zeit seine Spur verlieren. Und während er vor sich hinsingend den Verlust nicht nur seines letzten irdischen Guts, des Bündels, das in der Kutsche liegen blieb, sondern auch seiner Ehre beklagt, tuscheln die Abendherren, daß der Graf wohl ein politischer Flüchtling aus Polen sei, und entdeckt Nettchen ihre Liebe zu dem so bescheidenen Fremden. Um die Verlegenheit zu beenden, entschließt man sich Lieder zu singen. Eisenhut beginnt mit einem schweizerischen Lied „Von den vaterländischen Freuden". Darnach wird Stanislaus aufgefordert, etwas Polnisches zum Besten zu geben. Er singt nun ein höchst ordinäres Lied, das er vor Jahren als wandernder Handwerksbursche in Polen gehört hat und das jetzt von den Anwesenden als ein Zeugnis edelster Volkskunst bewundert wird. Doch die letzte Strophe dichtet er zu einer Huldigung für Nettchen um. Während Pütschli von Skandal schreit, serviert der Wirt mit seinen Bedienten das Mahl.

Ein Instrumentalthema, im Zwischenspiel schon vorweggenommen, leitet den Akt ein (Notenbeispiel 3).

Notenbeispiel 3

Als Ergänzung dieses Gedankens fungiert das Chorthema, das mit seinen Tonreperkussionen die Aufgeregtheit der Goldacher Bürger karikiert (Notenbeispiel 4).

Notenbeispiel 4

Bei den Worten „Es ist wohl kein Gast hier angesagt ...“ schlagen die Tonwiederholungen ins Graziös-Verschmitzte um. Als weiteres Chorthema wird das „kulinarische“, wohlgefällig ausgesungene von den „Pasteten und Hühnern“ eingeführt, das später vom Wirt in seinem Duett mit der Köchin zitiert werden wird.

Auch der Wirt beginnt seine Begrüßung des Gastes mit Tonreperkussionen, wandelt sie aber rhythmisch in einen walzerähnlichen 3/4-Takt um, der auch Stanislaus, der sein eigenes Thema in gleicher Weise verniedlicht, mitreißt. Materialmäßig verwandt ist das folgende Duett zwischen Wirt und Köchin; die zaghaften Einwände der letzteren unterbrechen jedoch den 3/4-Takt und stehen statt dessen in einem von zahlreichen Pausen durchsetzten 2/2-Takt, so den Eindruck höchster Aufgeregtheit durch die Figur der Atemlosigkeit symbolisierenden Suspiratio erweckend. Ihre Aufzählung der „Abendherren“ ist von grotesken Bläsersätzen unterlegt, deren fast choralartige Gestik als Personifizierung eitlen Spießbürgertums wirkt. Als außerordentlicher Kunstgriff Rubins muß auch das häufige Hereinbringen der „Stanislaus“-Quint in die Gesangslinien des Wirtes und der Köchin gelten, die zusammen mit der tänzerischen Rhythmik und den Bläserakkorden den humoristischen Eindruck der Szene komplettieren.

Ebenso köstlich ist das folgende Bild, in dem durch das Auftauchen der Goldacher Honoratioren die kleinstädtische Atmosphäre belächelt wird. Tremolierende Streicherakkorde, „sul ponticello“ gespielt, begleiten den Aufschrei der Köchin: „Die Abendherren“. Von drollig-spießigen Klängen der tiefen Bläser eingeleitet, erklingt ein Arioso Nimmersatts, das für die Beschränktheit des eitlen Quartetts typisch ist (Notenbeispiel 5).

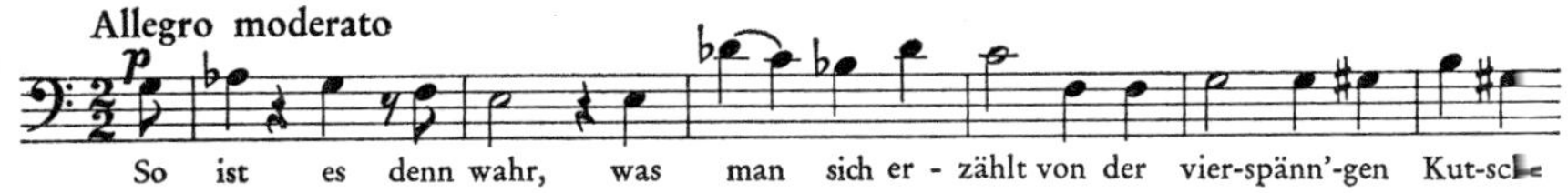

 Notenbeispiel 5

Die anderen Herren führen den Gesang weiter, motivisch an Nimmersatt anschließend. Das folgende lauernde Umkreisen des vermeintlichen Grafen durch die nun zu komischem Quartett vereinigten Honoratioren wird von Rubin syllabisch ausgestaltet; einerseits erhält er dadurch den schon früher angedeuteten „Choral"-Effekt, andererseits symbolisiert er solcherart die quasi uniformierte Geisteshaltung der vier. Der Stanislaus zum Spaß als „Graf" vorstellende Kutscher bedient sich einer Wendung Eisenhuts, in der dieser von seinem und Nettchens Umgang mit Grafen und Fürsten sang.
Die anschließende Kartenspielszene bringt motivisch neues Material, die Führung hat hier das Orchester, zu dem die Singstimmen kontrapunktieren. Zahlreiche Taktwechsel symbolisieren die innere Erregung der Spieler. Überaus kantabler, ja arioser Gegensatz hiezu ist die folgende kurze klagende Solo-Szene des über sein Schicksal sinnierenden Stanislaus. Schroffe Kontrastwirkung geht von dem als Fugato einsetzenden Terzett von Eisenhut, Nimmersatt und Böhnli aus, die durchgehende Triolen-Bewegung der tiefen Bläser, insbesondere des Fagotts, wirkt äußerst parodistisch und bedient sich ursprünglichster Intrumental-Komik bester Lustspiel-Tradition. Wieder setzt Stanislaus mit seinem kantablen Gesang ein, der bald von Nettchens Stimme überlagert wird; als großartiger Kunstgriff Rubins muß die eigenartige Polytonalität des Duetts bezeichnet werden, eine Polytonalität, die bei enharmonischer Verwechslung durchaus konsonant verläuft und so die aufkeimende Sympathie symbolisiert. Mit dem Einsatz des eifersüchtigen, gleichzeitig aber mißtrauischen Pütschli beginnt wieder das kleinliche Staccato-Gehacke der Bläser, die das Abendlied urgierenden Honoratioren bedienen sich der Triolen-Melodik des vorangehenden Terzetts.
Als köstliche Parodie auf die große Arie, wie sie sich ein Schweizer Kleinbürger wohl vorstellt, folgt nun das Lied des Eisenhut, der über Staccato- und Triolen-Begleitung, der er wie seinem Spießertum nicht entrinnen kann, zu weitgeschwungenen Gesangslinien findet. Motivisch ist im zweiten Teil des Liedes eine Anspielung auf das Stanislaus-Thema zu bemerken, die zukünftige Verwandtschaft deutet sich behutsam, nahezu verstohlen an. Höhepunkt ist zu Beginn der letzten Strophe die pathetische Verbreiterung der 3/4-Bewegung zum 4/4-Takt.
Das folgende polnische Lied Stanislaus' gewinnt durch die Synkopenträchtigkeit des ritornellartigen Vor- bzw. Zwischenspieles einerseits, durch das schnelle Tempo und die markante Begleitung andererseits gesteigerten Übermut (Notenbeispiel 6).

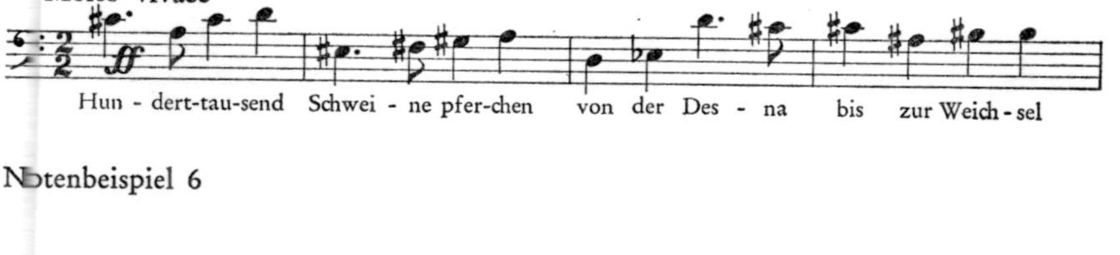

Notenbeispiel 6

Die knappe beifällige Unterbrechung des Liedes durch die Abendherren ist voll Unterwürfigkeit, die durch verminderte Intervalle und zahlreiche Pausen symbolisiert, von vorsichtigen Pizzicato-Bässen plastisch unterstrichen wird. In den orchestralen Ausklang des Liedes fällt Nettchen mit ihrem Ausruf „Stanislaus" ein. Das kurze Nachspiel, während dessen das Abendessen aufgetragen wird, bedient sich thematischen Materials aus dem Vorspiel zum 1. Akt und dem Einleitungschor und rundet das musikalische Geschehen in nahezu symphonischer Manier reprisenhaft ab.

2. AKT

Derselbe Platz in Goldach, am nächsten Morgen. Stanislaus tritt aus dem Gasthof, im Zweifel, ob das vermeintlich Erlebte nicht ein Traum gewesen sei. Doch die fünf Taler in seiner Tasche geben ihm Gewißheit. Da erscheint Christian, der Lehrbub seines ehemaligen Meisters in Seldwyla. Er übergibt Stanislaus einen Brief. Darin findet dieser die Mitteilung von einem Lotteriegewinn und einen Wechsel. Während er den Wechsel kassiert, schleppen Bediente der Abendherren Ballen mit Geschenken in den Gasthof. Stanislaus, zurückgekehrt, will nun dem Wirt seine Schulden bezahlen und den Ort als ein ehrlicher Mann verlassen. Er nimmt Abschied von Goldach und von Nettchen, das ihm gerade entgegentritt. Einem Wutanfall des Mädchens, das Opfer der Flatterhaftigkeit eines noblen Herrn zu sein glaubt, folgt eine verlegene Liebeserklärung Stanislaus', die Aufforderung Nettchens, doch auf sein Herz zu hören, und schließlich ein Lied der beiden, in dem sie von ihrem Glück in einem fernen Land träumen. Nach ihrem Abgang sucht Christian Stanislaus. Dem hinzugetretenen Pütschli erklärt er, er habe vergessen, dem Burschen auszurichten, daß der Schneiderladen in Seldwyla wieder geöffnet sei und Stanislaus zum Meister zurückkehren könne. Während der Notar froh ist, nun den wahren Stand seines Nebenbuhlers erfahren zu haben, fühlen sich die anderen drei Notablen durch die Kunde, Stanislaus habe einen Wechsel einkassiert, in ihrer hohen Einschätzung des Fremden bestärkt. Stanislaus bittet nun Eisenhut um die Hand Nettchens, die ihm gerührt gewährt wird. Noch am gleichen Abend soll im Gasthof Verlobung gefeiert werden. Auf dem Höhepunkt der allgemeinen Vorfreude über das Fest, die nur von hämischen Zwischenrufen Pütschlis unterbrochen wird, senkt sich eine Grafenkrone über Goldach.

Den 2. Akt eröffnet ein kurzes Vorspiel mit neuer Thematik, die auch von Stanislaus in seinen Gesang übernommen und dort variiert wird. Große Intervallsprünge nach oben geben Kunde von seiner freudigen Stimmung, tänzerische Nebenlinien der Bläser sorgen für gelöst-heiteres Musizieren. Anklänge an die Einleitungsmusik zum 1. Akt sowohl im Orchester als auch beim Solisten machen uns die rückerinnernden Gedankengänge des Schneidergesellen vertraut. In der Szene Stanislaus-Christian beherrscht wieder das Stanislaus-Thema, dessen der Lehrbub sich bedient, das Geschehen; motivische Ergänzung erhält die Musik durch das polnische Volkslied (Notenbeispiel 6), dessen Melodik Stanislaus in der Erinnerung an Nettchen aufnimmt. Dieses Volkslied dient auch als Grundlage der Überleitung zur nächsten Szene, in der verschiedene Bediente dem vermeintlichen Grafen — deshalb auch das polnische Thema — Geschenke bringen. Während der Überreichung der Präsente erklingt ein neuer Gedanke, der, aus den ersten drei Noten dieses Themas entwickelt, zum Grundthema des Kammerchors der Bedienten — einer Mischung von Unterwürfigkeit und Unverschämtheit — wird (Notenbeispiel 7).

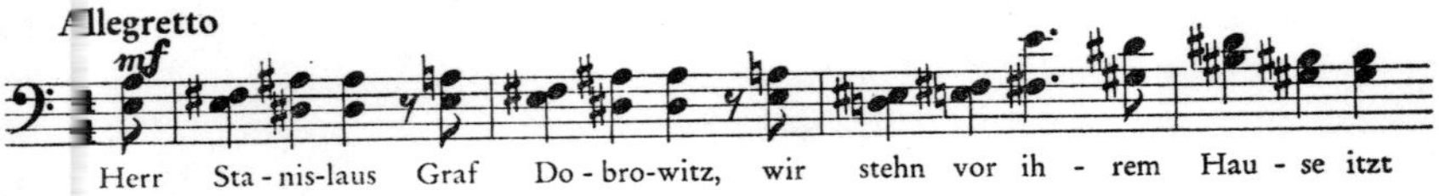

Notenbeispiel 7

Das Bediententhema wird vom Wirt übernommen. Selbst Stanislaus greift diese Motivik auf, wenn er sich, im Vollgefühl seiner durch einen Lotterietreffer erlangten Zahlungsfähigkeit, selber huldigt.
Eine völlig veränderte Stimmung verbreitet dann die Szene, in welcher Stanislaus mit ergreifendem Gesang Abschied von Goldach nimmt. Formal ist dieser Gesang eine große Arie, in der auch die Andeutung einer Reprise nicht fehlt. Mit dem erregten Auftritt Nettchens erscheint dann wieder die Triolenmotivik des Goldacher Bürgertums, im weiteren Verlauf auch häufig das Kreisen im Terzraum (aus Notenbeispiel 7), hier symbolisch die Verzweiflung des Mädchens ausdrückend, das sich seiner engen Atmosphäre schon entronnen glaubte. Unter der scharfen Anklage findet Stanislaus wieder zu sich selbst: Sein Motiv (Notenbeispiel 2) klingt an und wird schließlich von Nettchen — zuerst nachäffend, dann mit trauriger Gestik und tief empfunden — fortgeführt. Stanislaus seinerseits übernimmt Gedanken aus dem Gesang des Mädchens, findet aus dieser Unruhe aber zu überaus lyrischer Linie, deren Melancholie von starker Chromatik des Orchesters unterstrichen wird. Als Höhepunkt wirkt das Liebesgeständnis Stanislaus', das zu den genialsten Einfällen Rubins in dieser Oper zählt. Diese Melodie wird variiert, „piu mosso" von Nettchen aufgenommen und zum Kopfmotiv für das weitausschwingende Duett der beiden Liebenden entwickelt, das als Klang gewordene Verschmelzung ihrer persönlichen Sphären eine Schlüsselstelle der Oper ist und im weiteren Verlauf des Geschehens noch erhöhte Bedeutung erhält (Notenbeispiel 8).

Notenbeispiel 8

Die kurze Episode, in der der Lehrbub Christian dem Notar Pütschli eröffnet, daß Stanislaus nur ein Schneidergeselle ist, wird wieder von dem Stanislaus-Thema (Notenbeispiel 2) beherrscht, dessen Vergrößerung sinnbildhaft die Freude und den inneren Triumph des Notars darstellt. Grotesk wirkt die nachfolgende Szene der drei Honoratioren: Ein stockender, von zahlreichen Pausen durchsetzter 3/4-Takt spiegelt die Verzückung der Abendherren wider, die nahezu sprachlos sind angesichts der Tatsache, daß die bevorstehende Verbindung mit dem Grafen für sie nicht nur eine Ehre, sondern auch ein Geschäft bedeuten wird.

In den grotesken 3/4-Takt fügt sich auch der um Nettchens Hand anhaltende Stanislaus ein. Possenhafte Gestik prägt die pathetisch-komische „große Arie" Eisenhuts, der sich schon als Schwiegervater eines Grafen sieht. Vollends erheiternd ist der Wechselgesang von Wirt und Köchin, die den Gasthof in den glühendsten Farben loben — zum Abschluß wieder in einem tänzerischen 3/4-Takt. Die Einladung Stanislaus' zu seinem Verlobungsfest knüpft melodisch an diesen Wechselgesang an, als Zeichen, daß er sich mit der neuen Rolle abgefunden hat.
Das Finale beginnt im 5/4-Takt mit einem Terzett der Abendherren, die das bevorstehende Verlobungs-Souper ankündigen. Mit gellenden Einwürfen versucht Pütschli seine Entdeckung von der niedrigen Abstammung des Bräutigams gegen den Freudengesang durchzusetzen, scheitert aber an der allgemeinen Euphorie. Zu dem auf diesen zwei Ebenen verlaufenden Quartett gesellt sich bald der Gesang der beiden Liebenden hinzu, die wieder von fernem Land und Glück (Notenbeispiel 8) träumen und dem Finale einen starken lyrischen Einschlag verleihen. In allgemeinem Jubel vereinigen sich nun Solisten und der Chor der Bürger, eine große Steigerung hebt an und scheint direkt in einen festlichen choralen Abschluß zu führen. Da bricht das Geschehen plötzlich ab, in einem Takt stellen Flöten, Klarinetten und kleine Trommel die kleinbürgerliche Triolenmotivik in den Raum, die Solovioline antwortet mit dem lyrisch umgedeuteten Auftrittslied Stanislaus' vom Beginn dieses Aktes, auch hier eine Reprise andeutend. Drei wild gehämmerte Takte beenden den Akt schließlich mit dem gleichen Auftrittsmotiv in permanenter Triolenbewegung.

3. AKT

Der Platz in Goldach, bei Nacht. Unter der Anleitung des Wirts, der sich ein großes Geschäft erwartet, sind die Bedienten mit den letzten Vorbereitungen an den gedeckten Tischen beschäftigt. Nacheinander halten Eisenhut, Nimmersatt, Böhnli und Pütschli, vom Wirt und von den Bedienten mit passenden Sprüchen begrüßt, ihren Einzug. Der Wirt enthüllt eine Gedenktafel für Stanislaus Graf Dobrowitz am Gasthof. Überraschend kündigt Christian die Ankunft der Leute von Seldwyla an, die zu Ehren des Brautpaars einen Mummenschanz mit Gesang und Tanz produzieren wollen. Und schon erscheint der Zug, an seiner Spitze ein Unbekannter mit einem Hut von der gleichen Art wie der des Stanislaus, auf dem rechten Arm Rock und Mantel, in der linken Hand einen riesigen Fingerhut. Christian singt ein Couplet von den Leuten, die Kleider machen und arme Tröpfe bleiben, und den Kleidern, die Leute machen und diesen zu Ansehen, ja sogar zu schönen Mädchen verhelfen. Unterdessen hat der Unbekannte eifrig an Rock und Mantel genäht und erhebt sich nun, genau wie Stanislaus gekleidet. Er umwirbt ein Mädchen, dem er des Stanislaus polnisches Lied singt. Schließlich wendet er sich an Stanislaus, dem er sich als Schneidermeister von Seldwyla zu erkennen gibt und, wenn das Grafenspiel schief geht, gnädige Wiederaufnahme verheißt. Die Erregung, die sich der Goldacher Bürger mit Ausnahme des schadenfroh triumphierenden Pütschli bemächtigt hat, gipfelt in einem Wutausbruch Eisenhuts, der sich in der Hoffnung auf einen hochadeligen Schwiegersohn betrogen sieht. Stanislaus verläßt wortlos, von einem Spottgesang der Menge begleitet, den Platz. Pütschli, der jetzt seine Stunde gekommen glaubt, wird von Nettchen kalt abgewiesen.
Verwandlung. Die Landstraße zwischen Goldach und Seldwyla wie im Vorspiel. Stanislaus, verzweifelt und erschöpft, beklagt sein Schicksal, das ihn zum Betrüger wider Willen machte. Nettchen ist auf der Suche nach ihm. Sie gibt sich die Schuld an dem Vorgefallenen, weil sie Stanislaus zurückhielt, und will mit ihm sprechen. Die

beiden finden einander wieder. Nettchen läßt Stanislaus in ihre Kutsche steigen und mit ihr nach Seldwyla fahren. Sie suche, erklärt sie, kein fernes Land mehr, sie habe einen anderen Plan.

Das Vorspiel zum 3. Akt nimmt die Stimmung der letzten Takte des 2. Aktes auf. Das gleich zu Beginn exponierte Thema komprimiert diesen Charakter überaus eindrucksvoll: Zu der triolendurchsetzten Melodie, die im weiteren Verlauf des Aktes noch häufig auftaucht und gleichsam als Rondothema fungiert, erklingen burleske Staccato-Motive der Blechbläser (Notenbeispiel 9).

Notenbeispiel 9

Der Wirt, der letzte Vorkehrungen für das Fest trifft, nimmt das Thema zunächst auf, findet dann aber in seinem Couplet zu eigener Melodik, die ebenfalls von Staccato-Begleitung unterlegt ist. Die Kommentare der Bedienten zu den nun nach und nach eintreffenden Abendherren weisen stilistisch gleiche Faktur, doch nicht gleiches Material auf und schließen jeweils an die Melodie des alle Personen vorstellenden Wirtes an. Eine köstliche Parodie auf einen romantischen Chor stellt dann der Chor der Bürger dar, dessen bisweilen kadenzierende Formelhaftigkeit auch wieder choralartige Gestik verwendet. Die Orchesterbegleitung verweist durch burleske, ja sogar tanzbodenartige Führungen den Chor allerdings deutlich in den ihm gebührenden Bereich. Der die Aufschrift der Gedenktafel lesende Bürgerchor spiegelt die Geisteshaltung der Bedienten im 2. Akt wider (Notenbeispiel 7).
Nach einem kurzen Zitat des Ritornells erscheint der Lehrbub Christian und kündigt, von Staccato- und Triolen-Motivik begleitet, in einer zweiteiligen „Arietta“ die Leute von Seldwyla an. Mit einem neuerlichen Zitat des Ritornells beginnt der Auftritt der Gäste aus Seldwyla, wozu ein parodistischer Orchestermarsch erklingt, der von erhöhter Komik des Folgenden kündet. Das Couplet Christians, das in kaum verschlüsselter Form die Geschichte des zum Grafen avancierten Schneiders erzählt, ist durch seinen 5/4-Takt sofort als der Sphäre des Außergewöhnlichen entnommen dargestellt. Auch dieses Thema zeigt die Kunst Rubins, an Stellen dramatischer Höhepunkte Gedanken von besonderer Eindringlichkeit zu finden (Notenbeispiel 10).

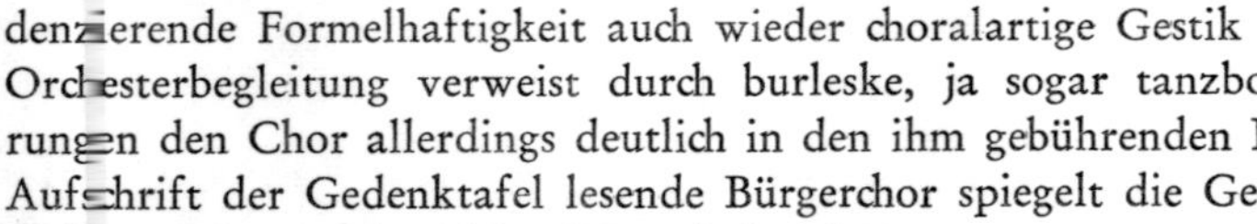

Notenbeispiel 10

Das Thema mit seinen Abwandlungen gestaltet nun den Großteil der Mummenschanz-Szene, im Orchester von Teilen des Ritornells, aber auch von daraus entwickelten selbständigen Gedanken begleitet. Erster Höhepunkt ist die Aufnahme des Couplets durch den Chor der Leute von Seldwyla, die den Text, der zuerst noch „Leute machen Kleider" hieß, nun beziehungsreich umdrehen: „Kleider machen Leute." Die empörte Reaktion der drei Abendherren wird von Pütschli zu spöttischem Gesang umgebildet. Das Auftrittslied des Unbekannten, der gleichsam Stanislaus darstellt, ist eine komisch gesteigerte, variativ durchgeführte Travestie des polnischen Liedes (Notenbeispiel 6), die selbst dessen synkopenreiches Zwischenspiel in die motivische Verarbeitung miteinbezieht. Der Chor der nun hellhörig gewordenen Bürger wird vom Unbekannten in der Thematik weitergeführt.

Die nun folgende „Rache-Arie" Eisenhuts bezieht ihre Komik aus den unmittelbaren Kontrasten von Fortissimo und Piano sowie aus den Achteltriolen, die eine geradezu italienische Zungenfertigkeit erfordern. Pütschli kostet in einer zweiten Strophe seines Spottliedes den Triumph über den Nebenbuhler aus. Und der Wirt nimmt, verzweifelt über den vermeintlichen Ruin seines Geschäfts, sein Couplet vom Aktbeginn wieder auf. Ein parodistisch-melancholischer A-cappella-Chor der Bürger begleitet den Abgang Stanislaus'.

Ein kurzes Orchesterzwischenspiel reiht Takte aus dem Auftrittsmarsch der Leute von Seldwyla und das „Kleider machen Leute"-Thema aneinander, dann versucht Pütschli mit der einschmeichelnden Dreivierteltakt-Melodik seines Aufzugs zum Aktbeginn um die Hand Nettchens anzuhalten, wird jedoch von ihr mit zwei gesprochenen Worten abgewiesen.

Die nächste Szene, die wieder den auf der Landstraße wandernden Stanislaus zeigt, beginnt als notengetreue Reprise des Vorspiels, steigert sich aber bald, mit neuen Gedanken, zu dramatischer Verzweiflung. Nach einer Andeutung seiner Liebeserklärung aus dem 2. Akt und einer klagenden Anrufung der Sterne läßt Stanislaus seinen Gesang in Hoffnungslosigkeit ausklingen.

Nettchens Szene setzt in äußerster Erregung ein, findet jedoch mit dem Zitat des Liebesduetts (Notenbeispiel 8) bald zu ruhiger gesanglicher Linie. Auch sie endet mit einer Anrufung der Sterne, die nun einen gleichartigen Refrain zu den beiden so verschiedenen Gesängen der einsamen Liebenden bildet. Nach dem Wiederfinden Nettchens und Stanislaus' beginnt eine neue Welt des dämmernden Morgens mit der Fünfachteltakt-Melodie des Mädchens, einem der charakteristischesten Einfälle in der Oper. Als einziger der vier Akte endet der dritte im verklingenden Piano des Orchesters, das durch Glockenspielklänge eine stark symbolische Farb-Ergänzung erhält.

4. AKT

Platz in Seldwyla, von der gleichen Art wie der in Goldach. Doch an den Häusern genießerische Losungen wie „Rosental", „Freudenberg". Morgen. Vor dem Gasthof „Zum Regenbogen" gibt das Volk seiner Empörung über Nettchens Entführung durch Stanislaus Ausdruck. Man ist, im Dienste der Ordnung, entschlossen, das Mädchen den Goldachern zu übergeben und den Burschen auszuweisen. Doch der Wirt beschwichtigt die erregten Gemüter. Ob die Leute denn vergessen hätten, daß Nettchen ein Vermögen mitbringe? Ob sie wollten, daß sie es anderswo anlege? Sofort schlägt

die Stimmung um. Man erinnert sich, daß man selbst auch einmal jung war und daß man doch liberal ist. Und man hebt die Gläser auf das Wohl von Nettchen und Stanislaus. In diesem Augenblick erscheinen die beiden. Nettchen will ihrem Freund mit der Erbschaft ihrer Mutter einen eigenen Schneiderladen einrichten. Inzwischen lädt der Wirt das Paar in den Gasthof ein. Die vier Goldacher Notabeln betreten in höchster Erregung den Platz. Sie fordern die Auslieferung Nettchens und drohen, wie die alten Griechen es nach der Entführung Helenas taten, mit dem Trojanischen Krieg. Da die Leute von Seldwyla ihre liberale Haltung bekräftigen, scheint der Zusammenstoß unvermeidlich. Die Bürger beider Orte rücken gegeneinander an. Da, auf dem Höhepunkt des Kriegsgeschreis, tritt Nettchen aus dem Gasthof und gebietet Ruhe. Trojanische Kriege, so sagt sie, seien nicht mehr modern, die Mädchen von heute hätten das Recht, selbst über ihr Schicksal zu entscheiden. Und zum Beweis verliest sie einen an sie gerichteten Brief des Notars Pütschli, des Inhalts, daß sie nach erreichter Mündigkeit dem Mann ihrer Wahl, also ihm, auch gegen den Willen ihres Vaters ihre Hand geben könne. Und da sie eben mündig geworden sei, erklärt sie Stanislaus zum Mann ihrer Wahl und verkündet die Absage des Trojanischen Kriegs. Befriedigt ziehen sich die Bürger von Seldwyla und von Goldach zur Versöhnungsfeier in den Gasthof zurück, während Nettchen und Stanislaus das nahe Land ihres Glücks besingen.
Aus dem Gasthof treten, leicht beschwingt, die vier Goldacher „Abendherren" auf dem Rückweg zur „Waage", „mit leeren Händen, doch heiler Haut. Das Leben haben wir gewagt im Rachezug, den wir geprobt. Drum rufet laut: Gott sei gelobt, der Trojanische Krieg ist abgesagt!"

Aufgeregte Triolen-Motivik leitet das Vorspiel zum 4. Akt ein. Ein Hornquartett bringt nur vorübergehend Beruhigung, auch die friedliche Fünfachteltakt-Melodie des vorangehenden Aktschlusses erklingt nun unruhig „vivace", bis schließlich ein Motiv aus dem Couplet Christians den Grund der allgemeinen Aufregung andeutet. Beim Aufgehen des Vorhangs erscheint abermals die Fünfachteltakt-Melodie, doch in einer Umbildung, aus der Rubin das Thema des empörten Chores der Leute von Seldwyla entwickelt, das mit seinen aufwärtsgerichteten Intervallsprüngen höchsten Zorn symbolisiert. Das Orchester begnügt sich zunächst mit einer zweistimmigen Staccato-Umrahmung des Chores, mit zunehmender Verdichtung aber setzt es zahlreiche Triller wie Polizistenpfeifen ein und imitiert so in illustrativer Art die Geräusche eines Volksauflaufs. Die Weiterführung der Chormelodie bedient sich zahlreicher Dreiklangszerlegungen, die im Zuge der allgemeinen Empörung oft gleichsam „unkontrollierte" chromatische Verschiebungen erfahren und schließlich in dem mit akkordischer Wucht vorgetragenen „Fort von hier" gipfeln. Nur für kurze Zeit läßt eine walzerartige Episode vom „lustigen Leben" der Leute von Seldwyla eine fast gemütliche Stimmung aufkommen; was bleibt, ist das fanatische Hoch auf die Ordnung. Der Wirt des Gasthofs erscheint und versucht, mit dem etwas langsamer vorgetragenen Chorthema Ruhe herzustellen. (Ein großartiger Kunstgriff Rubins ist es im übrigen, den Seldwylaner Wirt von demselben Sänger darzustellen zu lassen wie den Goldacher Wirt. Es gelingt dem Komponisten hiemit die köstliche Zeichnung eines „Wirtes an sich", der sich mit denselben berechnenden Charakterzügen in jeder Stadt finden läßt.) Die Fortführung seines Gesanges basiert zum Teil auf dem vorherigen Chor. Sein Zitat des Bürger-Gesanges vom „lustigen Leben" bringt schließlich den Stimmungsumschwung, der folgende Chor der Leute von Seldwyla wird zu einem großen Lobgesang auf den Liberalismus.

Von zarten Farben und lyrischem Gesang Nettchens ist das Erscheinen des Liebespaares begleitet, das vom Wirt überschwenglich mit der „liberalen“ Melodie der Bürger begrüßt wird. Ein Zitat der ruhigen Melodik des Hornquartetts aus dem Orchestervorspiel zum 4. Akt leitet über zum Erscheinen der Abendherren aus Goldach, die zunächst durch das 5/8-Motiv charakterisiert werden und sich dann des „Entrüstungsthemas“ der Seldwylaner bedienen. Die Leute von Seldwyla ihrerseits antworten mit dem „Liberalismus“-Gedanken, der die Abendherren gleichsam polytonal kontrapunktiert und für eine erste dramatische Steigerung sorgt. Die Forderung nach „Auslieferung der Entführten“ wird im Wechselgesang vorgetragen. Die Streitszene zwischen dem Wirt und Eisenhut sieht beide auf ihrer Motivik beharren, bis Böhnli mit einem Horn das Signal zum „Trojanischen Krieg“ gibt.

Die aufgeregte Triolen-Bewegung leitet das dramatische Geschehen ein. Zunächst ruft der aufgebrachte Wirt nach der Polizei, das Thema seiner „Arietta“ wird in einem Orchesterzwischenspiel von Bläsern und Schlagwerk enggeführt und vergrößert, vom Eisenhut-Thema der „Auslieferung“ in den Geigen kontrapunktiert. Nun dringen die feindlichen Parteien aufeinander ein; der Gesang der Abendherren und der Goldacher Bürger hebt immer wieder gemeinsam an, die beiden Gruppen verlieren einander aber, so daß es häufig zu „ungewollten“ kanonischen Führungen kommt, ein bemerkenswerter Kunstgriff des Komponisten. Das Eisenhut-Motiv aus dem Streitgespräch mit dem Wirt erklingt in den Hörnern wie eine Kriegserklärung, bis die Leute von Seldwyla mit ihrem Bekenntnis zur „Freiheit der Person“ antworten. Abwechselnd erklingen nun die Streitgespräche der Bürger, kanonische Führungen auf seiten der Goldacher wirken hier immer wieder äußerst burlesk, bis man sich in einem gemeinsamen „Das ist die Antwort, die euch gebührt“ gleichsam ungewollt trifft.

Das Erscheinen des Liebespaares beendet den Streit. Nettchen erklärt in einer zweiteiligen Arie, daß sie selber über ihr Schicksal entscheiden will. Die Verlesung von Pütschlis Rechtsgutachten beginnt sie mit derselben Melodie, deren sich die Goldacher Bürger bedienten, als sie die Gedenktafel für den Grafen lasen (variiertes Notenbeispiel 7). Auf Eisenhuts kurzen Wutausbruch folgt eine zerknirschte Antwort des Notars, die Verspottung Pütschlis durch Nettchen und ihr Bekenntnis zu Stanislaus führen zu einer Absage des „Trojanischen Krieges“, die von den Chören beider Orte aufgenommen wird. Ein überschwenglicher Jubel von Chor und Orchester hebt an (Notenbeispiel 11).

Den Mittelteil des dreiteiligen Stücks bildet die Transformierung des Materials in einen tänzerischen 3/4-Takt. Die Melodik des Chorsatzes wird vom vollen Orchester allein weitergeführt, verebbt allmählich und geht in das letzte Duett der beiden Liebenden über. Stanislaus beginnt es in ruhigem 5/4-Takt, aus Nettchens Hinzutreten ergibt sich eine variierte Reprise des Liebesduetts, die durch die zarten, lyrischen Farben des Orchesters zusätzlichen Ausdruck erhält. Das anschließende Quartett der zu ihrem heimatlichen Gasthof zurückkehrenden Abendherren findet a cappella, mit neuem thematischen Material, wieder zur Stimmung der komischen Oper und zitiert zuletzt, nun vom Orchester unterstützt, den vereinigten Bürgerchor von der Absage des Krieges,

Notenbeispiel 11

dessen Motivik in den Streichern nachklingt und auch die zwei abrupten Schlußtakte des ganzen Orchesters bestimmt. Der abschließende Fortissimo-Akkord symbolisiert durch sein überraschendes G-dur (in dem auch Anfang und Ende des 1. Aktes stehen) den glücklichen Ausgang der lange Zeit unlösbar erschienenen Geschichte.

Zur stilistischen Gestaltung seiner Oper hat der Komponist sich selbst geäußert:

„Vor die Entscheidung zwischen dem Prinzip der Mozartschen Oper und dem des Wagnerschen Musikdramas gestellt, wählte ich den Weg Mozarts — gewiß nicht aus bloß vernunftmäßigen Überlegungen, sondern weil ich meinem künstlerischen Naturell zufolge keine andere Wahl hatte. Darum findet sich in meiner Oper nicht jene ‚unendliche Melodie', die hie und da schon bei Wagner, regelmäßig aber bei seinen Nachfolgern bis in die Gegenwart zum unendlichen Rezitativ wurde. Vielmehr ist jede Szene ein musikalisches Ganzes mit eigener Form und eigenem thematischen Material, zugleich aber mit einer dramatischen, die Handlung bewegenden Funktion ein Teil des übergeordneten Ganzen, des Aktes und darüber hinaus der Oper. So wird auch jeder Akt zu einer formalen Einheit, einem großen Symphoniesatz vergleichbar. Die dramaturgische Funktion der Szenen bringt aber auch die spätere Wiederkehr mancher Themen mit sich, doch nicht als ‚Leitmotive', sondern als typisch für die Ausdrucksweise bestimmter Personen, wie etwa das klagende Vierton-Motiv des Stanislaus aus seinem Auftrittsmonolog, oder als Mittel formaler Gliederung, wie die zweimalige Reprise des Liebesduetts."

Die kammermusikalische Führung des gesamten Orchesterapparates verleiht diesem trotz Verzichts auf unübliche Instrumente und modernistische Effekte eine ungemein große Farbigkeit, überaus differenzierte instrumentale Kombinationen lassen immer neue Klänge entstehen. Der Primat der Singstimmen, der hiebei aufrechterhalten wird, weist aber dem Orchester niemals bloß untermalende, illustrierende Aufgaben zu; das Prinzip der Komposition mit linearen Stimmen ist gewahrt.

Die Harmonik der Oper ist durchaus tonal, wenn auch nicht im traditionellen Sinn. Akkorde gehen ungewohnte Verbindungen ein, Kadenzen weichen in unerwartete Tonarten aus. Auch dies wird zur Charakteristik der Personen eingesetzt.

Für die Charakterzeichnung sorgen neben den erwähnten Stilelementen nicht zuletzt auf verschiedenen Ebenen verlaufende bi- oder polytonale Episoden, die nicht nur das Aneinandergeraten der Bürger beider Städte symbolisieren, sondern auch oft — etwa im ersten Duett Nettchen-Stanislaus — die zwischen zwei Menschen bestehende Distanz.

Und schließlich muß die großartige Kunst Rubins, durch rhythmische Effekte Stimmungsumschwünge oder Assoziationen nachzuzeichnen, erwähnt werden. Taktwechsel, Rhythmisierungen und synkopische Betonungen werden in den Dienst der allgemeinen Darstellung gestellt, geben oft durch kleine, fast unmerkliche Akzente der Handlung neue Aspekte und verstärken die burleske Stimmung der musikalischen Komödie. Im Detail zeigt sich hier die Meisterschaft des Komponisten, der mit seiner komischen Oper „Kleider machen Leute" eines der bedeutendsten zeitgenössischen Werke dieser Gattung geschaffen hat.

b) Tanzstück „Die Stadt"

Marcel Rubins hohe Begabung für Theater- und Bühnenmusik zeigte sich, selbst wenn man von seiner verworfenen Oper „Prinzessin Brambilla" absieht, schon in seinen Pariser Studienjahren. Als erstes Werk dieser Gattungen entstand 1927 die Ballettmusik zu einem Szenarium von Marcel Beaufils namens „Nocturne", unter welchem Titel sie in Paris eine — allerdings konzertante — Aufführung erlebte. Als zu Beginn der Dreißigerjahre die Wiener Choreographin Gertrud Kraus das Gorki-Märchen „Musik der Großstadt" (aus der Sammlung „Märchen der Wirklichkeit") als Ballett herauszubringen beabsichtigte und sich dafür die Mitarbeit Rubins sicherte, erhielten große Teile der Pariser Ballettmusik hier eine neue, endgültige Funktion. Durch den ähnlichen Stimmungsgehalt der Libretti war es Rubin möglich, etliche Sätze wieder zu verwenden und gemeinsam mit Neukompositionen zu dem Tanzstück zu verarbeiten, das 1933 unter dem Titel „Die Stadt wartet" seine vielbejubelte Uraufführung erlebte. Der ursprüngliche Gorki-Text war von Elias Canetti völlig umgearbeitet und zu wenigen dichterischen Sätzen komprimiert worden. In jener Urfassung war neben dem Sprecher noch ein aus 13 Instrumenten bestehendes Kammerorchester vorgesehen, 1948 erstellte Rubin dann noch eine Fassung für großes Orchester, um auch Aufführungen in großen Häusern zu ermöglichen. Der endgültige Titel des Werkes wurde zudem verkürzt und mit „Die Stadt" festgelegt.

Der märchenhaft-symbolische Inhalt ist kurz folgender: Ein Knabe nähert sich einer Stadt, da er von ihrem Leid weiß und sich berufen fühlt, ihr zu helfen. An der unvollendeten Stadt bauen viele Menschen, ohne jemals zu einem Ende zu gelangen; Glück erscheint ihnen nur als fernes, nie zu erreichendes Traumgebilde. Der Knabe hört den „Schrei nach Glück“, tritt zu den Menschen und wird einer der ihren. Mit einer Darstellung der gemeinsamen Erwartung einer besseren Zukunft endet das Werk.

Ein imitatorisches Duett von Flöte und Klarinette schildert mit dreiklangsgebundener Melodik den Knaben „auf dem Weg zur Stadt“ (1. Teil), die sich sofort mit einem großen Choral vorstellt (2. Teil, „Chor der leidenden Stadt“; Notenbeispiel 12). Zwei zweistimmige Intermezzi lockern den ernsten

Notenbeispiel 12

Gesang nur kurz auf, der schließlich leise in den tiefsten Regionen der Blechbläser verklingt. Eine anmutige, fast tänzerische Darstellung der „Dämmerung“ (3. Teil) leitet zum ersten Hauptstück des Werkes über; dessen Titel „Erleuchtung“ (4. Teil) weist auf das Bewußtsein des Elends der Stadt. Ein ostinates Baßthema, zunächst von der Posaune vorgestellt, symbolisiert dieses mit großer Eindringlichkeit, steigt immer mehr an, wird von neuen Kontrapunkten kontrastiert, bis ein frei erfundener Choral die formale Zäsur markiert. Wieder von der Ostinato-Melodie ist die Reprise des Anfangs geprägt; auch hier wird das Geschehen immer mehr gesteigert, entfaltet sich aber weiter als in der Exposition und führt zu einem großen hymnischen Lied als Symbol für die endgültige Erleuchtung des Knaben.

Als gespenstische Vision freudloser Unterhaltung zeigt der 5. Teil („Amusements“) die Vergnügungssucht der Menschen; gleichsam wie Automaten wirken die Tanzenden des stilisierten 3/4-Takt-Mittelteiles, die Eckabschnitte charakterisieren mit ihren schleppenden Linien die Stimmung als überaus gedrückt. Praeludium und Fuge symbolisieren im nächsten Teil („Die unvollendete Stadt“) die rastlosen Bemühungen der Menschen, ihre Stadt fertig zu bauen; beide Teile sind durch Themenverwandtschaft zu deutlicher Einheit zusammengefaßt. Das Hauptthema zeichnet durch seinen Reperkussions-Beginn nahezu realistisch die Arbeit nach, als Kontrapunkt erklingt der Choral der „leidenden Stadt“, etliche Zwischenspiele verstärken die Wirklichkeitsnähe der Musik durch ein eindringliches, im lyrischen Modus auf- und absteigendes Motiv. Sowohl das Fugenthema als auch das Zwischenspielmotiv erfahren eine Umkehrung, dann wird das erstere enggeführt. Schließlich prägt der Kontrapunkt der „leidenden Stadt“, nach Verebben der Fugenbewegung, wie als Symbol für die Sinnlosigkeit aller Mühen allein die verklingende Coda.

Als zweites Hauptstück des Werkes ist der nun folgende „Traum von der Freiheit“ (7. Teil) anzusehen, dessen weitgeschwungene Melodien mit immer neuen Themen überaus expressiv die Sehnsucht der Menschen verkörpern, bis als Höhepunkt das Thema der Erleuchtung aus dem 4. Teil erscheint und für zyklische Konzentration sorgt. Mit klagender Gesangslinie einer einsamen Oboe — sie ist mit einem der ungestümen Themen aus dem Beginn des Stückes identisch — endet schließlich der „Traum von der Freiheit". Eine notengetreue Reprise des 1. Teiles ist das Stück „Der Knabe unter den Menschen", das damit gleichsam den Endpunkt der Wanderung des Knaben in die Stadt symbolisiert. Ein ruhiger Choral leitet den letzten Teil, „Erwartung", im Gegensatz zum b-moll-Chor der „leidenden Stadt" in hellerem B-dur ein, scheint ihn auch zu beenden, weicht aber plötzlich einem Fortissimo-Zitat des Erleuchtungs-Themas in den Blechbläsern, das einen überraschend strahlenden Schluß herbeiführt.

B. ORCHESTERWERKE

a) Symphonien

1. Symphonie

Die 1. Symphonie Marcel Rubins entstand in den Jahren 1927 und 1928, also ungefähr in der Mitte seines Paris-Aufenthaltes. Der Komponist war damals bereits zwei Jahre Schüler Milhauds gewesen und wagte sich, nachdem er eine Reihe von Kammermusik geschaffen hatte, erstmals an ein großes Orchesterwerk, das gleichsam die Beendigung seines künstlerischen Abhängigkeitsverhältnisses manifestieren sollte. Formal folgt die Symphonie dem üblichen klassisch-romantischen viersätzigen Schema und stellt zwischen zwei Sonatenhauptsätze, deren Abfolge allerdings nicht völlig schulmäßig erfolgt, ein kantables „Molto grave" und ein Scherzo. Stilistisch läßt sich ein deutlicher klassizistischer Einfluß bemerken, was natürlich zu einem großen Teil auf die Musiksprache der „Six" zurückzuführen ist, andererseits damals eine übernationaleuropäische Haltung darstellte. Strawinsky, Hindemith, de Falla, ja sogar Dallapiccola, Malipiero und Weill huldigten diesem Stil, der lineare Stimmführung, musikantische, oft figurative Melodik, Rückkehr zu klarer Tonalität und eindeutige, scharfe Rhythmik als Hauptmerkmale besaß. Auch Rubins 1. Symphonie ist auf diesen Elementen aufgebaut, die Grundtonart ist B-dur, die Melodik von nahezu barocker Gestik, das Stimmengeflecht immer aus realen Linien bestehend. Hinzu tritt noch eine bereits damals meisterhafte Instrumentation, die jeden Einfall mit charakteristischer Klangfarbe durchsetzt und so zu einem festen Bestandteil desselben wird. Korrekturen an der klanglichen Gestalt des Werkes brachte Rubin 1957 an; diese zweite Fassung ist heute die allein gültige.

Den 1. Satz (Allegro energico) eröffnet sogleich das von der Trompete vorgetragene Hauptthema, dessen Melodie überaus motorisch abläuft und in seinem Duktus an barocke Concerti erinnert (Notenbeispiel 13).

Notenbeispiel 13

Die Begleitung der Streicher wird „col legno“ gespielt und unterstützt den motorischen Charakter des Gedankens in hohem Maße. Als zweiter Teil des Hauptthemas fungiert eine schrittweise zur Tonika absteigende Melodie mit synkopiertem Kopfmotiv, das im weiteren Verlauf des Satzes zu großer Bedeutung gelangt und durch seinen charakteristischen Rhythmus das Geschehen stark belebt. Fortspinnungen und Verarbeitungen dieses Materials kontrapunktischer Natur folgen, die Motorik verdichtet sich stellenweise zu durchgehender Sechzehntel-Bewegung, dann hebt ein Fugato an und führt zum Tutti-Abschluß der Hauptsatzgruppe.

Auch das Seitenthema, eine von Flöte und Solovioline exponierte C-dur-Kantilene, ist ständig von motorischer Achtel-Bewegung (Klarinette und Solovioloncello) unterlegt, findet aber dennoch zu ruhigem Ausschwingen. Die Weiterführung dieses Gedankens erfährt dann chromatische Trübungen, die sich immer mehr verdichten und schließlich in die Durchführung führen, die von dem synkopischen Hauptthementeil vorbereitet wird.

Hier erklingen gleich zu Beginn beide Themen übereinander, wodurch sich zunächst der Charakter des Seitensatzes, der ja auch motorisch begleitet war, einstellt. Bald jedoch reißen die Hauptthemen-Synkopen die Führung an sich und fungieren in weiterer Folge gleichsam als Ritornell zu den Verarbeitungen des anderen Materials. Fugierende Einsätze des Trompeten-Themas wechseln mit einem breiten kantablen Einschub des Seitensatz-Komplexes und symbolisieren gleichsam eine innere Reprise, die sich rein formal nicht manifestiert. Nach einem weiteren „Ritornell“ erscheint das Hauptthema wieder in B-dur und leitet eine Coda ein, die über eine weite Strecke eine Reprise des Beginnes darstellt und den Satz mit ausgelassener, nahezu zum Selbstzweck werdender Motorik beschließt.

Zweiteilige Liedform besitzt der 2. Satz (Molto grave) mit seinem breit und ruhig ausschwingenden, vom Horn intonierten Hauptthema. Das zunächst lediglich zweistimmige Stimmengewebe wird nach und nach drei-, dann vierstimmig und spinnt das Material überaus kantabel weiter, wobei durch verschiedene Instrumentation großer Farbenreichtum entsteht. In etwas bewegterem Zeitmaß schließt der zweite Teil des Satzes mit einer Kantilene der Violine an; auch hier arbeitet Rubin mit völlig linearer Kontrapunktik, die durch ihre Klanglichkeit besticht. Solovioline und Flöte lassen schließlich eine neue, zarte Melodie erklingen, die diesen Abschnitt beendet. Die Reprise im Zeitmaß des Beginns geht wieder von der Zweistimmigkeit aus, erweitert sie sukzessiv, stellt aber keine wörtliche Wiederholung dar, sondern variiert das Material sowohl klanglich als auch motivisch. Genauer verfährt der Komponist mit dem zweiten Teil des Satzes, bis eine kurze, ebenfalls imitatorisch gearbeitete Coda die Idylle, die an eine Weihnachtsmusik anklingt, beendet.

Von beständigem Wechsel zwischen 2/2- und 5/4-Takt ist das Scherzo (Allegro ritmico) geprägt, als rhythmische Konstante scheint allerdings durchgehende Viertelnotenbewegung auf. In fast grotesker Manier steigt das Thema aus tiefen Bläserregionen, von Akkorden der Streicher akzentuiert. Immer dichter werden die Klänge, bis sich schließlich das gesamte Orchester an der Entfaltung beteiligt. Kammermusikalischer ist wieder der Schlußteil des Scherzos; hier stimmen Piccoloflöte und Kontrabässe eine kantable Melodie an, während zwischen ihnen das gedämpfte Blech das rhythmisch betonte Hauptthema wiederholt.

Das Trio intoniert einen entzückenden Wiener Walzer, Violinen und Flöten führen das melodische Geschehen an, der Einsatz einer Solovioline beschwört echte Tanzcafé-Atmosphäre herauf. Auch hier verdichtet Rubin den Satz zunächst, läßt ihn dann aber wieder in die Stimmung des Beginns zurücksinken, ehe die Reprise des Scherzos einsetzt und für formale Abrundung sorgt. In einer kurzen Coda taucht noch einmal der Walzer wie eine wehmütige Erinnerung auf, Bläser-Chromatik schließt sich an, dann beendet ein plötzlicher Fortissimo-Schlag des gesamten Orchesters den Satz mit abrupter Schlußwirkung.

Ein wildes, aber auch äußerst effektvolles Finale (Presto) im 3/4-Takt folgt dem Scherzo. Das Tempo des Satzes ist derart schnell, daß als Zählzeit der ganze Takt gelten muß, was Rubin auch unter die Tempobezeichnung setzte: Ritmo di 4 battute. Formal stellt das Finale einen Sonatenhauptsatz ohne Durchführung dar, geht also mit dem eröffnenden Allegro energico nahezu konform. Die Introduktion beginnt mit einem nach dreimaligem Anlauf vollendeten chromatischen Quartfall, der durch abwärtsführende Glissandi der Posaunen noch zusätzlich verstärkt erscheint, und führt zu einem synkopierten Thema, das — ohne einen einzigen Taktwechsel — den Eindruck äußerster rhythmischer Vielfalt erweckt. In der weiteren Entwicklung bewirken Duolen im 3/4-Takt einen auskomponierten Ritardando-Effekt. Eine Wiederholung der Introduktion und eine variierte Wiederaufnahme des Hauptthemas initiiert einen gewaltigen, choralartigen Orchestersatz, der in dreifachem Forte schließt.

Im gleichen rasanten Zeitmaß, doch äußerst kammermusikalisch und melodisch, setzt das Seitenthema zu dem bisherigen Geschehen feine Kontraste; jeweils zwei Oberstimmen und ein Baß sind zu abschnittweisen Einheiten zusammengefaßt, in denen teils zierliche, teils kantable Linien erklingen. Tänzerische Rhythmik durchzieht den zweiten Teil, zu dessen Ausklang jeweils drei Takte einen gleichsam walzerartigen Gesamttakt ergeben.

Eine in bezug auf die Dreitakteinheiten verkürzte Hemiole leitet in die Reprise über, die zur Exposition im Tritonus-Verhältnis steht (B-dur—E-dur). Noch einmal zieht das wilde Treiben an uns vorüber, die ekstatischen Rhythmen und Synkopen wirken durch ihre Wiederaufnahme noch um einen Grad entfesselter. Durch kühne Modulationen wird am Hauptsatzende wieder B-dur erreicht, das Seitenthema steht also völlig korrekt in der Tonika-Tonart und setzt hier zum zweitenmal seinen lyrischen und tänzerischen Kontrast. Eine kurze Coda beschließt das Werk mit breiter, teilweise scharfer Akkordik.

2. Symphonie

Zehn Jahre nach seinem symphonischen Erstling schuf Marcel Rubin ein weiteres Werk dieser Gattung: die 1937 entstandene, 1974 einer instrumentatorischen Umarbeitung unterzogene 2. Symphonie. Auch bei dieser zweiten Fassung blieb das formale, thematische und verarbeitungstechnische Gerüst unangetastet, doch wurde durch zusätzliche Änderungen im Stimmengefüge die polytonale Struktur verstärkt.

Auffallend ist in erster Linie die Weiterentwicklung des Komponisten auf formalem Gebiet: Ohne daß musikantischer Schwung eingebüßt worden wäre, entstand hier ein überaus komplexes und hochstilisiertes Gebilde, dessen Aufbau zahlreiche Verschränkungen thematischer und verarbeitungstechnischer Natur aufweist. Durchführungsartige Partien in Exposition und Reprise, thematische Verwandtschaften und Übernahmen einzelner Gedanken in andere Sätze kennzeichnen den Stil dieser Symphonie, die zwar noch durchaus neoklassizistische Züge aufweist, diese aber mit den anderen Elementen eindrucksvoll verschmilzt. Die hohe Instrumentationskunst und durchsichtige, kammermusikalische Führung des Orchestersatzes ist jedoch ebenfalls integrierender Bestandteil der Partitur.

Wie in der 1. Symphonie eröffnet auch hier eine Trompete den 1. Satz (Allegro con brio) mit dem Hauptthema, dessen achttaktige Periode konzertierenden Charakter besitzt. Zu dem Thema gehört auch die Posaunen-Begleitung in anderer Tonart, die zusammen mit den Pizzicati der Streicher für bitonale Färbung sorgt. Nach einem motivisch dem Thema entnommenen Zwischenspiel erklingt dieses in polytonalem dreistimmigem Satz, noch später, nach einer neuerlichen, diesmal kanonisch geführten Episode, vierstimmig polytonal. Rhythmische Verschiebungen und einige Taktwechsel leiten dann zum Seitenthema über, das von den Violinen überaus kantabel vorgetragen wird. Motivisch besitzt es deutliche Verwandtschaft mit dem Hauptthema. Eine nahezu durchführungshafte Fortspinnung mit einem neuen Thema in der Oberstimme, seiner Vergrößerung im Baß und dem rhythmisch verschobenen Seitenthema in der Mittelstimme führt in kontrapunktischer Steigerung zu der jubelnden Schlußgruppe, deren oftmaliger bitonaler Aufschwung den ursprünglichen, hymnisch gemeinten Titel der Symphonie, „Erde", verständlich werden läßt.

Die kurze Durchführung bringt zunächst ein neues Thema, dann die erste Episode der Exposition in zwei Varianten und führt überraschend ein weiteres melodisches Element ein, das von den Streichern und Klarinetten in ständigem Taktwechsel tänzerisch vorgetragen wird. Nach der zweiten Episode hebt die Reprise um einen Ton höher als die Exposition mit vierstimmigem, polytonalem Orchestersatz an. Unter Aussparung der Episoden folgt dem Hauptthema gleich der wieder durchführungshaft erweiterte Seitensatz und führt seinerseits zu Verarbeitungen des Hauptgedankens. Wie der Durchführung fügt Rubin auch der Reprise einen zusätzlichen melodischen Einfall ein, der in ausdrucksvoller kanonischer Führung die Schlußgruppe stimmungsmäßig vorbereitet. Der breite Abgesang atmet wieder hymnische Ekstatik und schließt den in F-dur begonnenen Satz in der gleichnamigen Moll-Tonart.

Als rhapsodische „Nachtmusik" vertritt das folgende „Molto tranquillo" Scherzostelle. Eine expressive Oboen-Melodie umrahmt ein Duo von Violine und Viola in dreiteiliger Bogenform. Wie eine ferne Schalmei klingt das Blasinstrument und umgibt diesen ersten Abschnitt mit einer Aura des Märchenhaften und Unwirklichen. Mit wehklagender Kantilene eröffnet die Soloklarinette den Hauptteil des Satzes, von Pizzicatoklängen der Streicher polytonal begleitet. Sie ist Kästners „Weihnachtslied, chemisch gereinigt" entnommen, das Rubin kurz zuvor vertont hatte: „Morgen, Kinder, wird's nichts geben . . ." (Notenbeispiel 14).

Notenbeispiel 14

Auch hier folgt ein Streicher-Duo; diesmal sind es Viola und Violoncello, die zu gemeinsamer Gesanglichkeit finden. Völlig abrupt ändert sich die Szene: Ein gespenstischer Marsch erklingt, punktierte Rhythmen und prägnante Akzentgebungen einerseits, die ausschließliche Verwendung von Blasinstrumenten und Kontrabässen andererseits vermitteln uns das Bild eines kriegerischen Aufzugs. Plötzlich ertönt wieder die Klarinettenkantilene, aber sie erscheint grell umgedeutet und an Piccoloflöte und Oboen übergeben. Darunter geht der Marsch unerbittlich weiter, kämpft mit dem Hauptthema gleichsam um die Vorrangstellung und trägt schließlich den Sieg davon. Als Episode fungiert das von sämtlichen Streichern vorgetragene Duo von Viola und Violoncello, macht jedoch bald einer rhythmischen Variation des Marsches Platz, der nun im Wechsel von $^2/_4$- und $^5/_8$-Takten erklingt und solcherart die scharfen Punktierungen gleichsam zu Dreiergruppen abschwächt, durch den unregelmäßigen, stampfenden Rhythmus aber noch aggressiver wirkt.
Im Unisono der Holzbläser ertönt schließlich wieder die klagende Kantilene, diesmal nur vom Schlagwerk im Marschrhythmus begleitet, der nach dem Aufhören der Melodie unerbittlich fortgesetzt wird. Als Abschluß fungieren das nun grell harmonisierte Kopfmotiv der Kantilene und, nach einer Generalpause, zwei Takte des synkopenhaft umgedeuteten Marsches, der brüsk abgebrochen wird.
Den 3. Satz (Molto lento) eröffnet das, hier allerdings bitonal harmonisierte, Dur-Thema aus Rubins Goethe-Lied „Die schöne Nacht", das in der Soloflöte zu weiter Kantilene findet. Andere Instrumente setzen es fort, bis von der Piccoloflöte ein zweiter Gedanke exponiert wird, dessen Kopfmotiv Jahrzehnte später als „Stanislaus"-Thema in der Oper „Kleider machen Leute" erscheint. Eine dritte Melodie, von sordinierten Streichern vorgetragen, komplettiert das Material. Solistisch leitet die Flöte im plötzlich einsetzenden Fortissimo zum Mittelteil über, dessen weitausschwingender Gesang den Höhepunkt des Satzes bildet.
Die Rückführung des formalen Aufbaus geht etwas unorthodox vor sich: Zu-

nächst erscheint das zweite Thema (ursprünglich der Piccoloflöte anvertraut) noch immer fortissimo im Blech, dann das dritte (ursprünglich Streicherchor), plötzlich zum Piano zurückfindend, in den Holzbläsern, wobei hier stimmungsmäßig der Bogen geschlossen wird. Piccoloflöte und Solovioline intonieren schließlich den kontrapunktisch von zwei selbständigen Stimmen in verschiedenen Tonarten (H-dur und B-dur) begleiteten Anfangsgedanken in G-dur (die Violoncello-Stimme ist ein Zitat aus dem dritten Apollinaire-Lied „Eines Abends"); die Mixturklänge dieses dreistimmigen Satzes klingen trotz ihrer Polytonalität überaus konsonierend. Eine etwas ausgeweitete Wiederholung der Überleitung zum Mittelteil läßt den Satz verklingend enden.

Das Rondo-Finale (Allegro), das einige Gedanken aus den ersten beiden Sätzen als Episoden aufnimmt, schlägt damit eine weite zyklische Brücke und führt die gesamte Symphonie zu großartiger Einheit. Zunächst intoniert ein solistisches Streichertrio das dreistimmig konzipierte Rondothema, dem sich sogleich ein zweiter Gedanke anschließt, der hier als Kontrapunkt über dem im Baß weitergeführten Ritornell erscheint. Als erstes Zwischenspiel fungiert ein kurzer Abschnitt, der motivisch an die erste Episode aus dem 1. Satz erinnert. Nun folgt wieder das Rondothema, hier durch eine Überstimme der Streicher zur Vierstimmigkeit erweitert. Eine kammermusikalische Überleitung führt zu einer weiteren Episode, unter deren Melodie sich später in den tiefen Streichern der Marsch aus dem 2. Satz schiebt und für rhythmische Prägnanz sorgt, bis das nochmalige Zitat der Überleitung dieses Zwischenspiel als dreiteilig erkennen läßt.

Im Tutti erklingt nun wieder das Ritornell, diesmal rhythmisch akzentuiert, dann verbindet es sich kontrapunktisch mit dem zweiten Thema zu einem abermals kammermusikalischen zweistimmigen Satz. Die zweite Episode klingt kurz an, weitet sich aber nicht durch Hereinnahme des Marsches aus, sondern führt zu einer Aufnahme des variierten Seitengedankens aus dem 1. Satz, der frappierende Wirkung erzeugt. Ein Anklang an das Ritornell in den Hörnern bereitet eine weitere Episode vor, die vom gesamten Orchester mit festlicher Brillanz vorgetragen wird, später kammermusikalische Verarbeitungen erfährt und so einen letzten lyrischen Ruhepunkt des Finales darstellt. (Dem Kunstgriff Rubins, die Zählzeit eins bei Taktwechsel durch eine kleine Trommel zu akzentuieren, werden wir später in der Serenata der 5. Symphonie wieder begegnen.) Gesteigerten Abschluß findet das Werk durch eine letzte Reprise von Ritornell und zweitem Thema, wobei ersteres durch Transposition nach g-moll klanglich, letzteres durch innere Erweiterung zur Vierstimmigkeit und durch Verbreiterung zu einem wuchtigen 4/2-Takt harmonisch und rhythmisch stark an Gewicht gewinnt.

3. Symphonie

Während Marcel Rubins Emigrationszeit in Paris entstand im Jahre 1939, also nur zwei Jahre nach seinem letzten Werk dieser Gattung, die 3. Symphonie, seine bisher kürzeste, die 1962 einer instrumentatorischen Überarbeitung unterzogen wurde. Stilistisch hebt sie sich von ihrer Vorgängerin in einigen Punkten deutlich ab: Zunächst einmal durch ihre kammermusikalische Grundhaltung, die durch die gewählte kleinere Besetzung, aber auch durch weitgehenden Verzicht auf Klangmassierungen manifestiert wird. Auf formalem Gebiet fällt auf, daß der Tanzsatz ausgespart wird, wodurch sich ein dreisätziges Gebilde nach Art frühklassischer Symphonien ergibt, das auch durch die Transparenz des Satzes heraufbeschworen wird. Und schließlich muß die starke Betonung der rhythmischen Komponente erwähnt werden, die in zahlreichen Taktwechseln, Synkopenbildungen und markanten Akzentuierungen ihren Ausdruck findet. Die auch hier meisterhafte Verschmelzung der Instrumentation mit den thematischen Einfällen ist indes bereits vertrautes Stilmerkmal in der Symphonik Marcel Rubins.

Das von den ersten Violinen vorgetragene Hauptthema des 1. Satzes (Allegro giocoso) ist durch aufsteigende Melodik in Verbindung mit eigenwilliger Rhythmik gekennzeichnet. Im Kontrast zu diesem Fortissimo-Beginn wird das Thema durch solistische Streicher im Piano synkopisch variiert. Sehr expressiv und kantabel führt die Flöte den Gedanken weiter, die Violinen sekundieren und leiten schließlich in das zweiteilige Seitenthema, bestehend aus ruhiger Achtelmelodie der Flöten und graziösem Fagott-Thema, über. Eine kurze Wiederaufnahme des Hauptthemas beendet die Exposition. Die Durchführung beginnt mit einer Umkehrung des Fagott-Themas, zu dem als Baß nun ein neuer Gesang, der im weiteren Verlauf besondere Bedeutung erlangen wird, angedeutet erklingt. Weitere Gedanken folgen in logischer Entwicklung, führen gesteigert zu akzentuierter Rhythmik und zu dem abermals veränderten Hauptthema, bis in unvermitteltem Piano der zu Beginn der Durchführung als Baß angedeutete neue Gedanke von den Holzbläsern zu Ende gesungen wird. Gleichsam rezitativisch fährt das Hauptthema in den Gesang, der jedoch unbeirrbar fortfährt und schließlich choralartig — als Höhepunkt der Durchführung — vom ganzen Orchester aufgenommen wird. Erst die abrupt einsetzende Reprise führt zum Themenmaterial der Sonatenform zurück, wiederholt zunächst das Hauptthema notengetreu, das zweiteilige Seitenthema in umgekehrter Reihenfolge, nimmt dann aber das kantable Durchführungsthema in ihren Ablauf auf. Als Coda fungiert schließlich eine Vergrößerung des Hauptthemas, die den Satz verklingend abrundet.

Als unendlicher Gesang mit immer neuer Melodik folgt als 2. Satz ein „Molto tranquillo", das formal zwar einer großen zweiteiligen Liedform angenähert erscheint, durch seine rhapsodische Grundhaltung aber eher als Stück „quasi una fantasia" zu bezeichnen ist. Von gedämpften Streicher-Solisten begleitet, eröffnet eines der längsten Englischhornsoli der symphonischen Literatur (Notenbeispiel 15) mit 20taktiger Kantilene die Szenerie, dann intonieren zunächst

Notenbeispiel 15

Piccoloflöte und Kontrabaß (eine häufige Kombination bei Rubin), später die Streicher neue Gedanken. In anderer Klangkombination und Harmonisierung, vom Durchführungsthema des 1. Satzes kontrapunktiert, erklingt nochmals der einleitende Gesang, ehe neues thematisches Material — in Kombination zum Teil mit dem Hauptmotiv, zum Teil mit dem erwähnten Durchführungsthema — den Beginn des zweiten Teiles markiert. Hier wird das Geschehen rhythmisch differenziert, was sich in unregelmäßigen Taktarten und Synkopenbildungen äußert. Dennoch bleibt der Grundzug kammermusikalisch und lyrisch verhalten. Eine kurze Andeutung des eröffnenden Englischhornsolos schließt den Satz mit einem leise verhallenden Tamtamschlag ab.
Ein fulminantes Rondo-Finale (Animato) bildet den 3. Satz, die Ablaufsstruktur ähnelt jedoch über weite Strecken einer freien Bogenform mit zahlreichen Seitengedanken. Zunächst eröffnet das motorisch unterlegte Ritornell das Geschehen, wobei die dreiteilige Anlage dieses Hauptthemas bereits hier für kontrastreiche Exposition sorgt: Während der Themenkopf rhythmische Prägnanz aufweist, verfügt der Mittelteil über große Sanglichkeit. Nach einer Wiederholung des Themenkopfes folgt gleichsam als verkappte erste Episode ein neuer Streichergedanke, der aber durch ein weiteres Zitat des Ritornells als dem Hauptthema zugehörig erscheint. Völlig abgehoben wird erst ein von zwei Violinsolisten vorgetragenes Thema, das zahlreiche weitere Einfälle hervorruft. Die nun folgende Entwicklung hat, trotz vielfachen Taktwechsels, zum Teil marschartigen Charakter, bis eine synkopierte Streichermelodie, deren eröffnende aufsteigende Sext aus dem Hauptthema des 1. Satzes stammt, als das eigentliche Seitenthema des Satzes ausgewiesen wird. Andeutungsweise erklingt nun das Ritornell, das immer wieder die Zitate des Marsches unterbricht. Dem punktierten Kopfmotiv des Hauptthemas entsteigt plötzlich und unerwartet ein Gedanke aus der Durchführung des 1. Satzes, ein weiteres Zitat schließt sich an, so daß der formale Wendepunkt des Rondos durch zyklische Wiederaufnahmen markiert ist. Nahezu rückläufig strebt das Finale nun seinem Ende zu. Das Seitenthema eröffnet den Reigen, es folgen das Ritornell und das Thema der Violinsolisten, ehe sich zum erstenmal der breite Gesang der Coda ankündigt. Doch die verkappte erste Episode des Beginns und miteinander kontrapunktierte Durchführungstakte schieben sich ein, ehe die Coda-Melodik eine letzte große Steigerung herbeiführt. Ein kurzes Zitat des Ritornellthemenkopfes deutet noch einmal die Bogenform des Satzes an, der, plötzlich zum Piano des Beginns zurückkehrend, mit zwei Pizzicati der tiefen Streicher endet.

4. Symphonie

In Mexiko schrieb Marcel Rubin in den Jahren 1943 bis 1945 seine 4. Symphonie, das einzige Werk dieser Gattung, das später auch formal eine grundlegende Änderung erfuhr. Der Komponist verarbeitete hier sein persönliches Erlebnis des Zweiten Weltkrieges dergestalt, daß die ersten beiden Sätze das Grauen des Krieges zum Inhalt hatten, die zwei weiteren Sätze den Traum vom Frieden verkörperten. Der ursprüngliche Titel der Symphonie lautete

dementsprechend auch „Krieg und Frieden", ohne damit irgendwie an den Tolstoischen Roman anspielen zu wollen. An dritter Stelle stand ein idyllisches Pastorale, als Finale fungierte eine jubelnde, in ihrer Grundstimmung zuversichtliche Fuge als Symbol für die Freuden des Friedens.
Als Rubin Jahrzehnte später zu der Erkenntnis kam, daß der so sehr herbeigesehnte Friede keineswegs dem vorgestellten Ideal entsprach, verwarf er die beiden letzten, positiven Sätze und schuf ein neues, verhaltenes Pastorale, welches die Symphonie überaus nachdenklich, einem inneren Frieden zugewandt, beschließt. Als neuen Titel wählte er „Dies irae", solcherart die Greuel des Krieges mit den Schrecken des Jüngsten Gerichtes vergleichend, aber auch deswegen, da sowohl der 2. als auch der 3. Satz auf jener alten Sequenz des Gregorianischen Chorals basieren.
Stilistisch hat das Programm der 4. Symphonie die musikalische Eigengesetzlichkeit ihrer Sätze unangetastet gelassen. Der Klangkörper des Orchesters ist weit größer als in der vorangegangenen 3. Symphonie, wird aber keineswegs ausschließlich blockartig eingesetzt, sondern zeigt immer wieder die Rubin eigene kammermusikalische Führung. An den gesteigerten Schlüsselstellen des Werkes erzielt der Komponist jedoch Klangwirkungen von geballter Wucht des Tutti, die durch Verknüpfung und Überlagerung mehrerer linearer Stimmen zustandekommen, ein bereits bekanntes Grundelement der Handwerklichkeit unseres Meisters.
Dem 1. Satz sind als Motto vier Strophen aus Bertolt Brechts Ballade „Kinderkreuzzug 1939" vorangestellt, deren Stimmung dem Aufbau und Inhalt des musikalischen Geschehens entspricht. Der Satz stellt eine Trauermusik in Form eines freien Rondos dar.

Kinderkreuzzug 1939

Schnee fiel, als man sich's erzählte
in einer östlichen Stadt
von einem Kinderkreuzzug,
der in Polen begonnen hat.

Da trippelten Kinder hungernd
in Trüpplein hinab die Chausseen
und nahmen mit sich andere, die
in zerschossenen Dörfern stehn.

Sie wollten entrinnen den Schlachten,
dem ganzen Nachtmahr,
und eines Tages kommen
in ein Land, wo Frieden war ...

Wo einst das südöstliche Polen war,
bei starkem Schneewehn
hat man die fünfundfünfzig
zuletzt gesehn ...

Zunächst intoniert die Solobratsche ein „Grave"-Thema in melancholischem Moll, weitet es zu breiter Kantilene, bis es vom Orchester übernommen wird (Notenbeispiel 16).

Notenbeispiel 16

In diesem Orchestersatz erscheint das Thema gleichzeitig in den Oberstimmen in Originalgestalt und im Baß in Augmentierung, wodurch sich bereits dramatische Dichte bemerkbar macht, die auch den weiteren Verlauf immer wieder durchzieht. In etwas rascherem Tempo erklingt nun mit kammermusikalischer Transparenz ein erster Seitensatz in Dur; auch dieser Gedanke ist der Solobratsche anvertraut. Es folgt ein Zitat des Ritornells, dem sich seinerseits die zweite Seitensatz-Episode anschließt, die vom Streichorchester in hellem Dur vorgetragen wird und gleichsam den Traum vom „Land, wo Frieden war" darstellt. Eine nahezu hymnische Steigerung dieses Gedankens im Orchester setzt an, das im Baß als Kontrapunkt fungierende Hauptthema kündet jedoch gleichzeitig von der Hoffnungslosigkeit der Situation. Eine einstimmige Überleitung mit pfeifenden Holzbläser- und harten Schlagwerkakzenten führt zum dynamischen Höhepunkt des Satzes, auf dem das Hauptthema von seiner Vergrößerung in der Untersekund kontrapunktiert wird. Ein Vivo-Mittelteil folgt gleichsam als „Kindermusik"-Episode, die aus dem thematischen Material des zweiten Seitensatzes entwickelt wurde. Die Überleitung, diesmal in doppelt so schnellem Zeitmaß, bricht mit drei geballten Orchesterschlägen ab, die wie eine endgültige Zertrümmerung aller Hoffnungen auf Frieden wirken. Schwer, in plötzlichem Pianissimo, setzt nun die variierte, von Seitenthemen-Episoden durchbrochene Reprise des Hauptthemas ein, das in verzerrter melodischer Gestalt allein weiterklingt und mit einem Paukenwirbel verklingt.
Mit demselben Paukenwirbel beginnt der 2. Satz, „Dies irae" (Allegro deciso), der in Sonatenform die Greuel des Krieges heraufbeschwört. Ein rezitativisches Trompeten-Solo führt in die Szenerie, das Geschmetter von Kriegsfanfaren als Motto vor das Geschehen stellend. Marcato setzt nun das in seinem Kopfmotiv dem originalen „Dies irae" nachempfundene Hauptthema ein, das gleichzeitig in zwei Unterstimmen rhythmisch heterophon erklingt, wodurch sich ein Satz von großer thematischer Dichte ergibt. Im weiteren Verlauf folgt Rubin nun dem Prinzip, das Hauptthema immer schneller ertönen zu lassen und das Geschehen dadurch zu steigern. Nur von einigen kurzen Episoden, deren eine die Wiederaufnahme des eröffnenden Trompetenmotivs durch die Streicher darstellt, unterbrochen, erfährt das Hauptthema seine rhythmischen Verkürzungen, bis es nahezu figurativ in kleine Notenwerte aufgelöst erscheint. Erst dann intoniert eine unbegleitete Solovioline das Seitenthema, dessen schwebender, von zahlreichen Trillern durchsetzter Gesang wie ein Blick auf eine friedliche Landschaft wirkt. Doch bald ertönt auch diese Melodie äußerst dissonant im vollen Orchester und beendet so die Exposition. Als Durchführungsform verwendet Rubin eine überaus kunstvolle Doppelfuge über das „Dies irae" und ein völlig neues Thema, das nach einer ersten Exposition des Hauptgedankens von der Trompete aufgestellt wird. Umrhythmisierungen, Engführung und Augmentation sind die primären Kunstmittel der Verarbeitung, als Höhepunkt erscheint eine hymnische Umcharakterisierung der neuen Melodie durch das gesamte Orchester in bitonaler Führung. Dann verebbt das Geschehen, wie als Reminiszenz taucht vor dem Eintritt der Reprise das variierte Hauptthema des 1. Satzes auf, dann kündigt der eröffnende Pauken-

wirbel die Schließung der Form an. Mit in die Reprise übernommen wird das zweite Fugenthema, die Beschleunigung findet weit schneller statt. In der Reprise des Seitenthemas erklingt als Höhepunkt des Satzes das originale Choral-„Dies irae" in Blechbläsern und Glocken, deutet dadurch auch noch dessen Melodie schicksalhaft um, zeigt aber gleichzeitig bereits das folgende Pastorale an. Mit einem letzten Zitat des ursprünglichen, grell harmonisierten Hauptthemenkopfes im Fortissimo und, unvermittelt anschließend, im Pianissimo endet der Satz.

Überaus verhalten ist der Grundcharakter des Pastorale (Andante), das formal als Passacaglia über das originale „Dies irae" aufzufassen ist. Meist in tiefen Regionen beheimatet ist dieses Thema, das abwechselnd von verschiedenen Instrumenten umspielt wird, bis in der Flöte ein neuer Gedanke erscheint. Es ist die Melodie des Liedes „Verkündigung" aus Rubins „Drei Marienliedern", die nun die Stimmung aufhellt, wobei die Andeutung eines christlichen Inhaltes die Möglichkeit einer Wandlung durch religiöse Besinnung symbolisiert. Immer voller erklingt der Gesang, und selbst das „Dies irae"-Thema, zu dessen Reprise in der Harfe das Glockenspiel die Verkündigungs-Melodie kontrapunktiert, verliert einiges von seiner ursprünglichen Strenge. Eine letzte Andeutung des Liedthemas in der Flöte und den Flageoletts einer Soloviolíne schließt den tragisch begonnenen Satz gleichsam mit einer Frage, die einen Ausblick ins Helle offenläßt.

5. Symphonie

Zwanzig Jahre sollte es dauern, bis Marcel Rubin sich wieder zur Komposition einer Symphonie entschloß. Dazwischen lagen die letzten Emigrationsjahre, die Nachkriegszeit in Österreich, etliche Jahre als Kritiker, aber auch als Komponist von Bühnenmusik und kleineren Orchesterwerken. Daß eine gewisse stilistische Fortführung stattgefunden haben mußte, liegt auf der Hand, dennoch überrascht bei Anhören der 5. Symphonie, wie nahtlos der Meister an seine bisherige symphonische Entwicklung anzuschließen imstande war. Der Klangkörper des Werkes ist nahezu ident mit dem der „Vierten", die formale Hochstilisierung erinnert über weite Strecken an das Gerüst der „Zweiten", dennoch besitzt die 5. Symphonie völlig unverkennbare Eigenart. Formal nach wie vor bewußt traditionsgebunden, besticht sie durch überaus unkonventionelle Rhythmik, großen Melodienreichtum und außerordentlich konzentrierte Organisation des thematischen Materials. Darüber hinaus muß die meisterhafte Instrumentation erwähnt werden, die die kaum mehr überbietbar erscheinende Orchestrierung der vorangegangenen Werke noch einmal zu übertreffen vermochte.

In klassischer Sonatenhauptsatzform steht der 1. Satz (Vivace con brio), dem häufiger Wechsel zwischen 3/4- und 5/4-Takt sowie dessen Unterteilung in 2+3 und 3+2 seine stärksten Impulse verleihen. Zunächst wird das Tonmaterial vorgestellt: Nach den drei im 5/4-Takt konzipierten Gedanken der Hauptsatzgruppe, die nacheinander von Trompete (Notenbeispiel 17), Oboe und Horn

Notenbeispiel 17

intoniert werden, vertritt der vom Englischhorn exponierte Seitensatz das lyrische Element, das durch den Verzicht auf jedweden Taktwechsel zusätzlich symbolisiert erscheint. Zwischen Seitensatz und der ebenfalls durchwegs im 3/4-Takt gehaltenen Schlußgruppe, einem markanten Quintgedanken, sorgen durchführungsartige Hauptsatz-Zitate für dramatische Akzente. Dieses Material wird in der nun folgenden Durchführung auf mannigfaltigste Weise verarbeitet, jedoch auch immer wieder durch neu entwickelte Motive ergänzt. Insbesondere hier fällt die kammermusikalische Transparenz des polyphonen Stimmengefüges auf. Eine grandiose Steigerung leitet schließlich zur Reprise über, die den Aufbau der Exposition genau übernimmt und sogar analog dieser den durchführungsartigen Zwischensatz beibehält.

Eine „groteske Serenadenszene, ja geradezu die Karikatur einer solchen" stellt nach den Worten des Komponisten der 2. Satz dar, der hier das klassische Scherzo vertritt. Die äußerst kammermusikalisch gehaltene „Serenata" (Andantino) besteht aus drei Abschnitten: Im ersten bildet der trioartige Mittelteil der sordinierten Streicher einen reizvollen Kontrast zu den ihn umschließenden Terzetten von Piccoloflöte, Kontrafagott und kleiner Trommel, im zweiten wird der groteske Charakter durch ein von der Tenorposaune vorgetragenes Thema, das bereits von der Piccoloflöte vorgebildet erschien, noch weiter verstärkt. Eine stark verkürzte Wiederholung des ersten Abschnittes beendet die humoristische Szene (Autograph der Serenata siehe Seite 37).

Ein Sonatensatz ohne Durchführung ist das nun folgende „Notturno" (Adagio). Zunächst erklingt das von einem Kontrapunkt des Englischhorns umspielte Hauptthema in der Violine, dem nach kurzer Überleitung von pastoraler Stimmung der zunächst von der Solovioline, dann von der Oboe geführte Seitensatz folgt. Einwürfe der Piccoloflöte begleiten ihn. Nach einigen solistischen Episoden setzt bereits die Reprise ein, die zu großer Klangfülle gesteigert wird und durch die Verarbeitung eines neuen Motivs, das unverkennbare Ähnlichkeit mit der Schlußgruppe des Finales aufweist, erhebliche Ausdehnung erfährt. Ein letztes Zitat des stimmungsvollen Beginns läßt den Satz verklingend enden.

Der 4. Satz stellt eine großartige Kombination zwischen Rondo- und Sonatenform mit Einschluß einer vollständigen Fuge dar. Nach dem einleitenden Rondothema, das von den Holzbläsern angestimmt wird, führt eine kurze Überleitung zum Hauptsatz der Sonatenform, einem zunächst leise absteigenden Gedanken der Flöten und Oboen. Klangblockartig erfährt das Thema Farbvariationen, dann intoniert eine Solobratsche den nahezu tänzerischen Seitensatz, dessen verspielter Charakter auch noch zusätzlich von Staccato-Begleitungen der Bläser bestimmt erscheint. Als markanter Blechbläsergedanke stellt sich die bereits im 3. Satz angedeutete Schlußgruppe vor, welche die Exposition mit orchestraler Wucht abrundet. Ein Fugato des Rondothemas, zu dem der Hauptsatz als Kontrapunkt fungiert, bildet die kurze Durchführung, die nahtlos in die Reprise überleitet. Hier erklingt nun, nach einem weiteren Zitat des Hauptthemas, ein völlig neuer Gedanke, der von den Trompeten intoniert wird und zusammen mit einem von Bratschen und Violoncelli angestimmten Kontrapunkt eine Verarbeitung als strenge Fuge erfährt. Als Zwischenspiele dieser Fuge fungieren zwei Reprisen des Seitensatzes sowie die wieder zu elementarer Wucht führende Reprise der Schlußgruppe. Abschließende Zitate von Ritornell und dem neuen Fugenthema beenden den in seinem Charakter äußerst konzertanten Satz.

6. Symphonie

Acht Jahre nach Vollendung seiner „Fünften“ schritt Marcel Rubin an die Ausarbeitung eines weiteren symphonischen Werkes, der 1973/74 entstandenen 6. Symphonie. Für große Orchesterbesetzung geschrieben, besticht das Werk durch überaus kunstvolle Klangschattierungen, die aus der Mannigfaltigkeit des Instrumentariums gewonnen werden, aber auch durch Blockbildungen von unerhörter Wucht. Die thematische Arbeit wird dennoch äußerst durchsichtig durchgeführt, die Rubin stets eigene kammermusikalische Transparenz und Linearität der Stimmen bleibt auch hier erhalten. Noch einmal gesteigert erscheint die Kunst der rhythmischen Variation: Durch Taktwechsel, unregelmäßige Betonungen und dynamische Schattierungen wird das Material ständig verschieden beleuchtet, Charakterveränderungen unterzogen und so zu kontrastreicher Entwicklung verwendet.

Ein völlig neues Gestaltungsprinzip prägt den 1. Satz (Allegretto — Allegro ma non troppo): Rubin verwebt hier zwei Geschehnisse in steter Abwechslung, so daß sich eine gleichsam unendliche zweiteilige Liedform ergibt. Die beiden Teile sind in Form, Tempo und Charakter deutlich unterschieden. Ist der erste ein pastorales, kammermusikalisches Allegretto, so bildet der zweite einen Sonatenhauptsatz von markanter Faktur und teilweise wuchtiger Klanglichkeit. Mit verhaltener Lyrik eröffnet das „Allegretto“ den Satz, dann exponiert das „Allegro ma non troppo“ sein Themenmaterial: das wuchtige Hauptthema großen Umfanges, den tänzerischen Seitengedanken und die expressive Schlußgruppe. Zweimal kurz vom Pastorale unterbrochen, verarbeitet der Hauptteil nun sein Material, dann stellt er in einer Art Stimmungsreprise neue Gedanken ähnlichen Zuschnitts auf; nur die Schlußgruppe bleibt dieselbe. Ein letztes „Allegretto“-Zitat beschließt den Satz mit gedämpften Klängen.

Ein Scherzo in Sonatenhauptsatzform bildet den 2. Satz (Vivace). Mit wilder Alla-breve-Bewegung eröffnet das Hauptthema das Geschehen, der kammermusikalische Seitensatz und die gesangliche Schlußgruppe bilden reizvolle Kontraste, doch wird die im 5/4-Takt stehende Gesangslinie immer wieder von dem vitalen Kopfthema unterbrochen. Nahezu rondohaft umgedeutet wird die Durchführung, in die zahlreiche neue Episoden eingebaut sind. Überaus kunstvoll variiert Rubin aber auch das alte thematische Material, dessen rhythmische Veränderungen immer neue Erscheinungsformen durchziehen, bis Reprise und Coda den Satz gesteigert zu Ende führen.

Aus einstimmigem Beginn bis zur Vierstimmigkeit entwickelt wird die weitgespannte Melodie des 3. Satzes (Adagio), dann ertönt als thematischer Kontrast ein Streichersatz von gedämpftem Wohlklang. Der Mittelteil sieht figurative Umspielungen eines neuen lyrischen Materials, deren Bewegung sich schließlich verselbständigt und zu etwas schärferen Rhythmisierungen führt. Die feinen Arabesken durchziehen auch noch die Reprise, dann sorgt ein nochmaliges Hauptthemenzitat für den im Pizzicato der Streicher verklingenden Schluß.

Von erheblichem Ausmaß ist das Finale (Allegretto sostenuto — Molto vivace), das zunächst wieder zwei verschiedene Teile andeutet, die langsame Einleitung jedoch bald als thematischen Bestandteil des Vivace erkennen läßt. Denn das expressive Thema des Beginns wird im Hauptteil sowohl variiert als auch notengetreu wiederkehren. Mit rhapsodischem, teilweise kapriziösem Beginn hebt das „Molto vivace" an, bis sich nach lyrischen Episoden das markante Hauptthema profiliert, das seine Spannung und Prägnanz aus übermäßigem Dreiklang und übermäßiger Oktav bezieht (Notenbeispiel 18).

Notenbeispiel 18

Gleichsam als Episode des Hauptthemas erklingt sofort der tänzerische Seitengedanke, welches Wechselspiel auch den ersten Weiterführungen erhalten bleibt. In die bald anhebende Durchführung wird, wie auch schon im Finale der „Fünften", eine komplette Fuge eingebaut, deren Thema zwar als neuer Gedanke erscheint, jedoch in den ersten Intervallen auffällige Ähnlichkeit mit dem Beginn der Einleitung zeigt. Die Zwischenspiele werden von einem lyrischen Motiv aus dem rhapsodischen Beginn des „Molto vivace" gebildet. Durchführungen des stark variierten, in seiner Gestik erhaltenen Hauptgedankens schließen sich an, dann eröffnet die Reprise mit einer Augmentation des Einleitungs-Motives die formale Rückführung. Einer kurzen Episode folgt das Hauptthema, dessen Ablauf nun nicht mehr vom Seitensatz unterbrochen wird, dann der ebenfalls komplette zweite Gedanke. Auch die lyrische Melodie aus der Hauptthemenvorbereitung der Exposition erscheint, dann erklingt, als erster Teil einer umfangreichen Coda, noch einmal die Einleitung, die, vom Fugenthema und dem Hauptgedanken unterbrochen, hymnisch wiederaufgenommen wird, bis ein letztes Zitat des Hauptthemas, gefolgt vom Kopfmotiv der Fuge, zu fulminanter Finalwirkung findet.

b) Konzerte

Konzert für Kontrabaß und Orchester

Der konzertante Grundzug, der vielen Werken Marcel Rubins anhaftet, prädestiniert den Komponisten geradezu für die Gattung solistischer oder auch klangblockartiger Konzerte. Umso mehr ist man eigentlich verwundert, wie lange es dauern sollte, bis sich Rubin diese Form zu eigen machte. Und selbst hier bedurfte es eines Anstoßes von außen, dem wir das erste Werk des Meisters auf diesem Gebiet verdanken, eines Anstoßes in Gestalt des Kontrabaß-Virtuosen Ludwig Streicher, für den — wie im biographischen Teil ausführlich geschildert wurde — Rubin im Jahre 1970 sein Konzert für Kontrabaß und Orchester schuf.
Formal durchaus dem Aufbau der Symphonien ähnlich, besticht das Werk wie diese durch unkonventionelle Rhythmik, Melodienreichtum und außerordentlich konzentrierte Organisation des thematischen Materials. Zusätzliche Erwähnung verdient hier jedoch in erhöhtem Maße die kunstvolle Instrumentation, die das trotz Höherstimmens um einen Ganzton etwas tonschwache Soloinstrument deutlich aus dem Orchesterverband hervortreten läßt. Durch die dementsprechende kammermusikähnliche Faktur und durch das Vermeiden allzu großer Tonballungen in der Lage des Kontrabasses erfährt schließlich auch die allgemeine Plastizität des Satzes eine hohe Steigerung.
Im 1. Satz (Allegro capriccioso), der in freier Sonatenhauptsatzform gehalten ist, entwickelt nach einigen Terzen-Staccati der Holzbläser der Kontrabaß zunächst bruchstückweise das Hauptthema, das sich schließlich in der Art eines Schubertschen Liedbogens als eine breite, sangbare Melodie entfaltet (Notenbeispiel 19).

Notenbeispiel 19

Ebenfalls noch zum Hauptthemenkomplex zählen eine graziöse, zwischen Walzer- und 4/4-Takt wechselnde Episode und ein Marcato-Gedanke des Solisten, der vom vollen Orchester kantabel weitergeführt wird. Es folgt das wieder bogenförmig-liedmäßige Seitenthema, dessen akzentuierende Begleitung es in die Nähe des bisherigen Materials weist, und ein kurzes Walzer-Scherzo. Ein Zitat des Hauptthemas leitet zur Durchführung, die von einer Kadenz des Solisten eröffnet und in der nicht nur das vorliegende Melodiegut verarbeitet, sondern auch die Atmosphäre durch Einblendung neuer Gedanken erhalten wird. Und auch in die Reprise fügt der Komponist immer wieder neue Episoden ein. Nach dem polyphon-imitatorisch geführten Hauptsatz, dem variierten Seitengedanken, der Terzen-Einleitung und dem Walzer-Scherzo folgt eine Coda, in der Haupt- und Seitensatz einander durchdringen, und schließlich eine Kadenz, die zu einem überraschenden Pizzicato-Schluß führt. Den Charakter eines „Nachtstückes“ besitzt der 2. Satz (Molto tranquillo ed espressivo), der in erweiterter dreiteiliger Liedform steht. Der Kontrabaß eröffnet das Geschehen solistisch mit einem „Lied von ferne“, in welches dann die gedämpften Streicher einfallen. Das groteske Element wird von einem tänzelnden Staccato-Motiv vertreten, nach welchem ein weiterer Gedanke mit punktiertem Kopfrhythmus das Material des ersten Teiles markant komplettiert. Dem beschleunigten Mittelteil, der mit neuer Thematik zu starkem, expressivem Gesang gesteigert wird, folgt wieder das Kontrabaß-Solo des Beginns, nun allerdings in stark verkürzter Form. Mit einer Andeutung des grotesken Staccato-Motivs im Fagott endet der Satz.

Gleichsam Scherzo und Finale in einem ist der 3. Satz (Vivace con spirito), eine äußerst kunstvolle Kombination zwischen Rondo und Sonatenhauptsatz. Zunächst erklingt das Rondo- bzw. Hauptthema, dem sich nach kurzer Umspielung das Seitenthema anschließt, welches gleichzeitig das erste Zwischenspiel des Rondos darstellt. An den zweiten Takt des Ritornells anknüpfend, bildet der Kontrabaß einen dritten Gedanken, der in einer seiner Abwandlungen, vom Solisten pizzicato gespielt, den Klang einer Gitarre suggeriert. Wiederholt variiert werden auch Haupt- und Seitenthema. In der Kadenz intoniert das Soloinstrument dann noch ein neues Thema in der Art eines Chansons, nach welchem eine kurze Coda den äußerst abwechslungsreichen und konzertanten Satz beendet.

Konzert für Trompete und Orchester

Kaum war das Kontrabaßkonzert vollendet, schritt Marcel Rubin, der seine ursprüngliche Liebe zum Wesen des Konzertanten wieder entdeckt hatte, an die Ausführung eines neuen Werkes dieser Gattung. 1971/72 entstand ein weiteres Konzert, diesmal allerdings für ein besonders klangstarkes Instrument, die Trompete. Diese Wahl erlaubte dem Komponisten wieder großbogige Steigerungen von kraftvoller Vitalität, verführte ihn andererseits aber auch nicht, die latente Durchsichtigkeit seines Stiles aufzugeben: Immer bleibt eine gewisse Kammermusikalität der Faktur erhalten, und auch klangliche Wucht wird niemals zu rein äußerlichem Effekt.

Die Subtilität der künstlerischen Überlegungen Rubins zeigt sich sofort im 1. Satz (Molto sostenuto), der die Trompete nicht brillant oder gar lärmend vorstellt, sondern ihr vielmehr breite Melodien von lyrischer Verhaltenheit anvertraut. In dreiteiliger Liedform zieht ein inniger Gesang an uns vorüber, der von einer Solovioline initiiert, von der Trompete kongenial weitergeführt und erst dann zu gemeinschaftlichem Musizieren ausgebaut wird. Motivisch mit dem ersten Teil verwandt ist der rhythmisch feinziselierte Mittelabschnitt, nach welchem eine Reprise des Beginns und als Coda ein kontrapunktisches Gegeneinander beider Elemente den Satz beenden.

Nun erst folgt ein schnelles Stück, das die Virtuosität und Klangstärke der

Trompete ausnützt. Formal stellt dieser 2. Satz (Allegro con brio) einen brückenförmig gebauten Sonatenhauptsatz dar, dessen wichtigstes Gestaltungselement die verschiedenen rhythmischen Strukturen der einzelnen Teile sind. Während der 5/4-Takt-Hauptthemenkomplex häufig zwischen den inneren Teilungen 3+2 und 2+3 wechselt, weist der Seitengedanke drei verschiedene Taktarten (5/4, 2/2 und 3/4) auf. Hier besitzt die 2/2-Rhythmisierung gleichsam „Accelerando"-Funktion, wodurch sich ausdrucksvolle Gestaltungsmöglichkeiten ergeben. Drei markante Themen bilden den Hauptsatz, das Seitenthema ist eine sangliche Melodie des Solisten (Notenbeispiel 20).

Notenbeispiel 20

Nach der äußerst polyphonen Durchführung führt die Reprise rückläufig zum Beginn zurück, initiiert noch eine Seitenthema-Coda und beendet den Satz mit den Fanfaren der Einleitung.

Intermezzo-Charakter besitzt der 3. Satz (Andantino), den eine kantable Linie der sordinierten Trompete eröffnet, unter welcher Achtelnoten des Fagotts und später der Violoncelli den Rhythmus markieren. Der tänzerische Mittelteil ist dann von klanglicher Raffinesse und konzertanter Polyphonie, eine Walzer-Episode, die im Finale als Episode noch einmal wiederkehren wird, leitet zur Reprise des Beginnes über. Nach dieser verbindet eine neuerliche Aufnahme des Walzertempos beide Abschnitte zu gemeinsamer Coda. Die Gesamtstimmung dieses Satzes stellt übrigens eine Erinnerung an die Pariser Lehrjahre dar und ist dementsprechend von nostalgischer „Dancing"-Atmosphäre geprägt.

Als fulminantes und virtuoses Rondo beschließt der 4. Satz (Presto) das Werk. Zunächst erklingt das brillante Hauptthema in der Trompete, dann übernehmen es andere Instrumente und leiten zu einer weitgefaßten Episode mit mehreren Gedanken, deren dritter an ein Thema aus dem 1. Satz erinnert. Das immer wieder auftauchende Ritornell erfährt starke rhythmische Variationen, die insbesondere von der Walzer-Episode aus dem 3. Satz charakterlich geprägt werden, aber auch andere Erscheinungsbilder annehmen. Aus Hauptthemenmaterial bildet Rubin die virtuose Kadenz des Solisten, nach der eine breite Coda das Werk mit letzter polyphoner Verarbeitung beschließt.

c) Sonstige Orchesterwerke

Ballade für Orchester

Als erste Komposition Rubins nach seiner Rückkehr in die Heimat entstand 1948 unter dem Eindruck des zerstörten Wien die „Österreichische Ouverture".

Da das Werk nicht im herkömmlichen Sinn „österreichisch“ ist und sein Titel daher einer Erklärung bedurfte, nannte Rubin es später „Ballade für Orchester“. Das in seiner Grundstimmung äußerst ernste, ja tragische Stück besitzt wohl einen positiven Ausklang, spiegelt aber dennoch in erster Linie die ausweglos scheinende Lage der Menschen in der Nachkriegszeit wider. Dreiteilig angelegt, setzt das Werk zwischen die „gemessen und feierlich“ erklingenden Eckabschnitte einen schnellen Mittelteil von marschartigem Charakter.

Ein triolenbegleitetes, weitgeschwungenes Thema eröffnet das Geschehen in a-moll, als zweiter Gedanke ertönt eine liedartige A-dur-Melodie in dichter kontrapunktischer Verarbeitung mit ihrer Verkleinerung in einer Mittelstimme und einer kanonartigen Imitation im Baß. In weit schnellerem Zeitmaß beginnt der Mittelteil mit einem Marsch der Blechbläser, der vom 4/2-Takt über einen 3/2- und 5/4- bis zum 4/4-Takt auch in der Bewegung gesteigert und von expressiven Episoden aufgelockert wird, während Reminiszenzen an den ersten Teil die Rundung der Form anzeigen. Bitonal erscheint noch einmal das markante Marschmotiv, dann schließt die in der Instrumentation veränderte Reprise des Beginns das leicht verständliche und in seiner Klangsprache bewußt traditionelle Werk.

„Musik zu einer Nestroy-Posse“

Die zahlreichen Bühnenmusiken Rubins sind leider nicht in den offiziellen Werkkatalog des Komponisten aufgenommen worden. Lediglich drei Beispiele geben uns einen Einblick in die Kunst Rubins, treffend charakterisierende Begleitmusiken mit handwerklicher Meisterschaft zu gestalten. Das erste Werk dieser Art ist die „Musik zu einer Nestroy-Posse“ (1958), die drei Sätze aus der Bühnenmusik zu „Das Mädl aus der Vorstadt“ zusammenfaßt und zu zyklischer Einheit bringt.

Der 1. Satz war die „Ouverture“ zu der Komödie. Das „Presto“-Thema erklingt gleich zu Beginn und durchläuft die verschiedensten Klangblöcke, dann erscheinen Walzergedanken und führen das Geschehen fort. Nahezu reprisenmäßig wird der Ablauf wiederholt, bis eine breite Coda und ein letztes Hauptthemenzitat den Satz abschließen.

Nun folgt eine „Romanze“ (Andantino), die als Terzett der Wäschermädel ein echtes Gesangsstück darstellte. Vier lyrische Einleitungstakte sind dem Terzett, einem in munteren Staccati dahineilenden Gedanken, vorangestellt, dann schließt sich sogleich die Reprise wie als zweite Strophe an.

An dritter Stelle stehen „Walzer und Polka“, die formal einem Symphonie-Tanzsatz entsprechen. Zunächst erklingt der Walzer (Allegro moderato), in welchem meist Violinen und Hörner führen, gleichsam als Trio fungiert die zauberhafte Polka (Allegretto), dann rundet das Da capo des Walzers das Geschehen ab.

Rondo-Burleske für Orchester

Der Bühnenmusik zu Nestroys „Häuptling Abendwind“ entnommen ist die 19[illegible]0 entstandene „Rondo-Burleske“, die eine Unzahl grotesker Gedanken in streng symphonischer Rondoform bringt. Gleich zu Beginn erklingt das großintervallige Ritornell, dessen Sprünge sofort in die Lustspielszenerie einführen. Bald in munterem Staccato, bald wuchtig akzentuiert erfährt der Gedanke charakteristische Abwandlungen, die alle weiteren Zitate durchziehen. Komik atmen auch die meisten Episoden. Häufig von burlesken Sprüngen erfüllt, die durch die kammermusikalische Transparenz des Satzes besonders prägnant erscheinen, bilden sie reizvolle thematische Kontraste zur Ritornell-Thematik, ohne wirklich anderen Charakter zu besitzen. Wichtiges Gestaltungselement des Werkes wird der häufige Wechsel zwischen $^{2}/_{2}$- und $^{3}/_{4}$-Takt, wodurch sich Akzentverschiebungen von possenhafter Wirkung ergeben, die im Verein mit klangblockartigem Gegeneinander der Instrumentengruppen das Geschehen überaus abwechslungsreich gestalten. Typisch für die burleske Grundhaltung ist auch der Schluß des Werkes: Einem letzten Zitat des Hauptthemas folgen dahinhuschende, schemenhafte Passagen, eine leise Andeutung des Ritornell-Themenkopfes und nahezu spukartig zwei pizzicato vorgetragene F-dur-Akkorde der Streicher, die noch einmal die Unbeschwertheit der Handlung symbolisieren.

„Drei Komödianten"

Ebenfalls aus früheren Gelegenheitskompositionen zusammengestellt wurde das Orchesterwerk „Drei Komödianten", das drei charakterisierende Zeichnungen von Theater-Typen zusammenfaßt und zu zyklischer Einheit bringt. Gleichsam „Unterhaltungsmusik" darstellend, ist die Komposition dennoch von durchaus ernster Art und nimmt so die Gattungen frühklassischer Programm-Genrestücke wieder auf. Der erste Satz, „Der Launische" (Vivace), stellt markante $^{2}/_{2}$-Teile neben groteske Walzerabschnitte, deren häufige Glissandi die Komik verstärken und nahezu Heurigenseligkeit parodieren. Formal ist das Stück einem freien Sonatenhauptsatz nachempfunden. Im 2. Satz, „Die Sentimentale" (Molto tranquillo), übernahm Rubin eine Melodie, die er während seiner Emigrationszeit in Mexiko für einen Film geschrieben hatte. Der bewußt sentimental erklingende Gedanke imitiert die übliche kitschige Begleitmusik zu Liebesszenen, parodiert sie aber in der Folge durch kunstvolle Durchführungen und eine bitonal geführte Gegenstimme der Geige. Fulminantes Finale ist schließlich „Der Stürmische" (Allegro con brio), in welchem Satz eine Reihe von illustrativen Themen in bunter Reihenfolge aneinandergestellt ist, die dennoch durch Andeutungen von Reprise und Coda formal geordnet erscheint.

Sonatine für Orchester

Die Sonatine für Orchester ist eine Orchesterbearbeitung der in Paris entstandenen 2. Klaviersonate des Meisters, die Rubin vornahm, um das zündende Werk einem größeren Publikum vorstellen zu können, aber auch, um den Farbenreichtum der Einfälle durch instrumentatorische Kunstgriffe noch plastischer herauszuarbeiten. Lediglich in der Coda des Finales erfuhr die Komposition eine auf das Orchester zurechtgeschnittene Ausweitung. Die Umbenennung in

„Sonatine“ ist dadurch zu erklären, daß der Apparat eines großen Orchesters höhere Ansprüche an die Weite der Form stellt, und der Titel „Sonate“ somit zu großes Gewicht für die tatsächliche Struktur besessen hätte. Im Falle der ursprünglichen Klavierfassung ist der Titel „Sonate“ jedoch genau zutreffend.
Ein Sonatenhauptsatz mit durch ein Fugato erweiterter Exposition bildet den 1. Satz (Molto vivace). Das gleich zu Beginn erklingende Hauptthema (Notenbeispiel 21) erfährt sofort diese polyphone Verarbeitung, und auch der

Notenbeispiel 21

„Scherzando“-Seitengedanke ist in seiner kammermusikalischen Faktur äußerst polyphon. Die Durchführung verarbeitet ausschließlich das Hauptthema mit kontrapunktischen Mitteln, als Episoden werden neue Motive eingeführt, die den Hörnern, der Soloviolime und einem Streicherchor anvertraut sind. Brükkenförmig führt die Reprise das Geschehen zurück, so daß der Hauptsatz als gesteigerter Schluß fungiert.
Liedform mit ständig neuen Episoden besitzt der 2. Satz (Andante con moto), der das Orchester äußerst kammermusikalisch einsetzt und auf großblockige Tutti-Wirkungen völlig verzichtet. Wichtigstes Stilprinzip ist hier einmal mehr die Führung der Stimmen, die streng linear durchgeführt ist und jeglicher „Füllklänge“ entbehrt. Das sich immer erneuernde Geschehen wird schließlich in den letzten Takten doch noch durch eine „Quasi-Reprise“ abrundend geschlossen.
Intermezzoartig fügt sich ein kurzer Walzer als 3. Satz (Allegretto comodo) ein. Die Solobratsche führt zunächst das Geschehen an, dann vermittelt uns die Oboe ein Bild aus dem Paris der Zwanzigerjahre. Ein dritter Gedanke der Violinen komplettiert das thematische Material. Eine Reprise des Beginns durch die Klarinette wirkt als Keimzelle für einen überraschenden Schluß in D-dur, dessen Dominantwirkung zum G-dur-Finale für zyklische Stringenz sorgt.
Jazzoid eröffnet das Ritornell des 4. Satzes (Allegro con brio) die Rondo-Szene, zahlreiche Reperkussionen im Themenaufbau rufen im Verein mit Synkopenbildungen überschäumende Vitalität hervor. Die motorisch schreitende Baßbewegung verleiht dem Satz zusätzliche Kraft, die auch die meisten Episoden durchzieht. Dem Ritornell ähnlich sind die Gedanken des ersten Zwischenspiels, die rhythmisch-motorische Fulminanz bleibt stets gewahrt, ruft dann wieder das Hauptthema hervor, das seinerseits in eine Episode des Streicherchors übergeht. Diese erscheint zwar zunächst kantabel, im weiteren Verlauf führt aber auch sie zu geballter Wucht des Orchesters und zu einem neuen, rhythmisch präzisen Seitengedanken. Zwei Ritornell-Zitate schließen nun

eine expressive Geigenmelodie ein, die überraschend noch einmal wiederkehrt und das Ende des Werkes herbeiführt. Erwähnung muß noch ein Kunstgriff Rubins im letzten Hauptthemenzitat finden, wo eine alles übertönende Horn-Mittelstimme in anderer Tonart für zusätzliche Steigerung sorgt, ein Einfall, den der Komponist noch während der Drucklegung der Sonatine dem Werk beifügte.

Sinfonietta für Streichorchester

In der stilistischen Nachfolge der 5. Symphonie steht die ein Jahr später konzipierte Sinfonietta für Streichorchester. Wie dort wird hier die rhythmische Variation der Gedanken zum Hauptgestaltungselement, nur mit dem Unterschied, daß die Sinfonietta mit ihrem einheitlichen Klangkörper dies unauffälliger durchführt. Durch die Gegenüberstellung von Solisten in verschiedenen Kombinationen mit dem Tutti erreicht Rubin aber auch hier äußerst kontrastreiche Klanglichkeit, mit der er die Struktur bereichert und plastisch herausarbeitet.
In Sonatenhauptsatzform steht der 1. Satz (Allegro), dessen Hauptthema im zweiten Takt trotz $^5/_4$-Rhythmus ein walzerartiges Element einschließt (Notenbeispiel 22).

Notenbeispiel 22

Das nach einigen Episoden folgende Seitenthema ist den Violen anvertraut, führt aber trotz expressiver Linie dieselben Taktwechsel wie der Hauptgedanke durch. Unmittelbar schließt eine variierte Wiederholung der Exposition an, die als „Quasi-Durchführung" die Gesamtstruktur außerordentlich bereichert. Rezitativisch eröffnen die Violoncelli dann die „echte" Durchführung, die von Motivabspaltungen und rhythmischen Verarbeitungen erfüllt ist, dann eine Charaktervariation beider Themen zu einem selbständigen Mittelteil ausweitet. Mit geballtem Tutti-Einsatz beginnt die variativ und konzertant erweiterte Reprise, nach der ein unisono eröffnetes Themenzitat den Satz codaartig abschließt.
Einer der schönsten Einfälle des Komponisten ist der 2. Satz (Andante), der eine Reihe zauberhafter Gedanken zu einem brückenförmigen Sonatenhauptsatz verbindet. Weitausschwingend atmet der Hauptsatz lyrische Ruhe, dann leitet ein expressives Kontrabaßrezitativ zur nicht minder kantablen Seitensatzgruppe über, welche die Violoncelli in liedhaftem Gesang sieht. Ruhige Stimmung besitzt auch die nie dramatisch gesteigerte Durchführung, dann rundet eine variierte Reprise von Seiten- und Hauptsatz die Form rückführend ab und schließt den Satz mit einem kapriziösen Solo der Geige.

Scherzo und Trio bilden in klassischer Dreiteiligkeit den 3. Satz (Allegretto). Das lebhafte Scherzo besticht durch die Gegenüberstellung von tänzerischem 3/4-Takt und sanglicherer 4/4-Bewegung, die aber ihrerseits durch hüpfende Staccati der Begleitung den Charakter eines unbeschwerten Reigens bewahrt. Das Trio stellt einen Walzer mit weiter Melodik und typischen Unterstimmenakzenten dar, ist ebenfalls dreiteilig angelegt, wird im Mittelteil chromatisch und harmonisch, in der Reprise durch eine Imitation der Melodie ausgeweitet. Die Wiederholung des Scherzos schließt den Tanz.
Als einziger Satz der Sinfonietta verzichtet der 4. Satz (Vivacissimo) auf jeden Taktwechsel, bringt aber durch Verlagerung der Akzente im gleichbleibenden 5/4-Takt Wirkungen von äußerster rhythmischer Vielfalt hervor. Ähnlich wie das Finale der 5. Symphonie ist er formal eine Kombination von Rondo und Sonatenhauptsatzform, wie dort ist auch hier in die Durchführung eine Fuge über einen völlig neuen Gedanken eingeschlossen. Zunächst eröffnet das Hauptthema, von ungleichmäßigen Akzenten der tiefen Streicher unterstützt, den Satz, wird abwechslungsreich weiterentwickelt und führt schließlich in den kantablen Seitensatz, dessen führende Stimme von den Bratschen intoniert wird. Hauptthemenvariationen beenden die Exposition, eröffnen auch die Durchführung, machen hier aber bald einem neuen, breit ausschwingenden Gedanken Platz. Eine Fuge über ein Reperkussionsmotiv fungiert überraschend als Episode, dann strebt die Bewegung der Reprise zu, die das neue Material der Durchführung in ihren Ablauf übernimmt, ein Gestaltungsprinzip, dem wir bei Rubin häufig begegnen. Haupt- und Seitenthema durchdringen zuletzt einander taktweise und führen das Werk so zu einem überraschenden, fulminanten Ende.

Pastorale für Streicher

Ein formal äußerst interessantes Gebilde stellt das 1970 entstandene „Pastorale für Streicher" dar, dessen drei Teile thematisch völlig verschieden gehalten sind, in ihrer Stimmung jedoch einen Bogen in Art eines Da capo schlagen. Der Mittelabschnitt stellt zudem eine kleine, aber völlig korrekt gebaute Sonatenhauptsatzform dar, ein Kunstgriff, der die Virtuosität des Rubinschen Formensinns einmal mehr erkennen läßt.
Im ersten Teil (Adagio) erklingt zunächst ein periodisches Thema in den Bässen, wird von der Solovioline übernommen, um schließlich zu einem zweiten Gedanken zu führen. Einem weiteren Zitat des ersten Themas folgt eine dritte, vom Violoncello vorgetragene Melodie, dann rundet eine Quasi-Reprise den Abschnitt ab. Tänzerischen Charakter besitzt das Hauptthema des Sonatensatz-Mittelteiles, der kantable Seitensatz ist der Bratsche anvertraut. Die folgende Durchführung sieht äußerst kontrastreiche Variationen vor, Reprise und Coda lassen den Abschnitt verklingend enden. Aus Rubins Goethe-Vertonung „Lied auf dem See" stammt der Hauptgedanke des dritten Teiles, den die Violinen intonieren. Auch hier rundet sich eine dreiteilige Form, als Reminiszenzen erscheinen kurze Anklänge an die vorhergehenden Abschnitte, dann beendet der Lied-Gedanke das Werk in verklingendem Piano.

Suite aus der Oper „Kleider machen Leute“

Um die eindrucksvollsten Szenen seiner Oper „Kleider machen Leute“ auch dem Konzertpublikum bekannt machen zu können, stellte Marcel Rubin eine Suite zusammen, die — unter instrumentalem Einschluß der Gesangspartien — sechs Teile des Bühnenwerkes zu einem Orchesterzyklus verbindet. Der 1. Satz, „Die Ankunft der Karosse“, hat den Beginn des 1. Aktes mit dem Chor der Bediensteten und Bürger zum Inhalt, der 2. Teil, „Die Geschenke“, besteht aus dem Bedientenchor des 2. Aktes. Lyrischer Mittelpunkt ist der 3. Satz, „Lied vom fernen Land“, eine Übertragung des Liebesduettes aus dem 2. Akt. Das Finale des 2. Aktes finden wir im 4. Satz, „Chor vom Souper“, wieder, dann fungiert das Vorspiel zum 4. Akt als kapriziöses „Intermezzo“. Als Zusammenfassung des streitbaren Doppelchores und des Chores von der Absage des Trojanischen Krieges findet der 6. Satz, „Kriegserklärung und Friedensschluß“, zu gesteigerter und effektvoller Finalwirkung.

C. *KAMMERMUSIK*

a) Solistische Werke

1. Klaviersonate

Ein konziser Wurf jugendlichen „Sturm und Dranges“ ist Marcel Rubins 1. Klaviersonate, die im November 1925 als erstes der heute noch gültigen Werke des Komponisten entstand. Die Ende 1974 vorgenommene Umarbeitung ließ den formalen Ablauf vollkommen bestehen und linderte nur einige krasse klangliche Härten. Der vollgriffige, bisweilen wild-virtuose Satz namentlich der Eckteile zeigt den jungen Rubin als mit den Möglichkeiten des Instrumentes bestens vertraut, Parallelführungen weiter Akkorde erinnern bisweilen an impressionistische Techniken, sind aber durch ihre scharfen, glasklaren Konturen von unvergleichlich höherer Vitalität. Ohne damit eine musikalisch-autonome Charakterzeichnung vornehmen zu wollen, vermeint man über weite Strecken den Einfluß des Fauvismus der französischen Malkunst zu erkennen.

Rhapsodisch-konzertant entwickelt der brillante 1. Satz (Impetuoso), dessen Hauptthema (Notenbeispiel 23) Rubin bereits aus Wien mitgebracht hatte,

 Notenbeispiel 23

zahlreiche Gedanken in freier Abfolge und deutet nur ganz zum Schluß eine Art Reprise an. Das lyrische „Molto tranquillo" des 2. Satzes ist meist real zweistimmig geführt und reiht zwei Teile liedförmig aneinander, unterscheidet sie aber durch verschiedene Seitengedanken: Während im ersten Teil eine kontrastierende Baßmelodie mit Terzfigurationen umspielt und dann in der Oberstimme weitergeführt wird, übernimmt das zweite, verhaltene Thema der Reprise die Stimmung des Hauptgedankens und schließt den Satz rezitativisch ab. Äußerst brillant ist dann das Finale (Allegro vivace), dessen Hauptthema gleich eingangs der linken Hand anvertraut ist. Zum bestimmenden Gedanken wird allerdings eine hierin enthaltene, abspringende reine Quart, die gleichsam ostinatohaft das weitere Geschehen durchzieht, die durchführungshaften Vorbereitungen des übrigen Materials, die Reprisenandeutung und die kurze gesteigerte Coda mit innerer Dramatik erfüllt und sogar, zwei Paukenschlägen vergleichbar, den Abschluß des Werkes bildet.

2. Klaviersonate

Zwei Jahre nach seiner ersten Klaviersonate schuf Rubin das nächste Werk dieser Gattung. Deutlich läßt sich hier die führende Hand Darius Milhauds erkennen, die Melodielinien sind ausgeprägter, die Linearität der Stimmführung strenger durchgehalten. Der nach wie vor brillante und bisweilen vollgriffig gesteigerte Klaviersatz scheint abgeschliffener und entbehrt der harten Wildheit der 1. Sonate, ohne aber die Ursprünglichkeit der Einfälle vermissen zu lassen. Auch auf formalem Gebiet zeigt sich die Weiterentwicklung des Meisters. Von einer Analyse kann hier Abstand genommen werden, da die bereits besprochene Sonatine für Orchester eine genaue Übertragung dieser Sonate auf den Apparat des Orchesters darstellt und nur einige wenige, nicht ins Gewicht fallende Stimmführungsänderungen mit sich brachte.

3. Klaviersonate

Die 3. Klaviersonate entstand 1928 und ist ihrer Vorgängerin stilistisch ähnlich. Auch hier fällt die lineare Stimmführung auf, der Formensinn des Komponisten ist weiter gesteigert und führt zu äußerst kunstvollen, hochstilisierten Gebilden. Der äußere Aufbau der Strukturen besitzt starke Gemeinsamkeiten mit der 1. Symphonie, die knapp vorher entstanden war. Die Vollgriffigkeit des Satzes macht oft einer genau abgestuften Stimmigkeit Platz, die dann wieder zu akkordlicher Brillanz findet, in ihrer polyphonen Haltung doch um nichts weniger virtuos ist als die Klangeffekte reiner Akkordik.
Das Hauptthema des eröffnenden Sonatenhauptsatzes (Presto) stellt eine gleichsam unendliche Melodie von Schubertscher Liedhaftigkeit dar, die Variierung der zahlreichen Synkopen erinnert deutlich an das Finale der 1. Symphonie. In der Überleitung verselbständigen sich diese Rhythmen, dann hebt die Scherzo-Episode des Seitensatzes an, dessen zweiter Teil vom Hauptthema kontrapunktiert wird. Die polyphone Durchführung nimmt zunächst das Sei-

tenthema auf, dann führen die immer mehr gesteigerten Synkopen den Hauptsatz zu dramatischer Entladung. Brückenförmig führt die durchführungshaft erweiterte Reprise das Geschehen zurück, bis nach dem durch kanonische Führung gesteigerten Hauptsatz eine Reminiszenz an das Seitenthema den Schlußakkord initiiert.

Eine Passacaglia über ein achttaktiges Thema (Notenbeispiel 24) bildet den

Notenbeispiel 24

2. Satz (Lento), dessen Oberstimmengeschehen in zweiteiliger Liedform gebündelt ist. Der Aufbau der Exposition geht zunächst terrassenartig vor sich, aus zweistimmigem Beginn resultiert schließlich ein vierstimmiger Satz, dann bringt die Rückkehr zur Zweistimmigkeit den Seitengedanken. Die Reprise erneuert das Geschehen noch einmal, erweitert es nach dem Hauptthema durch eine Choralmelodie und gegen Ende mit freier Coda, die erstmalig des Passacaglia-Motives entbehrt.

Von ausgelassener, gelöster Musizierfreudigkeit erfüllt ist das Finale, das aus Exposition und Reprise besteht, also eine unvollständige Sonatenhauptsatzform bildet. Primäres Gestaltungselement ist hier die rhythmische Variation: Während das Hauptthema tänzerischen 3/4-Takt besitzt, besticht der periodisch gebaute Seitensatz durch zahlreiche Taktwechsel. Das Schlußthema ist ähnlich gebaut, die in den 5/4-Ablauf eingeschobenen 2/2-Takte bringen gleichsam auskomponierte Accelerandi. Ein äußerst kurzer Durchführungsteil ist eigentlich lediglich als Coda zur bisherigen Entwicklung aufzufassen, dann rundet die Reprise das Geschehen zweiteilig ab.

„Tageszeiten"

Vier Klavierstücke für den Schulgebrauch waren es, mit denen Marcel Rubin 1955, nach einer Pause von nahezu dreißig Jahren, sein Kammermusikschaffen wieder aufnahm. Als Charakterstücke in der Art Schumannscher Szenen stellen sie bezaubernde Stimmungsbilder dar, reihen herzhaft-musikantische Einfälle zu Liedformen und geben einen programmatischen Kommentar zu verschiedenen Abschnitten eines Tagesablaufs.

Tänzerische Beschwingtheit atmet das eröffnende „Morgenlied" (Allegro giocoso. Fröhlich), dessen Mittelteil gleichsam einen innigen Dankgesang für den neuen Tag darstellt. Einem Motto von Heinrich Heine nachempfunden ist das Stück „Blumen in der Mittagssonne" (Andantino, quasi Allegretto. Zart): In melodischem Auf und Ab vermeint man bisweilen wirklich das Wogen von

Blumenfeldern zu vernehmen. Der dritte Teil, „Nach vollbrachter Arbeit" (Andante maestoso. Gewichtig), stellt zwischen schwere, die Arbeit symbolisierende Bewegung einen ausgelassenen Tanz (Allegro giocoso. Fröhlich), dann lädt ein zartes „Wiegenlied" (Molto tranquillo. Sehr ruhig) zu nächtlichem Schlummer.

b) Werke für zwei oder mehr Instrumente

Streichquartett

Das erste heute noch gültige Werk Rubins für mehrere Instrumente ist das 192[illegible] in Paris entstandene Streichquartett. Es nötigt uns Bewunderung ab, wie vorsichtig der Meister an immer größere Aufgaben schritt und sich solcherart schließlich für große Partituren vorbereitete. Der einheitliche Klang des Streichquartettes gab dem Komponisten Gelegenheit, sein Hauptaugenmerk auf die Gebiete der Melodik, Durchführung und Form zu richten, wodurch es schließlich zu einem Werk kam, das in seiner Geschlossenheit zu den absoluten Meisterwerken dieser Gattung im 20. Jahrhundert zählt. Die drei Sätze bilden in Aufbau und Stimmung gleichsam Introduktion, Hauptstück und „Kehraus", führen die zyklische Form also mit übergeordneter Stringenz durch und vermitteln dadurch den Eindruck einer dreiteiligen Gesamtform.
Der thematisch durchaus selbständige 1. Satz (Allegro giocoso) ist ein Sonatenhauptsatz in Brückenform, exponiert zunächst das rhythmisch eigenwillige Hauptthema, dann eine dem Hauptsatz zuzurechnende kantable Melodie von Violoncello und Bratsche, unmittelbar darauf das kapriziöse Seitenthema und schließlich den kurzen, aus dem Hauptthema abgeleiteten Schlußsatz. Die Durchführung variiert die Motive kontrastreich, dann führt die Reprise das Geschehen zurück und endet mit einem Pizzicato im Pianissimo.
Der 2. Satz (Lento), das Zentrum des Werkes, beginnt mit einem Solo der ersten Violine (Notenbeispiel 25), das sich durch das allmähliche Hinzutreten

Notenbeispiel 25

der anderen Instrumente zu einem immer dichteren, tonartlich nicht fixierten Klangbild entfaltet, bis das in reinem D-dur vom Violoncello vorgetragene Seitenthema allein dadurch einen frappanten Gegensatz zum Hauptgedanken herstellt. In der Durchführung, die über weite Strecken abermals keine Tonart erkennen läßt, tritt die formale thematische Verarbeitung hinter der „ideellen" Entwicklung der Themen durch die Einführung immer neuer Melodien zurück. Die kurze Reprise führt den Satz überaus konzentriert zu Ende.
Als Kombination zwischen Sonatenhauptsatz und Rondo vertritt das Finale (Vivace) eine bei Rubin äußerst häufige Form. Das in zwei Ebenen — Triolen-

bewegung gegen ein Marcato-Motiv der Unterstimmen — verlaufende Hauptthema ist gleichzeitig Ritornell und wird dementsprechend häufig eingesetzt. Nach langer Fortspinnung erklingt „dolce" der Seitengedanke, die Schlußgruppe kontrastiert durch Pizzicato-Führungen. In gelöster „Kehraus"-Stimmung gelangt schließlich die Reprise, Haupt- und Seitenthema übereinanderstellend, zu brillanter Finalwirkung.

Streichtrio

Ein Jahr nach dem Streichquartett entstanden, vertritt das Streichtrio einen ähnlichen Werktypus. Formal ebenso konzis gebaut, ist es in seiner Tonsprache ungleich diatonischer und entbehrt der drängenden zyklischen Zielrichtung. Dagegen besticht es durch das selbständige Ausschwingen jedes der drei Sätze und durch unbeschwerte Musizierfreude von geradezu klassischem Ebenmaß.
Mit markanten Quartschritten eröffnet das Hauptthema den 1. Satz (Allegro vivace), erfährt reihungsförmige Ausdehnung, bleibt aber stets seinem Beginn verbunden. Bordun-Quinten unterlegt Rubin dem Seitengedanken und verleiht ihm so Tanzbodencharakter. Die Durchführung und die um einen Halbton höher einsetzende Reprise sind mit gewohnter Kunst gestaltet.
Fünfteilig ist der 2. Satz (Adagio), dessen ungerade Episoden in Vierteln „molto tranquillo" dahinströmen, während sich die dazwischen liegenden Teile durch imitatorische Achtelbewegung und schwebende Tonalität abheben (Form: a — b — a' — b' — a).
Aus dem a-Teil des Mittelsatzes entwickelt ist das Hauptthema des Rondo-Finales (Presto), stark kontrastieren der scherzohafte Seitengedanke und mehrere expressive Episoden, zu denen sich auch das vergrößerte, nun kantabel erscheinende Rondothema gesellt. Eine choralartige Coda führt das Geschehen zu breit gesteigertem Abschluß.

Sonatine für Oboe und Klavier

Im selben Jahr wie das Streichtrio entstand ein weiteres Kammermusikwerk, die Sonatine für Oboe und Klavier, deren gelöste, heitere Musizierfreude zum Spiegelbild der unbeschwerten Jugend des Komponisten wird. Die diatonische Tonalität des Stückes entspricht zudem bestens der Spieltechnik und dem Charaktertyp der Oboe, der Klaviersatz paßt sich dieser Sprache weitgehend an. Auf rhythmischem Gebiet organisiert Rubin das Geschehen kunstvoll, seine Technik der rhythmischen Variation erscheint hier bereits in hohem Maße entwickelt und durchpulst den Ablauf des Werkes in steter Erneuerung.
Die Exposition des 1. Satzes (Allegretto) stellt vier kontrastierende Gedanken vor, von denen drei der Oboe anvertraut sind. Durchführung und Reprise erfahren starke, vom Schema abweichende Verschränkungen, ein neues Marcato-Thema bringt zudem erstmals geballte Wucht in das Geschehen, ehe eine variierte Reprise des Schlußgedankens den Bogen schließt.
Die Liedform des 2. Satzes (Adagio) rundet drei motivisch verwandte Teile reprisenhaft ab und fügt weitausschwingende Melodien von epischer Breite reihungshaft aneinander.

Ebenfalls verhalten ist das Finale (Comodo), dessen eröffnender $^3/_4$-Takt in der Klavier-Oberstimme zu walzerähnlicher Bewegung findet, während die gehende Viertongruppe der Begleitung einen Gegenrhythmus exponiert. Der zweite Teil des Hauptthemas ist dann auch eine periodisch gegliederte $^4/_4$-Melodie. Taktwechsel prägen schließlich den Seitengedanken, der von solchem Gewicht ist, daß er die anschließende Reprise des Hauptthemas durchbricht und so für eine durchführungshafte Variante der zweiteiligen Liedform sorgt. Eine Umgestaltung des Seitenthemas bildet auch die Coda und läßt das Werk verklingend enden.

Sonate für Violoncello und Klavier

Im Sommer 1928, den Marcel Rubin in Baden bei Wien verbrachte, entstand ein weiteres Kammermusikwerk: die Sonate für Violoncello und Klavier. Formal äußerst prägnant, fällt sie zudem durch die latente Linearität ihrer Faktur auf, die das Klavier oft in realen Stimmen führt und nur im Finale zu akkordischer Fülle greift.
Streng dreistimmig gehalten sind große Teile des 1. Satzes (Molto vivace), dessen Formablauf durch Verzahnung von Durchführung und Reprise des strengen Schemas enträt. Ein neues Thema wertet zudem die wieder um einen Halbton höher beginnende Reprise thematisch auf, so daß gleichsam Zweiteiligkeit (Exposition + Durchführung — Reprise mit neuem Thema + Durchführung + Coda) entsteht. Die ebenfalls zweiteilige Liedform des 2. Satzes (Grave) exponiert drei ausdrucksvolle kantable Gedanken, deren erste beide in einer Art $^3/_2$-Rhythmus ($^4/_4$ + $^2/_4$) erfunden sind, während der als Seitenthema fungierende dritte im $^3/_4$-Takt steht. Die Schlußgruppe stellt sich als eine Variation des ersten Themas dar. Dem gemächlichen Scherzo (Allegro comodo) in diatonischem C-dur mit terzverwandtem A-dur-Trio folgt schließlich ein fulminantes Finale (Presto): Zwei Teile, die jeweils aus Exposition und Durchführung bestehen — diese fungiert zugleich als Schlußgruppe —, erklingen in unaufhaltsamer Bewegung, die nur durch die Abwechslung von durchlaufenden Vierteln und Vierteltriolen modifiziert wird. Eine choralartige Coda schließt das Werk mit hymnischer Gebärde.

Divertimento für Violine, Violoncello und Klavier

Nach einer Unterbrechung von einigen Jahrzehnten entstand 1966/67, in Rubins Jahren erhöhter Schaffensfreude, das Divertimento für Violine, Violoncello und Klavier. Den Titel wählte der Komponist, da es sich bei den Sätzen dieses Werkes um durchaus freie, rhapsodische Formen voll melodischer Phantasie handelt, in denen das meist zweistimmig geführte Klavier mit den beiden Streichinstrumenten einen überaus unterhaltsamen Dialog führt. Diese Gesprächsform bedingt natürlich, daß das Geschehen einem ununterbrochenen Wandel unterworfen ist, wofür sich Rubins Reihungsfaktur besonders eignen mußte. Zudem gelangte der Komponist solcherart zu überaus ausgewogener Klanglichkeit: Das Klavier erdrückt hier keineswegs die Streichinstrumente, wie es in den meisten herkömmlichen Werken dieser Besetzung

geschieht, sondern ist gleichberechtigter, aber nicht dominierender Partner mit gleichermaßen linearer Stimmigkeit.
Sonatenhauptsatzform mit durch eine neue Episode erweiterter Durchführung besitzt der 1. Satz (Allegretto vivace), der zunächst Klavier und Streicher in stetem Dialog sieht, ehe sich die Klangkörper zum erstenmal vereinen. Das Hauptthema fesselt durch die unvermittelte Gegenüberstellung von Scherzando- und Espressivo-Elementen, denen das graziöse Seitenthema einen weiteren Kontrast hinzufügt. Rhythmisch scharf akzentuiert, bringt die Durchführung Dramatik in das Geschehen, die Coda führt alle drei Instrumente zu trautem Miteinander.
Als Erinnerung an ein kleines französisches Café zu vorgerückter Nachtstunde ist der 2. Satz (Andantino) von der Melancholie eines sprunghaften und immer verhaltenen Musizierens inspiriert (Notenbeispiel 26). Drei Episoden

Notenbeispiel 26

wechseln in freier Abfolge, wobei die dritte, ein bezaubernd unkonventioneller Walzer, zum Zentralstück der Szene wird.
Angedeutete Sonatenhauptsatzform besitzt das Finale (Allegro vivace) die zahlreichen verschiedenen Themen verschleiern diese Struktur aber in hohem Maße. In der Exposition wirkt ein Fugato des Hauptthemas, das nach Einschub neuer Gedanken immer wiederkehrt, zudem wie ein Rondo-Ritornell. (Das dritte Thema des Hauptsatzkomplexes stammt im übrigen aus der „Kleinen Suite für Klavier", einem verworfenen, aus drei Presto-Sätzen bestehenden Jugendwerk. Diese „Kleine Suite" war es, die Rubin im Sommer 1926 Franz Schmidt vorgespielt hatte.) Die Reprise, der ein zusätzlicher neuer Gedanke eingeschoben wird, schließt das Werk, nach einer Verzögerung durch das kapriziöse Seitenthema, endlich mit fulminanter Steigerung ab.

Serenade für fünf Bläser

Die köstliche Karikatur eines Ständchens ist die 1971 entstandene „Serenade für fünf Bläser", mit der sich Marcel Rubin erstmals der reinen Bläserkammermusik annahm. Die Szenerie des Werkes ist etwa folgende: Zunächst wird der Zuhörer durch ein launiges Capriccio in das Geschehen eingeführt, scherzohaft kündet die Burletta die Komik an, dann scheint es in der Canzone mit der Liebeserklärung ernst zu werden. Doch bereits während dieses Stückes wird die Handlung grotesk, die Musiker machen sich selbst über das Ständchen lustig und schließen mit einer übermütigen „Danza finale" ab.
Der unerhört durchsichtige polyphone Satz der Serenade zeigt Rubin auf der Höhe seiner Meisterschaft: Die Selbständigkeit der Stimmen ist immer unhör-

bar, ständiger Wechsel der Artikulation sorgt für zusätzliche Deutlichkeit der Linearität. Taktwechsel und rhythmische Akzente werden in den Dienst des humoristischen Programms gesetzt und beleben dieses mit grotesker Komik und musikalischem Witz. Humoristische Steigerung des Geschehens erzielt der Komponist insbesondere durch Gegenüberstellung von breiter Kantabilität und possenhaften Staccati in der Canzone, einem verhinderten Ständchen bester Lustspielprovenienz.
Im 1. Satz, „Capriccio“ (Andante — Allegretto), lösen ein zögernd einsetzender langsamer und ein tänzerischer schneller Teil einander ständig ab, sind aber durch Themenverwandtschaft inhaltlich verknüpft. Ein Scherzo mit sanglicher Trio-Episode ist die „Burletta“ (Vivace), deren thematisches Material durch rhythmische Mannigfaltigkeit besticht. In der Canzone (Andante sostenuto) wird der innige Gesang des Beginns immer mehr von komischen Einschüben abgelöst, eine Zeitlang wahren die Musiker gleichsam den Anstand, dann beginnt eine unverhohlene Parodie, bis die kurze Reprise noch einmal zum Espressivo des Beginns zurückkehrt. Tänzerischer Rondoausklang ist schließlich die „Danza finale“ (Allegro), ein ausgelassener „Kehraus“ voll rhythmischer, artikulatorischer und dynamischer Späße.

Sonate für Violine und Klavier

Symphonische Ausmaße besitzt das vorläufig letzte Kammermusikwerk Marcel Rubins, die 1974 entstandene Sonate für Violine und Klavier. Vier formal überaus hochstilisierte Sätze dauern insgesamt ungefähr 25 Minuten, wodurch sich die Sonate deutlich von sämtlichen früheren Kompositionen dieser Gattung abhebt. Zahlreiche akkordische Partien verleihen dem Klavier hier zwar bisweilen die Klangfülle größerer Ensembles, dennoch geht niemals das Gleichgewicht zwischen den beiden Instrumenten verloren, dem Rubin immer größte Aufmerksamkeit zuwendet.
Äußerst komplex ist die Form des 1. Satzes (Grave — Allegro ma non troppo), der — wie der 1. Satz der 6. Symphonie — zwei Zeitmaße zu dreiteiliger Bogenform verbindet. Das selbst dreiteilige Grave beginnt rezitativisch, dann exponiert die Violine das markante Hauptthema, dem sich bald ein sanglicher Seitengedanke anschließt, um seinerseits wieder zu ersterem zurückzuführen. Nun beginnt in etwas gelösterer Stimmung das Allegro ma non troppo, dessen unkonventionelle Form zahlreiche Themen exponiert, zwischen denen Durchführungsepisoden für starke Verzahnung sorgen. Das Hauptthema ist dem Klavier anvertraut, das gesangliche Seitenthema zunächst der Violine. Dann wird die Atmosphäre des Grave heraufbeschworen, ehe drei weitere Gedanken im Verein mit Verarbeitungsepisoden das Geschehen weiterführen. Auch in der Reprise erscheint ein neues Motiv, die Wiederholung der Form wird formal und auch durch Rollentausch zwischen den Instrumenten stark verändert. Der den Satz eröffnende Grave-Teil beschließt ihn auch, von Einschüben eines Gedankens aus dem Allegro zweimal durchbrochen.
Scherzo und Trio bilden den 2. Satz (Presto). Das Scherzo exponiert zwei kontrastierende Gedanken, das dahinhuschende Trio erscheint an Bedeutung

überlegen, wozu auch rhythmische und imitatorische Verarbeitungen des Materials beitragen. Nach einer verkürzten Reprise beendet eine Coda das Geschehen mit überraschender Lyrik.
Durchführungshaft erweiterte Rondoform besitzt der nächste Satz (Adagio), dessen vier Gedanken achtteilig gebündelt sind (a — b — b' — c — a — d — c — a). Das 23taktige Hauptthema eröffnet den Gesang (Notenbeispiel 27),

Notenbeispiel 27

wird dreiteilig abgerundet und führt zum grotesken zweiten Teil, der an das Adagio aus der Serenade für fünf Bläser erinnert. Dessen Variation folgen als dritter, wieder kantabler Einfall das Seitenthema und, auf eine komprimierte Wiederaufnahme des Hauptgedankens, ein breit ausgesungenes viertes Thema, das erstmalig dramatische Steigerung initiiert. In Brückenform führt die Reprise nun zum Ausgangspunkt des Satzes zurück.
Von überaus komplexer Struktur ist auch das Finale (Vivace). Nach dem zweiteiligen Hauptthema und dessen Variation erklingen der zunächst vom Klavier exponierte dramatische Seitengedanke und die dem Hauptsatz verwandte Schlußgruppe, die gleichsam eine erste Durchführung „in Form der Erfindung eines neuen Themas" darstellt. Überleitung und das hier Ritornellfunktion besitzende erste Thema schließen sich an, in der zweiten der folgenden Episoden wird ein neuer Gedanke entwickelt, der zum erstenmal im Finale echte Gesanglichkeit verströmt. Seitenthemenanklänge tauchen auf, verdichten sich zum Thema selbst, dann atmet eine Wiederholung der lyrischen Episode neuerdings Verhaltenheit. In polyphoner Imitation erklingt nun das Ritornell, die erste Episode unterbricht, stellt einen neuen Gedanken vor, führt aber letztlich in breiter Steigerung zum Seitensatz. Ein kurzes Zitat des Hauptthemas beendet das Werk.

D. VOKALWERKE

a) Oratorium „Die Albigenser"

Neben seiner Oper „Kleider machen Leute" ist das Oratorium „Die Albigenser" das zweite große Werk Marcel Rubins für gemischt vokal-instrumentale Besetzung. In den Jahren 1957 bis 1961 entstanden, steht es am Beginn einer überaus fruchtbaren Schaffensperiode und leitet deren Meisterwerke ein. Den

Text entnahm Rubin Nikolaus Lenaus 1842 erschienenem Versepos „Die Albigenser", das Papst Innozenz' III. Kampf gegen verschiedene, unter dem Namen „Albigenser" zusammengefaßte Sekten Frankreichs zum Inhalt hat, noch mehr aber eine allgemeine Anklage gegen Intoleranz und Knechtung des Geistes darstellt. Lenau selbst erklärte seine Absichten in einem Brief folgendermaßen: „Die Albigenser — contra pontificem (gegen den Papst, d. Verf.), wie sich versteht. Der Held des Gedichts ist der Zweifel, der von Innocenz blutig gejagte und in Ketten geschlagene, den aber eben das Klirren der Ketten und deren harter Druck nicht einschlafen ließ."
Aus 8 der insgesamt 32 Gesänge des Epos wählte Marcel Rubin die ihm wichtigsten Passagen solcherart, daß die Charakterzeichnung des Papstes und das Schicksal der in der Schlacht Besiegten einerseits, der Feuergeist der Sektierer und die Problematik jeglicher Revolution andererseits den Inhalt bilden. Nahezu symmetrisch angeordnet, zeigen die acht Teile folgende Gesamtstruktur:

1. Einführung in die Szenerie („Nachtgesang")
   2. Zeichnung des Papstes („Der Traum")
      3. Handlung äußerer Natur: Schlacht („Der Rosenkranz")
         4. Szene nach der Schlacht; Grabesstimmung („Ein Schlachtfeld")
         5. Pastoral-Stück mit versöhnlicher Stimmung („Des Wandrers Gruß")
      6. Handlung innerer Natur: Das neue Ideal („Das Gelage")
   7. Der von Zweifeln gequälte und dennoch auf seinem Herrschaftsanspruch bestehende Papst („Das Gesicht")
8. Fazit und Ausblick in die Zukunft („Schlußgesang")

Seinen eigenen Intentionen gemäß, die ein besonders deutliches Herausarbeiten des Ethisch-Menschlichen vorsahen, änderte der Komponist einzelne Worte und Sätze, hielt sich im übrigen aber streng an die literarische Vorlage. Alt-, Tenor- und Baß-Solo, Sprecher und Chor werden wechselweise eingesetzt, wobei die Solisten mehr das lyrische und epische Moment vertreten, während der Chor meist als Träger dramatischen Geschehens fungiert. An Stellen von ausgeprägtem Naturalismus zieht der Komponist den Sprecher und fallweise einen Sprechchor heran, wodurch sich Wirkungen äußerster Suggestivität ergeben. Die illustrative Kraft des Orchesters schließlich sorgt für zusätzliche Verdeutlichung und Interpretation des Textes.
Der 1. Teil des Oratoriums führt in das Geschehen ein, die Diskrepanz zwischen idealer und wirklicher Welt wird mit der Natur verglichen, die hinter lieblichem Äußeren ebenfalls Leid und Gewalt kennt. Um zu innerer und äußerer Freiheit zu gelangen, sei es notwendig, sich diese notfalls mit Waffengewalt zu erkämpfen; mit dieser Ansicht wird das zukünftige Geschehen erklärt und teilweise sanktioniert. Als schauriger Nachtgesang erscheint die Musik, Baß- und Alt-Solo zeichnen das Bild wüster Wildnis. Das Motiv „Liebe herzhaft" erhält, vom Tenor eingeführt, grundlegende Bedeutung für den

Satz. Und das Thema „Taten braucht die Welt" wird sich später als Hauptmelodie des Oratoriums, als „Albigenser"-Motiv, entpuppen (Notenbeispiel 28).

Notenbeispiel 28

Schroffer Gegensatz zu dem heroisch-pathetischen Schluß des 1. Teiles ist der Beginn der nächsten Nummer, dessen schrille Klänge ein plastisches Bild des unmenschlichen Papstes zeichnen. Große-Sept-Sprünge und scharfe Synkopen sind die wichtigsten musikalischen Mittel; der von seiner Sendung, die Ketzer „aus der Welt" zu tilgen, überzeugte Innozenz spricht seine Worte mit naturalistischer Diktion. Der einsetzende Chor gibt durch eine Variation des „Albigenser"-Kopfmotivs eine zusätzliche Erklärung der in schaurigem Pianissimo verklingenden Szene.
Als Zentralstück des Werkes hat der nächste Teil die Schlacht des katholischen Heeres gegen die Albigenser, seinen Sieg und fürchterliche Rache zum Inhalt: Der Feldherr Simon läßt hundert Überlebende blenden und an ihren Führer binden, der „geschont wird an einem Auge". Der Zug der aneinandergeknüpften Albigenser wird als lebender Rosenkranz bezeichnet, woher das Stück seinen Titel bezieht. Gleich zu Beginn erklingt das markante „Kampf"-Thema im Tenor-Solo, der Chor übernimmt es, dann exponieren die Solisten weitere Gedanken, bis eine verhaltene Episode einen Blick auf die untergehende Sonne gewährt (Notenbeispiel 29).

Notenbeispiel 29

Nun hebt das grandiose Schlachtengemälde mit realistischen Farben an, Themenvariationen sorgen auch hier für erklärende Andeutungen. Die Szene der Blendung und der Zug der Hundert wird von Rubin zu breitem Klagegesang ausgestaltet, dessen ergreifender Schluß vom Thema der untergehenden Sonne geprägt ist.
Der 4. Teil stellt eine Meditation über die Sinnlosigkeit des Krieges und über das von ihm über die Menschen gebrachte Leid dar. Das chromatisch beginnende Thema der Szene ist aus einem Motiv der „untergehenden Sonne" entwickelt, Anklänge an frühere Stücke stellen zahlreiche Bezüge her: So erscheinen das „Liebe herzhaft" aus dem 1. Teil und, wie eine verschleierte Andeutung, wer an diesem Unheil die Schuld trägt, die große Sept des Papst-Motivs in der Umkehrung.
Als versöhnliches, pastorales Stück zeigt der 5. Teil ein Bild ländlichen Flei-

les, der alle Wirren und Kümmernisse überdauert. Symbol steter Erneuerung ist die Schilderung des unbekümmert säenden Bauernsohnes, dessen Optimismus mit einem aufsteigenden Motiv dargestellt wird, das seine letzte sinngemäße Entsprechung in dem Glockenspiel des Schlusses erhält.
War das Bild der Schlacht das negative Zentralstück des Werkes, so stellt der 6. Teil, „Das Gelage“, dessen positive Entsprechung dar. In einem Gasthausgarten an der Seine besingt man die neue Lehre, von der man hofft, daß sie dereinst die Welt besiegt. Ein jubelnder Aufschwung des gesamten Orchesters leitet die Szene ein, ein verhaltener Sprechchor deutet Verschwörergeist an, dann stimmt der Solo-Tenor ein freudiges Lied an. Zitate des Beginns fungieren als Zwischenspiel, bis eine allgemeine Diskussion entsteht, aus der, in sieghafter Steigerung, das nun mit Auftakt versehene „Albigenser“-Thema wie ein hymnischer Choral hervorgeht.
Unheimliche Stimmung besitzt wieder das nächste Bild, in dem Papst Innozenz als von Zweifeln geplagter Mensch dargestellt wird, der aber derart von Inquisitions-Geist erfüllt ist, daß es für ihn kein Abgehen von seiner Politik des Schreckens gibt. Deklamierend eröffnet der Chor die Szene, dann führt Rubin das Geschehen durch eine Variation der Schlachtenmusik zu erschütterndem Höhepunkt, bevor es im geflüsterten „Amen“ des Papstes versinkt.
Der „Schlußgesang“ faßt nun mit breit angelegter Entwicklung den Sinn des Geschehens zusammen und schildert das Ideal einer freien Welt, in der „das Licht vom Himmel sich nicht versprengen“ läßt. Deren Melodie (Notenbeispiel 30) bringt, kontrapunktiert vom „Albigenser“-Thema, das Werk mit hymnischer Gestik zum Ausklang.

Notenbeispiel 30

b) Liederzyklen

Sechs Chansons von Clément Marot

Als erster von bisher insgesamt elf Liederzyklen entstand 1927 in Paris eine Reihe von sechs Chansons nach Texten des französischen Renaissance-Dichters Clément Marot (1496—1544). Für hohe Stimme und Klavier gesetzt, stellt das Werk die „französischeste Komposition“ dar, die Rubin jemals geschrieben hat. Selbst Milhaud bemerkte, als der junge Komponist ihm die Lieder vorlegte:

„Sie komponieren doch vollkommen französische Musik." Die sparsame Klavierbegleitung ist dem alten Chansonstil nachempfunden, und auch die Gesangslinien weisen durch deutliche Deklamation und bisweilen fast kokette Diktion dessen Merkmale auf. Sechs Liebeslieder bilden, als Zwiegespräch zwischen Mann und Frau, auch inhaltlich eine zyklische Form. Zunächst jubelt „er": „Ich werde geliebt" („Je suis aymé"), dann verheißt „sie" ihm künftiges Glück: „Ich werde Ihnen Erfüllung geben" („Jouyssance vous donneray"). Tonreperkussionen symbolisieren im nächsten Lied („Ich warte" — „J'attends") die nur mühsam gezügelte Leidenschaft, dann folgt eine kapriziöse Soloszene des ungeduldigen Mannes: „Die Liebe ergreift mein Herz" („Amour au cueur me poinct"). Inniger Gesang und verhaltener Jubel kündet im fünften Lied von der bevorstehenden Erfüllung aller Wünsche („Die mich so lange hingehalten hat" — „Celle qui m'a tant pourmené"), dann fegt ein überschwenglicher Jubel („So lange ich lebe" — „Tant que vivray") alle Etikette hinweg und verherrlicht die Liebe in glühenden Farben.

Fünf Gedichte von Guillaume Apollinaire

1928 vertonte Marcel Rubin fünf Gedichte des mit 18 Jahren nach Frankreich ausgewanderten Exilpolen Guillaume Apollinaire, eines der Vorläufer des späteren Surrealismus. Die Polja Orkine gewidmeten Lieder zeigen des Komponisten bereits voll entwickelte Kunst, einzelne Stimmungsbilder musikalisch adäquat zu illustrieren und mit zusätzlicher Ausdeutung zu versehen. Ein hymnischer „Gesang zu zweit" („Chant à deux") eröffnet mit reprisenähnlicher Zweiteiligkeit den Zyklus, ein Bild zarter Liebe malend. Mit einem seine Hebung verschleiernden 7/8-Takt charakterisiert Rubin das folgende Lied „Der weiße Schnee" („La blanche neige"), dann schließt sich wie als Zäsur ein scherzoartiges Gebilde an, in dem eine Szene in einem „Hotel" komisch und doch gefühlvoll dargestellt wird. Mit sparsamer Begleitung versieht der Komponist die Dämmerstimmung des nächsten Liedes („Ein Abend" — „Un soir"), während des gesamten Geschehens erklingt wie Glockenläuten ein dissonantes Intervall, das erst im letzten Akkord seine Auflösung erfährt und die Atmosphäre mit tiefer Ruhe erfüllt. Köstlicher Ausklang ist schließlich „Die Synagoge" („La Synagogue"), humoristische Schilderung eines Streits zweier Juden und ihrer nur nach außen hin religiösen Haltung.

Vier Gedichte von Rimbaud

1936, also bereits in Wien, entstand die Vertonung der „Vier Gedichte von Rimbaud", des genialen Bohémiens und Vorläufers der modernen französischen Dichtung. Das ergreifende Bild eines rastlosen Dichters („Bohême") erfüllt Rubin mit kongenialer Musik, zahlreiche Zwischenspiele und weite Sprünge der Begleitung deuten die unübliche und phantastische Szene aus. Tragischen Charakter besitzt das nächste Lied, „Die Verstörten" („Les effarés"), in dem ein Bild armer Kinder gestaltet erscheint und zu einem dissonanten Schluß findet. „Das Übel" („Le mal") schildert die Schrecken des Krieges mit grellen Farben, stellt ihnen eine choralartige Episode mit verhüllter Ironie entgegen und findet schließlich zu musikalischer und stimmungsmäßiger Reprise. Als harter Marsch erklingt das Lied „Die Raben“ („Les corbeaux“), in dem ein Schlachtfeld symbolisch gezeichnet wird. Zwei kontrapunktierte Themen verdichten schließlich das Bild und führen zu provokativem Ausklang.

„Gegenwart“

Sechs Lieder nach Gedichten von Goethe bilden den nächsten Zyklus, der 1938 noch in Wien entstand und 1970 eine Orchesterfassung erhielt. Das erste Lied, „Nähe des Geliebten“, wird stark von der farbengebenden Funktion der Akkorde bestimmt, fast mixturartig werden die Klänge nebeneinandergestellt und zur Ausdeutung des Textes herangezogen. „Wer hat Recht?“ erscheint als Scherzo mit weitgehend verselbständigter Begleitung, das „Mailied“ wirkt wie ein verhaltener Tanz. Dreiteilig angelegt ist das Lied „Im Sommer“, in dem der 9/4-Takt des Andante als unübliches, retardierend wirkendes 2 + 2 + 4 + 1 erscheint. Dem lyrischen „Die schöne Nacht“, dessen Melodie „Wie ergötz ich mich“ wir bereits im langsamen Satz der 2. Symphonie begegneten, folgt wie als Zusammenfassung des bisherigen Geschehens das Motto-Lied „Gegenwart“. Zweiteilig, bei rhythmischer Variation der Abschnitte, gebaut, übernimmt es die farbengebende Akkordik aus dem ersten Lied (insbesondere die Gegenüberstellung von G-dur und A-dur) und die Melodie „Wie ergötz ich mich“ aus dem fünften Lied und führt den Zyklus zu hymnischem Abschluß.

Vier Gedichte von François Villon

Im Konzentrationslager Meslay du Maine entstanden zwischen Dezember 1939 und Februar 1940 die „Vier Gedichte von François Villon“. Strophenform mit Refrain besitzt die „Ballade vom gemeinsamen Leben“ („Au point du jour“), die sich ändernde Begleitung charakterisiert den Inhalt der Verse mit illustrativer Kraft. Die „Ballade vom verfemten Gast“ („Je meurs de soif“) erscheint als Ballade der Paradoxa und läßt die zahlreichen Widersprüche von der Musik nachzeichnend erfassen. Scharfe Dissonanzen kontrastieren zu einem Scherzando-Teil, dessen Thematik im ersten Abschnitt teilweise anklang. Die „Ballade von den Gehenkten“ („La Ballade des pendus“) gibt mit refrainhaften Wirkungen ein erschütterndes Bild von letzter Besinnung zum Tode Verurteilter. Kurzer Ausklang ist das „Rondo von der Heimkehr“ („Au retour“), dessen zweiteilige Liedform mit einem Fugato schließt und den Sänger als den Vagabunden zeigt, der er war und immer sein wird.

„Lieder von unterwegs“

Drei Lieder nach Texten von Jura Soyfer, dem Begründer der „Literatur am Naschmarkt“, und Ondra Lysohorsky faßte Marcel Rubin 1940, während seines Aufenthaltes im Konzentrationslager Damigny, zu einem Zyklus zusammen, dessen Thematik von aktueller, etwas autobiographischer Aussage ist. Das erste Lied, „Winter“ (Soyfer), zeichnet das Schicksal eines umherirrenden Vagabunden mit schwebender, gleichsam heimatloser Melodie nach. Die harfenähnliche Begleitung charakterisiert die ausweglose Situation mit steter Bewegung. Choralartig hebt das folgende Stück, „Wenn der Himmel grau wird" (Soyfer), an, findet zu gequältem Aufschrei und beginnt reprisengleich noch einmal von vorne. Ein konstant erscheinender hoher Ton symbolisiert die Unerbittlichkeit der Totenglocke, dann ertönt eine neue Melodie, die auch in das dritte Lied übernommen wird. „Dem Morgen entgegen" (Lysohorsky) zeigt, ausgehend von der erwähnten Melodie, den Ausblick in eine bessere Zukunft und findet zu befreiendem Schluß.

Fünf Gedichte von Goethe

1941, in der Nähe von Marseille, entstanden die „Fünf Gedichte von Goethe", eine Zusammenfassung von fünf optimistischen und freudigen Liedern meist naturhaften Inhalts. Das erste Lied, „Auf dem See", ist zunächst strophenförmig, unter Einschluß breiter Klavierzwischenspiele, gebaut, dann exponiert ein „Allegretto"-Teil neues Material, das später in der „Pastorale für Streicher" noch einmal aufgenommen wird. Im 7/8-Takt steht „Im Vorübergehn", eine entzückende Neukomposition des „Ich ging im Felde so für mich hin". Lebhaft und freudig erklingt das Lied „Frühzeitiger Frühling", dann verströmt der Gesang der „Tageszeiten" verhaltene Lyrik. Pferdegetrappel wird durch die Begleitung des Finalstücks, „Willkommen und Abschied", suggeriert, ein breit ausgesungener Mittelteil bringt Entspannung und schließt, nach einer kurzen Reprise des Beginns, das Lied jubelnd ab.

„In den Bergen"

Sechs Lieder nach Conrad Ferdinand Meyer reihte Marcel Rubin 1956 zu einem suitenhaften Ganzen. Für diesen Liederzyklus und für die ein Jahr später entstandenen „Dorfbilder" erhielt der Komponist 1959 den Förderungspreis des Unterrichtsministeriums. Sehr kapriziös eröffnet „Das weiße Spitzchen" die Reihe, zauberhafte Wirkungen der Begleitung mit textverdeutlichender Melodik verbindend. „Die Felswand" ist ein großartiges Bild schroffer und urtümlicher Naturhaftigkeit. Schwere, lastende Begleitung charakterisiert die nächste Szene, „Das tote Kind", der folgende Dialog mit dem Wind („Was treibst du, Wind?") erscheint als symbolistische Zeichnung des poetischen Inhalts. Schwebende Melodik kennzeichnet die Stimmung „Vor der Ernte", dann rundet als jauchzender Kehraus das zweiteilige „Schnitterlied" den Zyklus ab.

„Dorfbilder"

Sechs Lieder nach Gedichten aus dem Slowenischen von Anastasius Grün bilden den Zyklus „Dorfbilder". Sie klingen, der Stimmung der Gedichte folgend, zum Teil volksliedhaft, ohne ein einziges Volksthema zu benützen. Gemächlich führt das „Neujahrslied" in die dörfliche Szenerie ein, ein melancholisches Bild gleichmäßig fallender Schneeflocken setzt das Jahresgeschehen fort („Winter"), dann findet die „Hochzeit der Vögel" in ausgelassener Frühlingsstimmung statt. Trauer atmet der „Weltjammer", dessen weitgeschwungene Melodie wie mit Totenglocken verklingt, dann singt die Amsel von ihren „Drei Liebchen" und führt das Geschehen wieder zu Liebe und Glück zurück.

Die ewige Verbindung von Natur und Liebe wird im abschließenden „Ständchen" besungen und läßt den Liederzyklus in unverhohlener Freude auf Liebesnächte enden.

„Nocturnes"

Sieben Gedichte und Nachdichtungen von Josef Luitpold, dem Leiter der sozialdemokratischen Bildungsstelle in den Jahren vor 1934, faßte Marcel Rubin unter dem Titel „Nocturnes" zusammen. „Hier lebt ein Mensch" behandelt Einsamkeit und Elend des Menschen in der Großstadt, mit anklagender Gestik den Text nachzeichnend. Das „Harlemer Nachtlied" nach einem Text von Langston Hughes beschwört die Stimmung des Negerviertels teilweise mit Jazz-Anklängen, in „Erlebnis" (Countee Cullen) hören wir von einem Negerjungen, der schon früh mit dem Rassenproblem konfrontiert wurde. Mit unerhört ausdrucksvoller Suspiratio endet das tragische Geschehen in tiefstem Pianissimo. Auch das nächste Lied, „Ich habe Licht gemacht" (Campanella), zeigt die Nachtseiten menschlicher Psyche, die ununterbrochen dahineilende Begleitung wirkt wie ein Sinnbild für die nie endenden Verbrechen gegen die Humanität. Wie eine Vision besseren Lebens zieht die „Erinnerung" an uns vorüber, dann zeichnet das Lied „Schwarze Madonna" (Countee Cullen) mit ergreifender Melodik eine Aufbahrungsszene. Eine bessere Welt im Jenseits beschwört der „Choral" (Campanella) herauf, sich über alle Widerwärtigkeiten des Erdendaseins zu hymnischer Größe erhebend.

Drei Marienlieder

Der Zyklus „Drei Marienlieder" nach Gedichten aus „Des Knaben Wunderhorn" entstand in einem zeitlichen Abstand von über dreißig Jahren: „Verkündigung" und „Das Kind" wurden bereits 1940 in Paris komponiert, „Das Wagnis" fügt Rubin 1971 hinzu. Trotz anderer Stilistik schließt es in seiner Stimmung nahtlos an die ersten beiden Lieder an. Mit archaischen Klängen charakterisiert wird die „Verkündigung", deren Strophenform ungemein farbig variiert wird. Während die rechte Hand der Begleitung die Atmosphäre gibt, bringt die linke Hand in der ersten Strophe eine lineare Gegenstimme zum Gesang, in der zweiten dessen harmonische Stütze. Die dritte Strophe erfährt durch die weite harmonische Ausgestaltung stimmungsmäßige Verbreiterung. Die Strophen des zweiten Liedes, „Das Kind", faßt der Komponist zu großen Formen zusammen, dadurch zu breiten Reprisen gelangend. Klangliche Höhepunkte des Geschehens werden die im Diskant der Begleitung herausgehobenen wunderbaren Ereignisse und die auf die einfachste Weise stilisierte Glaubenswahrheit „Da sah man, daß es Jesus sei". Überaus heiter schließt in Rondoform „Das Wagnis" den Zyklus, die verschiedenen Stimmen werden mit charakterisierenden Linien versehen, der ausgeführte Auftrag erscheint auf köstliche Weise durch einen walzerartigen 6/8-Takt ausgedrückt. Einen Anklang an den lachenden St. Daniel stellt das humoristische Ende dar.

WERKVERZEICHNIS* (bis Juni 1975)

A. BÜHNENWERKE

a) Oper

„Kleider machen Leute". Komische Oper in einem Vorspiel und vier Akten, nach Gottfried Kellers Erzählung. Verlag Doblinger. Dauer ca. 2 Stunden (1966/69).
Orchester: 2, 2, 2, 2; 4, 2, 2, 1; Cel.; Schl.; Str.

b) Tanzstück

„Die Stadt". Tanzstück in einem Akt nach einem Märchen von Maxim Gorki. Verbindende Worte von Elias Canetti. Für einen Sprecher und Kammerorchester. Dauer ca. 28 Min. (1933).
Kammerorchester: 1, 1, 1, 1; 2, 2, 2, 1; 2 Kontrabässe.
Fassung für großes Orchester (1948): 3, 3, 3, 3; 4, 3, 3, 1; Schl.; Str.

B. ORCHESTERWERKE

a) Symphonien

1. Symphonie. Verlag Doblinger. Dauer ca. 27 Min. (1927/28; 2. Fassung 1957).
   Orchester: 3, 3, 3, 3; 4, 3, 3, 1; Schl.; Str.
2. Symphonie. Verlag Doblinger. Dauer ca. 28 Min. (1937; 2. Fassung 1974).
   Orchester: 3, 2, 2, 2; 4, 2, 3, 1; Schl.; Str.
3. Symphonie. Verlag Doblinger. Dauer ca. 23 Min. (1939; 2. Fassung 1962).
   Orchester: 2, 2, 2, 2; 2, 2, 2, 1; Cel.; Schl.; Str.
4. Symphonie, „Dies irae". Verlag Doblinger. Dauer ca. 31 Min. (1943/45; 2. Fassung 1972).
   Orchester: 3, 3, 3, 3; 4, 3, 3, 1; Harfe; Schl.; Str.
5. Symphonie. Verlag Doblinger. Dauer ca. 28 Min. (1964/65).
   Orchester: 3, 3, 3, 3; 4, 3, 3, 1; Schl.; Str.
6. Symphonie. Verlag Doblinger. Dauer ca. 28 Min. (1973/74).
   Orchester: 3, 3, 3, 3; 4, 3, 3, 1; Cel.; Schl.; Str.

b) Konzerte

Konzert für Kontrabaß und Orchester. Verlag Doblinger. Dauer ca. 22 Min. (1970).
Orchester: 2, 1, 1, 1; 2, 1, 1, 0; Harfe; Schl.; Str.

Konzert für Trompete und Orchester. Verlag Doblinger. Dauer ca. 20 Min. (1971/72).
Orchester: 2, 2, 2, 2; 4, 2, 2, 1; Harfe; Schl.; Str.

c) Sonstige Orchesterwerke

Ballade für Orchester. Dauer ca. 12 Min. (1948).
Orchester: 3, 3, 3, 3; 4, 3, 3, 1; Schl.; Str.

* Die Reihenfolge innerhalb der einzelnen Gattungen ist chronologisch.

„Musik zu einer Nestroy-Posse". Dauer ca. 8 Min. (1958).
Orchester: 2, 2, 2, 2; 4, 2, 0, 0; Schl.; Str.

Rondo-Burleske für Orchester. Dauer ca. 5 Min. (1960).
Orchester: 2, 2, 2, 2; 4, 2, 2, 1; Schl.; Str.

„Drei Komödianten". Verlag Doblinger. Dauer ca. 10 Min. (1963).
Orchester: 2, 2, 2, 2; 4, 2, 2, 0; Schl.; Str.

Sonatine für Orchester. Verlag Doblinger. Dauer ca. 15 Min. (1965).
Orchester: 3, 2, 2, 2; 4, 2, 2, 1; Schl.; Str.

Sinfonietta für Streichorchester. Verlag Doblinger. Dauer ca. 20 Min. (1965/66).

Pastorale für Streicher. Verlag Doblinger. Dauer ca. 10 Min. (1970).

Suite aus der Oper „Kleider machen Leute". Verlag Doblinger. Dauer ca. 22 Min.
Orchester: 3, 2, 2, 2; 4, 3, 2, 1; Cel.; Schl.; Str.

C. KAMMERMUSIK

a) Solistische Werke

1. Klaviersonate. Dauer ca. 10 Min. (1925; 2. Fassung 1974).

2. Klaviersonate. Verlag Doblinger. Dauer ca. 15 Min. (1926/27).

3. Klaviersonate. Editions Max Eschig, Paris. Dauer ca. 15 Min. (1928).

„Tageszeiten", vier Klavierstücke. Verlag Doblinger. Dauer ca. 8 Min. (1955).

b) Werke für zwei oder mehr Instrumente

Streichquartett. Verlag Doblinger. Dauer ca. 13 Min. (1926; 2. Fassung 1961).

Streichtrio. Verlag Doblinger. Dauer ca. 10 Min. (1927; 2. Fassung 1962).

Sonatine für Oboe und Klavier. Verlag Doblinger. Dauer ca. 11 Min. (1927).

Sonate für Violoncello und Klavier. Verlag Doblinger. Dauer ca. 16 Min. (1928).

Divertimento für Klavier, Violine und Violoncello. Verlag Doblinger.
Dauer ca. 13 Min. (1966/67).

Serenade für fünf Bläser (Flöte, Oboe, Klarinette, Horn, Fagott).
Verlag Doblinger. Dauer ca. 16 Min. (1971).

Sonate für Violine und Klavier. Verlag Doblinger. Dauer ca. 25 Min. (1974).

D. VOKALWERKE

a) Oratorium

„Die Albigenser". Oratorium nach Nikolaus Lenau. Für Soli (Alt, Tenor, Baß, Sprecher), gemischten Chor und Orchester. Dauer ca. 1 Stunde (1957/61).
Orchester: 3, 2, 2, 3; 4, 3, 3, 1; Schl.; Str.

b) Liederzyklen

Sechs Chansons von Clément Marot, für hohe Singstimme und Klavier (frz.). Dauer ca. 9 Min. (1927).

Fünf Gedichte von Guillaume Apollinaire, für Bariton und Klavier (frz., deutsch). Dauer ca. 16 Min. (1928).

Vier Gedichte von Rimbaud, für hohe Singstimme und Klavier (frz.). Dauer ca. 14 Min. (1936).

„Gegenwart“, sechs Lieder nach Goethe, für hohe Singstimme und Klavier. Verlag Breitkopf & Härtel, Leipzig. Dauer ca. 12 Min. (1938; Orchesterfassung 1970). Orchester: 2, 1, 1, 1; 2, 1, 1, 1; Schl.; Str.

Vier Gedichte von François Villon, für Bariton und Klavier (frz., deutsch). Dauer ca. 14 Min. (1939/40; 2. Fassung 1966).

„Lieder von unterwegs“, drei Lieder nach Texten von Jura Soyfer und Ondra Lysohorsky, für mittlere Singstimme und Klavier. Dauer ca. 11 Min. (1940).

Fünf Gedichte von Goethe, für Bariton und Klavier. Dauer ca. 14 Min. (1941).

„In den Bergen“, sechs Lieder nach Conrad Ferdinand Meyer, für hohe Singstimme und Klavier. Dauer ca. 13 Min. (1956).

„Dorfbilder“, sechs Lieder nach Gedichten aus dem Slowenischen von Anastasius Grün, für mittlere Singstimme und Klavier. Verlag Doblinger. Dauer ca. 11 Min. (1957).

„Nocturnes“, sieben Lieder nach Gedichten und Nachdichtungen von Josef Luitpold, für Baß (Bariton) und Klavier. Verlag Doblinger. Dauer ca. 13 Min. (1962).

Drei Marienlieder, nach Gedichten aus „Des Knaben Wunderhorn“, für hohe Singstimme und Klavier. Dauer ca. 12 Min. (1940, 1971).

WERKE VON MARCEL RUBIN AUF SCHALLPLATTEN

5. Symphonie Die Wiener Symphoniker, Dirigent: Wolfgang Sawallisch	Amadeo AVRS 5065 St
Pastorale für Streicher Martinu-Kammerorchester Brünn	Preiser Records SPR 125
Serenade für fünf Bläser Wiener Bläserquintett	Preiser Records SPR 119
Divertimento für Violine, Violoncello und Klavier Eben-Trio	Preiser Records SPR 103
Streichquartett Kammermusikvereinigung des Österreichischen Rundfunks	Preiser Records PR 3173
Streichtrio Kammermusikvereinigung des Österreichischen Rundfunks	Preiser Records PR 3160

INHALTSVERZEICHNIS